# 情报分析思维方法

Thinking Methods in
Intelligence Analysis

周西平 ◎著

知识产权出版社
全国百佳图书出版单位
—北京—

图书在版编目（CIP）数据

情报分析思维方法/周西平著．—北京：知识产权出版社，2024.9.（2025.9 重印）—ISBN 978-7-5130-8238-9

I. G252.8

中国国家版本馆 CIP 数据核字第 20248XW015 号

策划编辑：庞从容　　　　　　　　　责任校对：谷　洋
责任编辑：赵利肖　　　　　　　　　责任印制：刘译文

## 情报分析思维方法

周西平　著

| 出版发行：知识产权出版社 有限责任公司 | 网　　址：http://www.ipph.cn |
|---|---|
| 社　　址：北京市海淀区气象路 50 号院 | 邮　　编：100081 |
| 责编电话：010-82000860 转 8725 | 责编邮箱：2395134928@qq.com |
| 发行电话：010-82000860 转 8101/8102 | 发行传真：010-82000893/82005070/82000270 |
| 印　　刷：北京建宏印刷有限公司 | 经　　销：新华书店、各大网上书店及相关专业书店 |
| 开　　本：710mm×1000mm　1/16 | 印　　张：14.7 |
| 版　　次：2024 年 9 月第 1 版 | 印　　次：2025 年 9 月第 2 次印刷 |
| 字　　数：252 千字 | 定　　价：78.00 元 |
| ISBN 978-7-5130-8238-9 | |

出版权专有　侵权必究
如有印装质量问题，本社负责调换。

# 序
## 情报思维方法研究探索的新进展

金秋时节，西平老师的新作《情报分析思维方法》即将付梓，初读书稿，收获良多，特记一二，是为序。

西平从事公安情报教学科研工作 10 余年笔耕不辍，取得一系列有影响力的研究成果，在公安情报素质教育中作出了较大贡献。此书《情报分析思维方法》凝结了西平和她的团队在公安情报学领域辛勤耕耘的心血和智慧。

情报学是研究情报与情报工作本质、规律及其方法的科学。在现代信息社会，情报活动日益活跃，涉及人类社会诸多领域。情报学理论与学科建设正在向纵深发展，情报工作方法体系逐步完善。情报工作专业化、系统化的结果形成了规模宏大的社会科学情报事业，而情报事业的发达程度，又是一定历史阶段社会文明与社会治理水平的标志之一。

情报教育，作为情报事业的重要组成部分，近年来亦有长足进步，特别是随着信息技术的发展，社会整体情报信息需求呈上升趋势。情报学基础理论研究及应用实践、学科体系与话语体系建设均取得可喜成就，国家安全情报、科技情报、商业情报、军事情报等若干分支学科构成了初具规模的学科群。

信息化浪潮极大地推动了社会生产力的提升和社会结构变革。进入 21 世纪，物联网、移动互联、大数据、云计算、人工智能等新技术被广泛应用于包括公安工作在内的诸多领域，公安情报工作现代化为公安机关改进工作效能发挥了巨大的作用。同时，我们还必须意识到，当今国际国内形势错综复杂，变化多端。中美关系异常紧张，新冠疫情影响深远；国际恐怖活动日趋猖獗，敌对势力亡我之心不死，不断制造事端挑战我们的底线。国内诸多深层次社会矛盾加剧，有组织犯罪、经济犯罪、职务犯罪、电信诈骗等事件多发，国家安全、公共安全面临严峻挑战，也给公安情报工作提出了新的课题。因此，强化公安情报能力建设，创新情报思维方法体系，是一项十分艰巨而又迫切的任务。

情报分析是一种高水平的认知活动，也是情报学研究的核心内容。面对海量数据信息，如何精准捕捉，获取有价值的情报，是情报人员的看家本领，也是情报工作的首要任务。这就给我们提出了一个课题：如何在情报分析中突破固有认知水准的束缚，实现认知的升维？这个问题关键的一点在于探讨认知规律，掌握科学的思维方法。

　　公安队伍的情报能力建设，是公安队伍现代化建设的主要一环。而情报意识和情报思维的养成，是情报能力建设不可或缺的内容。具有敏锐的情报思维，掌握科学的情报分析方法，是从事警务工作必备的技能。因此，公安情报专业历来把情报分析理论与方法列为专业核心课程。周西平老师讲授情报分析及情报分析心理学 10 多年，提供了警员情报技能培养的一条新路径，其积极意义在于，突破了以往经验思维的局限，勇于面对新技术的挑战，顺应新时期、新形势、新任务，探索建立了一整套与新技术相匹配的情报思维方法体系。

　　作者在多年教学和科研的基础上，结合思维科学、情报科学的新进展、新成果，以及公安实战的新需求，提炼总结了情报思维的六种方法，即情报数据思维、情报关联思维、情报系统思维、情报批判思维、情报创新思维、情报极致思维，并分立章节详述各种情报思维方法的意义、特征及其应用。全书体例得当、结构合理，讨论深入浅出、理论联系实际，并有应用案例，文字朴实，内容适用公安实战，想必会受到广大安全情报领域读者的欢迎。

　　情报思维科学化是一个渐进的过程，不可能一蹴而就。希望作者紧密跟踪国内外相关学科及课程建设的新进展，更好地吸纳、借鉴现代认知心理学、思维科学和情报学的新成果，继续强化情报思维科学研究，为情报思维研究提供源源不断的理论滋养和技术支撑，创新发展情报思维方法体系；同时，结合信息技术的最新发展，强化情报分析技术装备及其应用研究，在思维方法和技术手段融合方面辟出新径，以使情报思维羽翼渐丰，走向成熟。

杨鸿起<br>
2023 年 10 月 16 日<br>
于北京中关村

# 前言

习近平总书记提出的"总体国家安全观"系统思想，为全面审视新时期我国国家安全问题提供了科学依据，同时也为新时期情报工作指明了方向。识别国家安全面临的各种威胁，探究各种国家安全风险的演化机理，把握国家安全风险的孕育、发展、演变、时空分布规律，设计国家安全事件的信息集成分析模型，掌握风险管理与综合研判的理论和方法，情报工作无疑是这些工作必不可少的坚实基础。因此，探究如何提高情报工作的效率成为当下国家安全和公共安全部门必须重视的课题。

情报搜集和分析是情报工作的两个重要组成部分。当今世界，大数据、云计算、人工智能技术高速发展，数据的获取不再有困难，但是海量数据如何转化为决策相关情报却是非常困扰情报机构的大问题。这个转化任务很大程度上依赖情报分析这一重要工作环节。情报分析人员在分析研判时会用到很多方法，但是如何保证方法使用得当，使产出的情报产品尽可能少失误甚至零失误，正是本书要探讨的问题。

当面对情报任务时，我们情报人员的认知维度足够多吗？我们对情报任务透视足够深吗？我们愿意接受现有认知之外与我们想法不一致的事实吗？情报人员的判断中有没有自己的固执与偏见成分呢？我们有开放的心态去接受未来的世界吗？……

人们在生活、工作中表现出来的言行都是由人的思维方式决定的。人人熟知"书是人类进步的阶梯""知识就是力量"，但这并不仅仅是鼓励人们增长知识，还包括通过读书学习打开眼界、消除蒙昧，获得认识世界新的维度。不然，在固定的思维模式中，读书再多、获得的知识再多，都仅仅是增加知识容量而已，没有好的"思考体系"去接受知识，同时也无法用知识为社会和自己创造价值。如果把思维比作算法，那么知识就只是数据，只有不断更新自己的思考模式，才能真正运用知识完成人们的能力升级。

2019年诺贝尔经济学奖获得者阿比吉特·班纳吉（Abhijit Banerjee）与艾丝特·杜芙若（Esther Duflo）这对学者夫妻在他们合著的 Poor Economics（中文本译作《贫穷的本质》）一书里，提出了一系列反常的穷人现象：为什么穷人越努力越无法走出穷的怪圈？为什么穷人不喜欢教育，反而喜欢生孩子？为什么穷人喜欢昂贵低效的私立医院？为什么穷人沉溺于垃圾食品、赌博和游戏机？为什么穷人无法改变穷的命运？等等。其实，这是因为穷人的旧有认知对他们的限制，这个问题对科学思维能力的培养非常有参考价值，值得我们深思。通过大量的田野调查数据，作者认为，穷人的所有问题都是我们普通人常犯的毛病。换句话说，就是人们很难突破个人认知的局限。事实上，我们每个人的认知模式都是为了适应现状而产生的，而我们的认知习惯又禁锢了我们的思维模式。理解穷人为什么穷，给了我们一个启示，使我们从另一个角度对被现有的认知水准所束缚保持充分的警觉。情报分析是一种高级的认知活动，在极富挑战性的情报分析任务重压下，我们的分析如何突破现有认知水准的束缚，实现认知升维呢？这就需要情报分析人员了解认知规律、掌握科学的思维方法。

笔者从事公安情报教学、研究工作已10多年，亲身经历了公安情报工作在信息化浪潮中的兴起、演进和实践过程。目前，国际形势多变，反全球化浪潮迭起，国际形势不稳定性因素日益增加；ISIS国际恐怖组织活动渗透猖獗，影响我国新疆地区的稳定，企图分裂国家的反华势力蠢蠢欲动；国内改革开放40多年，在取得巨大成就的同时，很多深层次问题也不断凸显，新旧体制替换、矛盾增多；加之互联网技术高速发展，有组织犯罪、经济犯罪、电信诈骗、职务犯罪等案件剧增，公安工作面临着前所未有的巨大挑战。在我国，从21世纪初情报主导警务工作理念的确立，到公安情报工作机构组织体系及网络技术完备，公安情报工作对公安机关提升工作效能发挥了巨大作用，但在近年来的情报实战中却有式微之势。此外，随着大数据智能时代的到来，物联网、移动互联、云计算、人工智能等技术深刻影响着现代警务工作。我国东南沿海等地公安机关开启了新一轮智慧警务工作模式探索，具有感知、整合、共享、创新等特点的智慧警务将成为未来警务形态演进的必然趋势。但是，任何模式的实施最重要的还是依靠推行模式的人，其理念和思维必须与之配套，否则任何新模式都终将流于形式，很难彻底执行，也无法给公安机关带来根本性创新。在国际国内新形势和大数据背景下，情报效能如何在智慧警务实践中持续发挥，需要公安执法人员打破过去经验思维的局限，积极面对新技术的挑战，顺应新的警务形势。只有以与新技术相匹配的科学的思维方式方法，实现情报分析思维科学化，才能突破目前情报工作的瓶颈，提高警务工作的整体效能。

本书正是在这种背景下，提出与大数据技术相符的科学情报思维方法。大数据背景下的情报思维方法以感知智能化警务活动为基础，同时又超越对智能警务活动的感知界限，包括与智能警务实战相关的所有认知或者智力活动，它探索智能化警务活动及其构成要素之间的本质联系、运行规律。科学思维是指能够正确反映情报活动内在本质和规律的思维，相反，扭曲这种关系的思维就是非科学化的情报思维。自有情报工作以来，情报分析思维方法科学与否是关系情报机构存亡的重要因素。不同时代对情报分析思维的要求不同，在互联网信息化进入大数据人工智能时代，只有执法人员思维升级，才可能在这个时代透过数据解决公安业务问题，实现真正的智慧警务升级。

本书主要内容分七章：第1章概述了情报思维方法在公安工作中的地位、情报思维主体和客体的特点以及情报分析思维方法体系等基本知识。第2章介绍了情报数据思维、大数据思维、数据价值观、解决业务问题的具体数据思维方法。第3章讨论了情报关联思维，包括建立关联的途径、实现关联的办法以及关联思维在公安工作中的应用。第4章研究情报系统思维，要解决如何科学建立关联的问题，通过系统方法不断实现数据之间的更多关联从而构建出意义，意义产生的新的价值就是情报。第5章讨论了情报批判思维，包括批判思维的九个标准、批判思维具体方法，通过质疑、替代方案的产生使情报方案尽可能减少失误，打破原有认知的局限，消除思维定式的干扰。第6章介绍了情报创新思维，涉及情报创新思维方法的构成，即发散、组合、逆向、立体、想象、联想、收敛等具体创新的方法。第7章论述了情报极致思维及情报思维方法在公安实战工作中的综合应用。

在大数据等新技术条件下，从公安实战应用的角度来看，情报思维方法分三个层次：第一个层次，数据思维解决基本认知问题，数据源是进行情报分析的基础，没有数据就没有情报。面对科技强警、打造智慧警务的挑战，情报分析人员和公安执法人员应该改变思维方式、操作方式和行为方式。第二个层次，关联思维和系统思维解决如何做的问题，掌握系统、关联思维在实践层面的应用，以此指导思维主体实现数据价值。第三个层次，解决如何做到、做好的问题，因批判和创新达到的极致思维，将使得执法人员学会并掌握与新技术、新环境相匹配的工作方式与技能。

  本书是笔者对 10 多年公安情报教学及研究的总结，涉及的主要内容均在省部级、地市级等不同层次的公安实战部门培训中讲授过，得到公安实战专家的认可与肯定；可以为从事国家安全、公共安全情报的工作人员补充专业知识，更可以为公安工作管理者提供优化业务的工作思路，助力智慧公安实践。本书适合国家安全、公共安全专业的学生教学使用，也适合从事国家安全、公共安全情报工作的实战部门和研究人员参考。

  最后，感谢我的研究生团队成员孙珂彤、万方、陈柯安、李雯迪、宋佳鹏前期为此书作出的很多工作，感谢我家人的大力支持和理解。没有他们的支持，本书不会如此顺利完成并出版。

  "聚情报英才，助公安神威"，我们一直在路上。

周西平

2023 年 8 月 18 日

于北京木樨地

# 目录

## 第1章　情报思维方法概述 001
1.1　情报思维的定义 / 001
1.2　情报思维的特点 / 002
1.3　情报思维的主体与客体 / 003
1.4　情报工作效能及其思维科学化 / 012
1.5　情报思维方法体系 / 016

## 第2章　情报数据思维 019
2.1　数据思维概述 / 019
2.2　数据价值观 / 024
2.3　数据思维方法 / 028
2.4　情报工作中数据思维的运用 / 057
2.5　数据思维训练 / 060
2.6　数据思维方法训练 / 063

## 第3章　情报关联思维 066
3.1　关联思维概述 / 066
3.2　关联思维在大数据时代的重要性 / 072
3.3　关联思维的方法 / 075
3.4　关联性情报的获取方式 / 079
3.5　关联思维的培养 / 083
3.6　关联思维的应用 / 088

## 第 4 章　情报系统思维 096

4.1　系统思维的基本原理 / 096

4.2　系统思维的特征 / 103

4.3　系统思维的思考方法 / 105

4.4　战略情报中的系统思维 / 135

4.5　小　结 / 136

## 第 5 章　情报批判思维 137

5.1　批判思维 / 137

5.2　批判思维在情报分析中的作用 / 146

5.3　批判思维的核心技能 / 155

5.4　批判思维的标准 / 161

5.5　批判思维的训练 / 165

## 第 6 章　情报创新思维 176

6.1　创新思维 / 176

6.2　创新思维的方法体系 / 180

6.3　创新思维的具体方法 / 182

6.4　情报创新思维的应用 / 197

6.5　创新思维的培养 / 205

## 第 7 章　情报极致思维及情报思维方法在公安工作中的应用 210

7.1　极致思维 / 210

7.2　情报思维方法在侦查工作中的综合应用 / 213

## 参考文献 216

# 第 1 章　情报思维方法概述

[**本章要点**]　本章主要介绍情报思维的概念、情报思维的特点、情报思维的主体和客体构成及其特点、培养情报思维能力的时代背景及技术条件、面向公安实战的情报思维方法体系构成，提纲挈领为全书主要内容的展开奠定基础。

## 1.1　情报思维的定义

　　人们每时每刻都要对自己不能直接观察的事情进行推理判断，这就开始了思维活动。思维是人们认识过程的高级阶段，是认识主体借助语言，对客观事物的概括和间接的反应过程。[1]　情报思维在情报分析活动中，以感知数据和信息为基础，同时又超越对数据和信息感知的界限。情报思维，指与情报分析相关的所有认知或者智力活动。它探索数据或信息与威胁国家安全和公共安全的犯罪之间的本质联系以及情报分析的规律性。

　　情报活动是与国家安全、公共安全密切相关的社会活动。随着近代民族国家概念的逐渐明确，与国家安全相关的专业情报机构不断设立，情报活动越来越专业化。如：在世界著名的四大情报机构，情报技术与现代科技同步；在美国中央情报局，情报分析师系通过专业资格认证的人才能进入的岗位。在情报专门工作中，情报分析包含了智慧内核，是情报工作的重要环节。情报分析师经过多年的实践，总结出了很多分析方法，形成了情报分析方法体系，在这个方法体系中思维方法是其中一个层面。在互联网信息技术已经发展到人工智能大数据的时代，定量分析越来越受到实战部门情报人员的青睐，但是无论多么复杂的数据模型最终还是要由分析主体来把握分析方向并决定分析结果，所以

---

[1]　刘黎明等：《侦查思维》，群众出版社 2007 年版，第 3 页。

情报分析思维方法的作用始终不可被替代。

### 1.1.1 情报人员从事情报活动的认知和思考过程

进入情报分析视域，表征各种客观事实的信息和数据经常处于杂乱无章的状态，而这些混杂的状态背后隐藏着事件质的规律性。情报思维作为理性的思考方式，需要对大量的复杂数据进行分析加工，开始是感性认识，各种客观外界的现象通过感觉器官反映到分析人员的头脑中，然后由一个或几个已知的判断（前提），推导出一个未知的初步假设，最后进一步验证假设。

### 1.1.2 以国家和公共安全范畴相关的客观事实为思考材料

情报思维的逻辑起点是进入国家和公共安全视野的不完整的事实或者未解事件，这些事实和事件包括时间、地点、人物、行为、动机等。情报思维要依照法律规范和情报学规律要求，找到完整证据信息和数据完成对事实的调查，或通过一系列案件相关要素信息的调查作出正确判断或者尽可能准确地预测未来即将发生的事情。

### 1.1.3 以科学决策为目的

如前所述，情报思维是情报分析思考方法，是诸多分析方法的方法。它既是实现有关国家和公共安全科学决策的前提条件，也是其科学决策自身的固有要求。多数情况下，情报思维表现为一个判断过程，以得出结论并给出理由为结果，其现实意义就是为了破获犯罪案件、化解社会风险。破案是对犯罪案件的最终了结，消除破坏社会稳定的因素和隐患。在此，情报的目的与情报思维的结果完美契合。

## 1.2 情报思维的特点

### 1.2.1 概括性

情报思维的重要特征是概括性，表现为情报分析主体对情报分析对象非本质属性的摒弃和对其共同本质特征的反映，是情报分析主体形成对人或事件正确判断的前提。

首先，情报分析主体通过掌握概念，对各类数据、信息加以比较、鉴别、综合，从中抽象出共同的本质特征或者属性。例如：情报分析主体从一段时间内的杂乱信息中，剥离抽象出有民族分裂、颠覆政权、反政府等倾向的言论信息，将其概括为危害国家安全的案件；在系列犯罪案件分析中，情报分析主体总结犯罪规律，归纳共同特征，为追查犯罪案件和系列案犯提供科学依据。

其次，概括性体现了思维的深度、广度、高度和创新程度。正是具备了概括性才使情报思维成为诸多分析方法的方法。思维深度是指在情报分析中通常涉及某一种专业程度较深的知识；广度指涉及不止一门学科知识，而是一个知识体系；较强的知识系统性决定思维站位具有的高度；有了站位高度，才有可能实现智慧洞察、实现创新。

### 1.2.2　间接性

情报思维的另一个特征是间接性，指通过其他媒介作用反映客观事物。情报分析主体借助已有的知识和经验认识事物，通过已知的条件信息推测未知的可能发生的事件。由于情报分析主体通常不可能直接获取发生事件的全部信息，而是在信息不完整的情况下进行情报分析，因此经常需要凭借知识或者经验对事件相关信息进行蔓延式拓展。情报职业从业人员运用情报思维，必须具备情报和公安业务知识，否则思考问题就会没有依据，同时也会失去方向；另外，情报分析人员还必须具备丰富的人生阅历和社会经验，否则会因缺乏常识而无法正确认识事实构成。因此，只有具备了知识、经验、常识这些前提，情报思维才有可能发生。情报分析人员的认知水平、知识结构和经验积累决定了其情报思维水平的高低，所以要提高情报的认知水平和思维能力，情报人员必须不断积累实践经验、跟上新科技发展，打造合理的知识结构。

## 1.3　情报思维的主体与客体

情报思维是情报人员特定的从业思维方式，是情报人员在情报活动过程中按照情报的逻辑来思考、分析和解决问题的思考模式或思维方式。思维主体是思维活动的发起者，思维客体是思维活动的对象，思维主体与客体的有机互动构成了思维活动。在思维活动过程中，情报思维的主体为情报人员，情报思维的客体为数据信息，情报思维是情报分析过程中主体对客体的能动反映，了解思维主体与客体相互作用的情况，才能充分揭示情报思维的规律性。

情报思维的主体构成有国家安全情报人员、军事情报人员以及执法和司法情报人员等，情报思维的客体是指与威胁国家安全、公共安全、公民人身财产安全犯罪相关的客观事实及其数据信息。从认知的角度来讲，情报思维的主体和客体呈现如下一些特征：

### 1.3.1 情报思维主体的特征

#### 1.3.1.1 情报人员的思维定式

国外认知情报学派认为，情报的接收与传递都需要与知识结构发生作用，并以知识结构的改变和完善为目的。[1] 情报分析是公安情报工作流程中的重要环节，经过大量复杂的脑力劳动，情报人员将增值了的情报产品反馈给决策人员，使决策人员的原有知识结构发生改变和完善，使国家安全相关决策及警务决策更加科学。情报的增值源于情报分析人员对信息的分析判断，这种分析无法摆脱分析人员原有的知识背景、工作经验，以及对信息源熟悉程度的影响。因为情报分析人员的知识背景、工作经验、对信息源的熟悉程度等因素经过长期的沉淀，形成了他们的思维定式（Thinking Set），并带有一定程度的认知偏好[2]，而这种思维定式或认知偏好影响和制约着分析人员的分析水平，甚至在某种程度上会产生情报失误。

思维定式也叫作"惯性思维"，是指由先前的习惯而造成的一种对活动的特殊的心理准备状态，或活动的倾向性。在长期的思维活动中，每个人都形成了自己惯用的思维模式，当面临某个事物或现实问题时，便会不假思索地把它们纳入已经习惯的思考框架进行思考和处理，这就形成了思维定式。在环境和条件不变的情况下，思维定式使人们能够应用已掌握的方法迅速解决问题，有益于日常对常规性、程序性一般问题的思考和处理，但不利于创造性思维。在认识主体对自己的思维定式没有充分觉知的情况下，它会阻碍新思想、新观点、新技术和新形象的产生。因此，在创造性思维过程中需要突破思维定式的限制。

---

[1] B. C. Brookes, "The Fundamental Equation of Information Science", *Problems of Information Science*, FID 530 (VINITI Moscow) 1975, pp. 115-130.

[2] Richard J. Heuer, *Psychology of Intelligence Analysis*, United States Govt. Printing Office, 1999, pp. 3-5.

情报分析中的思维定式是指，情报分析人员在情报分析过程中根据以往的知识结构和经验形成的对情报结论的定向反应，情报分析结果就在这个定向反应的基础上，形成分析人员的主观判断。思维定式在某种程度上对情报分析有益处，如当要解决的具体问题条件与分析人员的知识和经验吻合时，即处理常规问题、同类或相似问题时，思维定式可以提供快速和直接的判断，提高情报分析人员的工作效率。而在情境和具体条件发生变化时，它则可能会妨碍情报分析人员采用新的方法。

思维定式多种多样，不同的人有不同的思维定式。常见的思维定式有从众型、书本型、经验型和权威型。

（1）从众型思维定式

从众是指人们没有独立思考或不敢坚持自己的主见，总是顺从周围多数人意愿的一种广泛存在的心理现象。例如，在舆情事件中，有些人放弃自己的见解，盲目跟风，如果遇到别有用心的人煽风点火，则局面最终可能会失控。

曾经有一个心理学实验：一个电梯里有五个人背对着电梯门站着，电梯门打开，好几个人见了这种情况没敢进去；过了一会儿，一个中年男子看了看电梯里面，犹豫了一下还是进去了，进去以后，跟电梯里的人一样，背对电梯门站着；当电梯门关上，那五个人开始数数，数到五的男人从侧面看看他，这人接着数出了六；接下来，那五人又开始了成语接龙，这次轮到他，他毫不犹豫就接了下来。在这个狭小的空间里，面对那几个有点怪的人，后进来的人为了获得安全感同他们一样站着，当开始跟他们一起数数的时候，他就获得了归属感，从众心理就这样形成了。

类似于羊群效应的从众型思维定式是情报机构的分析团队最应该摒弃的部分，每个分析主体必须要有独立的思维意识，破除从众型思维定式，具备心理抗压能力，在思维过程中不盲目跟随，才能保证分析团队具备创新活力。

（2）书本型思维定式

书籍、知识在人类文明发展过程中发挥着重要作用。书籍作为知识的载体，记载着现有的科学技术和人文理论，是人类几千年来认识世界、改造世界的经验总结和智慧。在电子时代以前，这些文明成果全部都是通过书本形式记录传承下来的，因此书本知识是人类的宝贵财富。但是，如果把书本知识当作教条死记硬背，把书本知识夸大化、绝对化，而没有掌握其精神实质，也没有与具体社会实践相结合，则将形成书本型思维定式。

随着社会不断发展，尤其在当今知识大爆炸时代，知识更新步伐加快，社会实践变化更快，当书本知识与需要解决的问题具体条件不相匹配，未得到及时和有效的更新时，书本知识相对于客观事实就存在着某种程度的滞后性。如果一味地迷信书本知识永远正确，或机械地照搬书本知识指导实践，将会严重禁锢创造性思维的发挥。

（3）经验型思维定式

经验是人们在社会实践中获得的一种体验和感受，是通过感官对所认识事物的现象和外部联系的认识，是形成理性认识的基础。资深专业人士的直觉经验在人类的认识与实践中发挥着极其重要的作用，如华裔大侦探李昌钰，其办案中的直觉判断无不让跟随破案的刑侦专业人士惊叹。但是，经验的形成和作用也有时间限制。经验型思维定式是指人们处理问题时忽略了经验的相对性和片面性，按照以往的经验去办的一种思维习惯。经验型思维有助于人们在处理常规事务时少走弯路，提高办事效率。但照搬经验，制约了创造性思维的发挥。要把经验与经验型思维定式区分开，破除经验型思维定式，才能提高思维灵活变通的能力。

（4）权威型思维定式

著书立说，为了显示观点的可靠，不少人习惯引证权威的观点以佐证自己的见解。但是如果迷信权威，甚至以权威作为判定事物是非的唯一标准，这种思维习惯或程式就是权威型思维定式。权威的话语及其影响带有强烈的时代特征，而超越所有时代的权威并不存在。对权威的迷信、盲目崇拜与夸大，唯权威是瞻，是惰性思维的表现，属于权威的泛化。

权威型思维定式的形成来源于两个方面：一是思考主体缺乏独立思考能力，在婴儿、青少年教育时期，接受家长和老师固化的知识和泛化的权威观念，缺乏有效启发教育，形成了盲目接受知识、盲目崇拜权威的习惯；二是在社会中广泛存在个人崇拜现象，有些单位或部门领导采用各种手段建立或强化自己的权威，也会不断加强权威型思维定式。

当外界环境、具体条件及各种因素发生变化时，依靠未能相应变化的思维定式作分析研判，会埋下巨大的风险隐患。因为思维定式的倾向性会使情报指向出现巨大偏差，并会导致最终情报分析结果失败。思维定式的倾向性容易驱使情报分析人员陷入肯定假设的思维误区，即根据先入为主的经验，肯定分析对象具有某种性质、作用，在这个假设基础上，后续的分析活动只是为证实这个假设而展开。这样的情报分析过程不免带有情报分析人员的主观预设性，更带有单向思维的片面性，忽略某些潜在的可能，进而导致无法形成最优决策方案。

#### 1.3.1.2 情报分析团队的认知差异

在公安情报分析工作环节中，多数情报分析任务是以团队的协作形式完成的。然而，情报分析人员的教育、文化背景、知识结构、工作经历、经验不同，在对分析任务的认识上也会产生较大的差异，如果不经过有效整合，情报分析人员有时不能作出有效的推理，甚至会进行无效的推理。这是因为他们带有无法摆脱的各自知识和经验的倾向性，错误理解或者错误表征了分析推理任务。例如：文科知识背景的分析员对政策整体把握准确，擅长宏观、综合性情报分析，但实证数理分析能力较弱；反之，理科知识背景的情报分析人员擅长实证数理分析，但可能综合能力较弱，对政策整体把握不够深透，往往容易造成分析结果的片面性和局限性。工作经验丰富的情报分析员了解公安业务的规律性并且熟知情报分析程序，分析效率较高，但依靠经验的负面影响是对情报的敏锐性降低，想象力缺乏；而年轻的情报分析人员好奇心较强，感觉敏锐，但面对复杂业务数据常常会表现出经验不足的缺陷。因此，情报方案依托团队形成时，必须注意团队情报人员的知识结构、业务背景、年龄层次的合理搭配，否则，情报产品的质量便会令人忧虑，情报失误的概率倍增。

#### 1.3.1.3 情报用户的先入之见

情报服务国家安全及警务决策，决策事关社会稳定、人民安危，所以要求情报服务少失误甚至零失误。除上述所讲情报分析人员的思维定式以及不同分析人员情报认知差异，不仅影响情报分析水平同样也会造成情报失误之外，来自情报用户的先入之见，也是造成情报失误的重要因素。情报用户即情报活动的服务对象，作为决策者，他们的思维定式带有更强烈的主观色彩，成为影响情报质量重要因素。例如：二战期间，对于德军即将攻打苏联的巴巴罗萨计划，早有情报部门把情报交到斯大林手中，但是之前斯大林与希特勒签订了互不开战协定，由此斯大林还是坚持希特勒不会攻打苏联的先入之见，将情报锁入抽屉，使得有效的情报没有产生任何价值。

情报分析人员的分析工作要以事实为依据，在搜集各种情报源的基础上，客观全面地作出分析判断。而决策部门或者其他警种业务部门委托情报机构定制某种情报产品时，往往也会对任务的背景、现状进行了解，已经有了先入为主的心理预期判断，他们有时甚至要求情报分析支持他们的观点、论据或结果，这与情报分析的客观原则相背，也会对情报分析人员产生负面影响，甚至导致错误的情报分析结果。美国攻打伊拉克，情报失误正说明这个问题。

### 1.3.2 情报思维客体的特征

情报思维的客体即情报主体的认识对象，是与公共安全相关事件密切相连的各种数据、信息。它符合复杂系统理论的几个特征，具备复杂性。

约翰·霍兰德（John Holland）是遗传算法之父和复杂性科学的先驱者之一，他提出复杂适应系统理论。他在其代表作《隐秩序》一书中对所有的复杂适应系统即 CAS（Complex Adaptive System）概括出七个基本点，即四个特性和三个机制：聚集、非线性、流、多样性；标识、内部模型、积木。他认为，所有其他的候选项均可通过这七个基本点的适当组合派生出来。[1] 我国著名科学家钱学森提出"复杂巨系统"理论，他认为复杂巨系统的性质可以概括如下：开放性，即系统本身和子系统与周围的环境有物质、能量和信息交换；结构关系复杂性，即系统中子系统的种类繁多，子系统之间有交互作用；层次性，指已经认识比较清楚的子系统到可以宏观观测的整个系统之间的系统结构的层次。[2]

业内人士普遍认可的公安情报定义是："公安机关的各业务部门以及基层派出所，通过秘密渠道和公开管理、日常办案等途径获取的敌对分子、各类违法犯罪分子及其他公安工作对象进行危害国家安全、影响社会稳定和各类违法犯罪活动的重要情况、信息、线索，经甄别、研析、加工、提炼，可供侦查办案、分析掌握敌情和治安动向的成果。"[3] 从这个权威定义来看，公安情报有着明显的复杂性特质，因此可从复杂性分析角度来研究公安情报学及公安情报系统，进一步厘清公安情报的构成、特性，以期更有效地组织公安情报。

#### 1.3.2.1 公安情报具备开放性

对于公安机关而言，公安情报的目的是为刑侦破案和公安决策服务治安预警，公安情报活动的展开具有明显的目的性和针对性。一个数据、一条资讯、一个有关客观现象的简单描述，只要能构成公安决策的依据，都可以成为公安

---

[1] John Holland, *How Adaptation Builds Complexity*, Addison-Wesley Pub. Co, 1996.
[2] 钱学森：《再谈开放的复杂巨系统》，载《模式识别与人工智能》1991 年第 4 期。
[3] 吴志明：《关于构建公安大情报工作体系的思考与实践》，载《上海公安研究》2003 年第 1 期。

情报。在此意义上，公安情报在开放状态下呈现围绕公安决策的聚集特征，公安情报的种类很好地说明了它的开放性。

（1）公安机关内部情报信息资源。一是公安机关日常工作形成的基本信息。例如：根据身份证办理、户口迁移暂住登记管理形成的有关人口信息；常住人口信息、暂住人口信息、高危人群信息、重点人口信息等。二是通过秘密力量、阵地控制、举报控告、审讯记录、现场勘查等渠道获取的犯罪情报信息及多年积累形成的公安档案。三是经过情报研判而形成的简报、旬刊、季刊、通报等预警情报。四是由以上各种信息构成的不同等级及不同层次的数据库、系统。

（2）社会情报资源。一是社会公开媒体上的信息。对于报刊、电视、广播、网络上的公开信息涉警部分内容予以重视，形成有价值的预警情报。例如：上海市公安局与上海市图书馆、新华社上海分社信息中心等媒体建立联系，将涉警文字、音频、视频做了日刊、专刊，编制成《舆情摘报》。上海金山分局情报中心注意追踪社会热点问题，做好舆情通报工作。所有辖区民警在公开媒体上深挖涉及金山负面影响的舆情，还注重把握时政特点，做到有效预警并防止控制犯罪案件的发生。二是政府信息。对犯罪嫌疑人衣食住行等方方面面的消费信息加以监控，会涉及大量政府部门的信息，如银行、信用卡、邮政、购房、劳动力市场信息，与公安内部信息联系起来，如与公安部违法人员数据库作批量比对分析，可以形成很有价值的公安情报。2006年，上海15%的案子是通过利用政府信息破获的。三是其他社会信息资源。依靠群众，发展群众信息员队伍，可以大大提高公安情报工作的渗透力、覆盖率。另外，注重信访工作的情报信息含量。例如：上海市局对于信访部门的上访信件很重视。假定所有的上访信件中有一半是真实的，对这部分提炼出有价值的信息占30%，在这30%中，至少有20%可以作为线索利用。另外，上海市局启动110信箱工作机制，将110信箱信笺通过邮政网络发往全市所有社区，实行免费投寄，在上海市新闻媒体上公布举报数量、核查结果，并兑现奖励措施，所获信息70%存在系统里，30%下发去查，所办案件经费投入是原来的0.4%。由此可见，利用社会情报资源投资少、见效快，同时使覆盖面广的社会情报渠道畅通起来。

从公安情报源的构成我们可以看到，公安情报不仅包括内部情报部门收集的那部分，还包括社会各种媒体以及生活的方方面面的信息，具有非常明显的开放性。公安情报的构建手段之一就是聚集，侦查破案决策、公安决策是每一次聚集的目的所在，聚集使大量的开放状态下的社会信息、相关数据变成有效信息，即情报。情报不是对特定问题的一时的回答，它是逐步地、有条理地、连续不断和有系统地聚集可能与公安决策有关的一切信息。由此可见，公安情报具有开放性，公安决策是其目的，由此引导有效信息不断聚合，形成更多智能情报（Intelligence），功能不断加强，具有更好的协调性。开放的公安情报系统，要在自组织机制上发展，与众多情报用户互动、互联，呈现动态的全新动力学特征。

#### 1.3.2.2 公安情报系统拓扑结构的非线性

公安部以及各地公安局信息系统局域网的拓扑结构大体上可分为星形、树形、环形和总线形，但从前文分析可见，构成公安情报系统的网络绝非仅涉及公安信息网络，它大量的信息来自互联网。所以，公安情报系统结构具有非线性特征，如图1.1所示（图中小方块代表信息节点）。

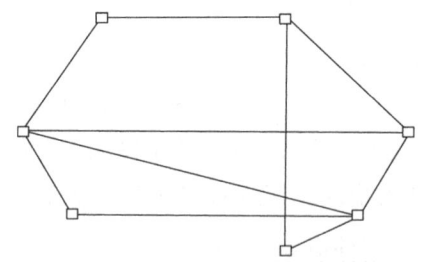

图1.1 公安情报系统网络拓扑结构图

互联网呈现的非线性网状结构与它的连接呈现出"马太效应"有关。《新约·马太福音》第25章中说道：已有的让他更富有，没有的剥夺他的全部。互联网节点的连通体现了这一效应。动态的互联网不断有新的节点加入原来的网络中，同时也有原节点退出该网络。假设从原来网络中随机选出一条边，把新节点与这条边的两个端点相连，新节点与原来节点连接的概率与该节点连通率成正比，也就是说，一个节点的连通率越大，越能吸引新的节点与之连接。

公安情报系统的拓扑结构同时也呈现"积木"机制，底层的局域网呈总线形、环形、树形、星形，这几种形式的局域网通过不同的组成，形成更高一层的局域网，类似积木堆积，最终形成广域网。

#### 1.3.2.3 公安情报的层次性和动态性

传统科技情报观点认为，情报是增值了的信息，只有一次文献而不存在一次情报。公安情报的第一个层次体现为无须任何加工的、原始的一次情报。在科技情报中，未经加工的数据或资讯只能称为情报源，不能称为情报；但在公安情报中，许多通过人力获取的情报就是原始数据，是至关重要的情报。人力手段一直是一次情报搜集的核心方式。特巴特（V. Jason）强调，及时辨识外国间谍，准确预报全球性危机，以及向决策者提供其制定或修改政策的依据，这些都需要出类拔萃的秘密情报活动的专家和知识面广博的研究人员。他认为，归根结底，最宝贵的财富是在情报界献身的情报人员，而不是间谍卫星敏感器和高速照相机。对情报人员的重视正说明了一次情报的存在价值。

对原始公安情报信息源进行组织、加工、研判，而后形成公安情报，这是公安情报工作的核心部分，也是公安情报的第二个层次。在情报主导警务的理念倡导下，公安机关整合现有的公安情报信息源，建立起组织各类信息的机制，开发各种信息查询系统，构建信息共享平台，使信息研判有所依托。

公安预警情报，是公安情报的最高层次，是"公安机关针对当地突出的形势犯罪规律和特点，研究防范对策，预测治安形势的走向和趋势"的情报产品，是经过复杂抽象而形成的高级情报产品。它的功能不仅在于提供预测，还"向社会公众提出预防违法犯罪的建设性意见，并让群众了解治安形势，掌握防范知识，提高自防能力，有效预防和减少多发性、可防性案件的发生"[1]。

公安情报在呈现层次性的同时还展现出明显的动态性，它不断变化、不断创新，始终处于相对稳定的动态变化状态。这是因为，公安情报是反映动态社会治安的有关信息。社会治安从未静止，而是千变万化的，相关信息自然不断更新，每一次决策、每一次结案都不具备可复制性，公安情报的层次性与动态性相伴而生。公安情报工作的多种动态属性（自组织现象、宏观形态演化、结构的涌现）与层次密切相关，也正是因为跨层次的各种演化现象，公安情报的动态属性才具有丰富多彩的吸引力。

从以上思维客体的复杂性分析我们可以认识到，思维主体除了带有主观性可能造成分析误差产生，在面对具有系统复杂性的情报客体时，还能力不从心。认识片面性的可能，再加上大数据时代所有电子感应器记录下来的结果都成了数据，导致情报分析复杂性加剧，情报思维主体和客体之间张力加大，情报思维方法的更新与升级迫在眉睫。

---

[1] 俞国行主编：《信息化时代的警务创新》，中国人民公安大学出版社2002年版，第111页。

## 1.4　情报工作效能及其思维科学化

科学情报思维是指能够正确反映情报活动内在本质和规律性的思维，相反，扭曲这种关系的思维就是非科学化的情报思维。自有情报工作以来，情报分析思维科学与否是关系情报机构存亡的重要因素。不同时代对情报分析思维的要求不同，在互联网信息化进入大数据人工智能时代，情报分析思维必须与技术发展与时俱进，实现科学化。

### 1.4.1　国际国内新形势给公共安全带来新挑战

近年来，随着英国脱欧、美国实施单边贸易政策，国际形势不稳定性增加；西方反华势力蠢蠢欲动，反华思潮不断涌现，企图分裂国家的"港独""台独"势力猖獗；ISIS 国际恐怖组织活动猖獗，影响我国新疆稳定，导致恐怖袭击等案件剧增，国家政治安全、社会稳定面临新的风险与挑战。国内改革开放 40 多年，在取得巨大成就的同时很多深层次问题不断凸显，新旧体制替换、矛盾增多，导致犯罪空间增大，出现很多有组织犯罪、经济犯罪、电信诈骗、职务犯罪等，很多犯罪无论是其动机还是犯罪过程和方法，都呈现出新的特点。

另外，随着互联网计算机技术高速发展，以上所提到的犯罪呈现智能化形式，犯罪隐蔽性增强，导致搜集相关数据信息非常难，案件侦破难度增大。例如：很多电信诈骗以互联网社交媒体为工具，有组织地进行跨境犯罪。部分邪教组织利用暗网进行极端思想传播，以基地组织 As-Sahab 研究所为例，该研究所是基地组织基于复杂的互联网信息制作多媒体的生产单位，它解释了为什么互联网开源情报的收集和分析，在当今技术驱动和全球化的世界中如此重要。[1] 基地组织利用虚拟空间招募、劝诱、策划活动而不受惩罚。[2] 一位情报收集员说："基地组织正处在采用新技术的前沿，一旦有了新技术，他们就会抓住并开始使用。"[3] 另一位评论员认为，了解 As-Sahab 研究所内部运作在当时

---

[1] Shaun Waterman, *As-Sahab: al Qaida's Video Production Unit*, United Press International, Sep. 20, 2007.
[2] Arnaud de Borchgrave, "Networked and Lethal", The Washington Times, Sep. 25, 2007, p. 18.
[3] Arnaud de Borchgrave, "Networked and Lethal", The Washington Times, Sep. 25, 2007, p. 18.

可能是"接近本·拉登和扎瓦希里"最有效的途径。[1]

以主导警务工作理念建立起来的我国公安情报工作，机构组织体系及网络技术完备，但在近几年的情报实战中却有式微之势，大数据中心优势明显高于原有的情报中心。当前，情报中心和指挥中心合并，独立的情报部门不复存在，主要是因为情报分析人员以往旧有的经验性思维，没能实现与国内外新形势和新信息技术与时俱进，无法应对当前所面临的前所未有的巨大挑战，难以对国内外各种新形势作出科学判断。情报分析主体必须打破过去情报工作经验思维局限，顺应新的外部环境形势，以科学的思维方式，实现情报分析思维方法迭代升级，才能突破目前情报工作瓶颈，提高警务工作整体效能。

### 1.4.2 大数据技术的客观要求

智能化大数据背景下，公安机关要提高警务指挥效能，必须合理运用大数据，将大数据变成打击犯罪的有力武器。必须强调用数据说话、依数据决策、靠数据管理、以数据创新警务工作。利用大数据强化警察能力，是提高警务化能力，增强公安工作发展后劲的必然要素。但是，在公安核心侦查业务中，数据、技术、思维三者构成价值链，思维始终处于最高端。没有执法人员的思维活动，数据仅仅是一堆乱码而已。从公安工作的长远角度来看，与新技术相匹配的新思维是未来公安执法人员必备的素质之一。

随着人工智能、大数据和云计算等新一代智能技术的快速发展，各地公安机关正在推行数据公安和智慧警务新理念、新模式。在这种新的警务模式中，数据是核心、网络为基础、安全作保障，其本质是基于互联网和物联网实现数据深度互联，通过对数据的充分感知、分析、洞察、决策乃至优化控制，形成数据驱动的智能化警务变革。在信息生态中，信息、技术、人都是构成要素，但是，最终发挥作用的是人，人还是主要因素。所以，要想在智慧警务实践中继续发挥情报效能，面对新技术带来的警务变革，情报人员必须具备新信息技术素养和技能，必须在思维方法上实现升级，打造与新技术相匹配的心智模式，有了这样的驱动，新时代智慧警务才能插上大数据新技术的翅膀，实现真正腾飞。

面对复杂多变的国内外新环境以及智能时代的各种新技术，公安机关应主

---

[1] Arnaud de Borchgrave, "Networked and Lethal", The Washington Times, Sep. 25, 2007, p. 18.

动适应信息技术的发展趋势，切实针对警务工作痛点和警务运行难点，构建高水平的在职执法人员培养体系，提高在职警员的培养质量，健全警员在智能时代的在职教育培训机制。重塑教学理念，重构教学模式，拓展教学资源，创新教学方法，以数据驱动开启警员培训新形态。要突出强调培养执法人员数据理念、数据思维和数据应用能力，着力打造最强执法团队，使执法人员思考方式能够跟得上不断变化的外界形势和日益更新的技术要求，为公安工作发展提供人才支撑和智力支持。

### 1.4.3 情报思维的价值

情报思维在实战中的应用体现为情报分析思维方法，是情报人员把握数据和信息的一种思考模式，带有普遍适用性。换句话说，情报思维方法是情报分析研判时使用的定性分析方法在新技术时代的迭代升华。与新形势和新技术相适应的科学的情报分析思维方法在情报分析中有着非常重要的作用。

随着大数据时代到来，定量分析方法和各种应用技术不断翻新，拓展了情报分析的边界，解决了过去面对海量信息束手无策的问题。尤其是随着大数据技术应用越来越深入，数据建模为不同警种和不同情报工作解决了数据处理的大量问题。但是，情报分析本身是一个认知过程。虽然量化分析在大数据时代越来越普遍，但再复杂的数据模型和算法最终也离不开思维方法对量化分析结果的解读。情报的思维方式在情报分析中贯穿始终，是决定情报产品质量高低的重要因素。

#### 1.4.3.1 保证审慎和有目的性的行动

公安情报分析是情报分析人员运用科学的分析方法和先进的信息技术手段，对犯罪信息、维稳信息及相关社会信息进行系统收集、选择、评价、提炼和深加工，形成有意义的、价值增值的情报产品，为维护国家安全、社会稳定和打击违法犯罪提供决策参考的智能化活动。情报分析本身就是为了有目的的行动而进行的审慎思考，可以避免人的自以为是、感情用事、经验至上等因素影响科学决策，这充分体现出情报思维的价值。

#### 1.4.3.2 情报思维方法是传统定性分析的升华

分析研判起始阶段源于定性分析，离不开基本的推理、比较、综合。但是，随着互联网信息技术不断更新升级，数据数量和维度海量剧增，仅仅依靠传统的简单逻辑思维显然力不从心，必须确立适应新一代信息技术的科学思维方法体系，如强调数据思维，重视数据在核心业务中的地位，找准分析对象和研判核心，用关联思维激活尚处于分散孤立状态的数据，确保情报分析人员心智模型与不断变化的技术环境相匹配。

### 1.4.3.3 增加提供有系统地预见的可能性

文明的开启本质上在于通过人们的深思熟虑，建造各种纪念物，形成各种备忘录，想出各种办法以预先测知种种突然意外情况的临近及其轻重缓急程度，从而预防或至少是减轻不利情况带来的灾害，而对有利情况则是尽量广泛利用其效果。[1] 情报分析始于对各种国家和公共安全风险因素的识别，以获取尽可能确凿的相关数据和信息，经过分析研判、评估风险，对不远的未来作出预判并提出尽可能充分的应对方案。情报分析中，所应用的系统数据和互联网上的开源信息只是一种表象，实际上它们并不是静止孤立的，而是与现实中的人和事有着千丝万缕的关联。情报分析人员通过数据和信息表象找到那些关联，解释那些关联代表的意义，并通过思维方法对情报分析所触及的数据和信息赋予价值，通过知晓过去和当下发生的事件，对未来作出预判。

### 1.4.3.4 思维需要调整实现其价值

理性科学的思维对我们生活和工作意义深远，但是并非人人都能拥有，这是因为每个人的认知水平、知识结构、思维习惯以及成长环境都不尽相同，这些因素综合起来容易使很多思考和推理走偏，所以思维需要训练，保证其方向的正确性。接下来我们来了解一下，生活中常见的错误思考方式的几种表现。

现代社会信息技术极其发达，信息所附着的社交媒体繁多，但是，当具体作决策时，往往垃圾信息太多，有用的信息却很少。当有用的信息缺乏时很难形成正确判断，这也从另一个角度说明了为什么阴谋论和谣言都是在信息匮乏时盛行。那么，信息匮乏时错误的认知是如何产生的呢？

有时候是人获取信息的方式出现了问题，比如听力和阅读习惯不好。有时候是人自身出现了问题，比如：有的人只求利己，以自我为中心，以自己的爱憎喜好为尺度，有选择地感知、注意、记忆信息；有的人没有独立思考的习惯，依赖他人作判断，死爱面子，甚至盲从、迷信权威；还有的人因为各种生存和受教育条件所限，乡土观念很强，因循守旧，害怕变化；等等。上述情况可能

---

[1] [美] 约翰·杜威：《我们如何思维》（第2版），伍中友译，新华出版社2015年版，第19页。

导致各种认知偏差和认识局限，或多或少会影响个人形成正确的判断和推理。所以说，情报分析人员要养成正确有效的思考习惯，要能正确区分哪些说法是经过验证的、哪些还仅仅是人们的推测，要以真诚、开放的态度接受那些确有根据的结论，并在情报分析工作中掌握适当的方法，对自己碰到的各种问题进行科学的探索和分析。如果没有这样的态度和习惯，就会缺乏基本的思维素质，因为理性思维不是与生俱来的，自然环境和社会环境也不足以养成理性思维的习惯。因此，情报部门有责任为培养情报分析人员思考的态度和习惯创造条件，这就是情报思维训练。

情报分析作为一种高级智力活动，产生的情报产品质量高低取决于分析人员的思维模式、知识背景、相关经验。每个人的思维模式缺陷和认知差异都会造成不同程度的情报失误。科学的情报思维从尊重客观事实的数据思维出发，以批判思维、系统思维、理性思维为核心，以创新思维为手段，从相当的广度和深度全方位探求分析研判方式，尝试打造情报人员同大数据技术相匹配的全方位感知世界的认知能力，从而避免原有的认识偏差、认识误区，最大限度地减少情报分析中分析人员主观因素导致的情报失误。

## 1.5 情报思维方法体系

### 1.5.1 情报分析方法体系

情报分析是情报机构的核心工作，也是情报思维方法应用的主阵地。众所周知，第二次世界大战表面上是武力和国力的较量，实际上则是国与国之间情报能力的较量。二战以后，无论是西方阵营的美、英、法、西德、以色列，还是社会主义阵营的苏联、东德等国家和地区，都纷纷设立更为强大的情报机构，情报分析工作也越发专业。在美国，中情局情报分析已经成为具有专业职称的工作岗位。情报分析实践经过多年的探索和发展，总结出很多分析方法，形成了情报分析的方法体系。

对于情报机构一方来说，在互联网时代，数据生态俨然已经生成，无处不在，情报源于社会生活各个层面，繁复多样。此外，人的思维活动也是极为复杂的心理现象，我们按照情报分析的客观实践，可以梳理并建立起相互作用、相互依存的一个方法体系（如图1.2所示）。

## 第1章 情报思维方法概述

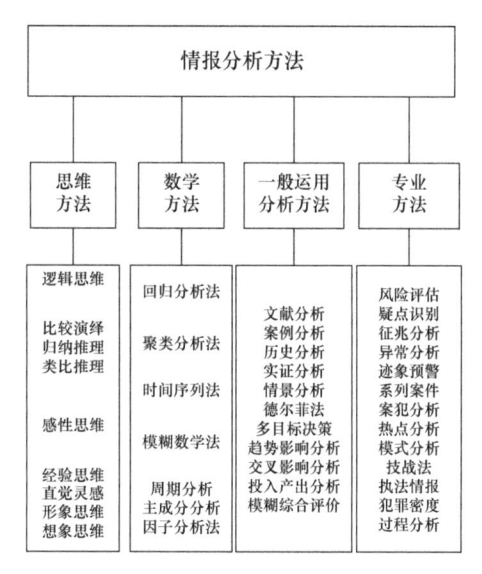

```
                    ┌─────────────┐
                    │  情报分析方法  │
                    └──────┬──────┘
         ┌────────┬────────┼────────┬────────┐
      ┌──┴──┐  ┌──┴──┐  ┌──┴──┐  ┌──┴──┐
      │ 思维 │  │ 数学 │  │一般运用│  │ 专业 │
      │ 方法 │  │ 方法 │  │分析方法│  │ 方法 │
      └──┬──┘  └──┬──┘  └──┬──┘  └──┬──┘
```

| 思维方法 | 数学方法 | 一般运用分析方法 | 专业方法 |
|---|---|---|---|
| 逻辑思维 | 回归分析法 | 文献分析 | 风险评估 |
| 比较演绎 | 聚类分析法 | 案例分析 | 疑点识别 |
| 归纳推理 | 时间序列法 | 历史分析 | 征兆分析 |
| 类比推理 | 模糊数学法 | 实证分析 | 异常分析 |
| 感性思维 | 周期分析 | 情景分析 | 迹象预警 |
| 经验思维 | 主成分分析 | 德尔菲法 | 系列案件 |
| 直觉灵感 | 因子分析法 | 多目标决策 | 案犯分析 |
| 形象思维 |  | 趋势影响分析 | 热点分析 |
| 想象思维 |  | 交叉影响分析 | 模式分析 |
|  |  | 投入产出分析 | 技战法 |
|  |  | 模糊综合评价 | 执法情报 |
|  |  |  | 犯罪密度 |
|  |  |  | 过程分析 |

图 1.2 情报分析方法体系

在情报机构，从事情报分析工作的专业人员被称为情报分析师，需要通过专业测试才能上岗从事相关工作。情报分析师的能力由多个层面构成。其中，思维能力是指其分析、综合、比较、概括、抽象、推理、论证、判断等能力，它是智慧的核心，参与、支配着一切分析研判活动。要使更多的数据产生情报，最根本的办法就是培养分析人员的思维能力。思维方法是情报人员思维能力的应用和体现。综观前人的总结，与情报分析相关的方法大大小小不下几十种，但是从以上四大类别情报分析方法来看，情报的思维方法是最重要的方法，它决定着情报分析的根本方向，其他方法都是具体要素和具体情境下思维方法的具体应用而产生的辅助工具而已。

辩证逻辑的方法是我们认识世界、解决问题的根本方法。自情报机构建立到互联网时代，情报部门所运用的思维方法主要都是逻辑推理方法，如类比、演绎、归纳等。但是，自21世纪第二个10年开始，世界面临着百年未有之大变局，大数据、云计算、人工智能技术的发展，迫使情报思维方法不断更新迭代以适应新世纪、新技术的各种新变化。新的情报思维方法是基本逻辑推理在智能技术时代的升级。

### 1.5.2 大数据时代面向实战的情报思维方法体系

大数据背景下，情报思维方法以感知智能化警务活动为基础，同时又超越对智能警务活动的感知界限。它是指与智能警务实战相关的所有认知或者智力活动，主要探索智能化警务活动及其构成要素之间的本质联系、运行规律。科学情报思维是指能够正确反映情报活动内在本质和规律性的思维。自有情报工作以来，情报分析思维方法科学与否是关系情报机构存亡的重要因素。不同时代对情报分析思维的要求不同，在互联网信息化进入大数据人工智能时代，只有执法人员的思维升级了，才可能在这个时代透过数据看事实，且比别人看得更加清晰，从而在大数据时代有所成就。大数据背景下的警务情报分析思维以传统逻辑思维为基础，主要内容以与大数据智能技术时代相关的认知为主，面向公安实战应用，主要体现为数据思维方法、关联和系统思维方法、批判和创新（极致）思维方法三个层面（如图 1.3 所示）。

数据思维 → know what → 关联和系统思维 → how to do → 批判和创新（极致）思维 → do best

图 1.3　情报思维方法体系

在大数据背景下，情报思维方法体系中的数据思维方法、关联和系统思维方法、批判和创新（极致）思维方法绝非简单的罗列，三者之间具有内在逻辑递进关系。数据思维是基础认知，通过数据完成对具体业务的基本认识。认识到数据的价值，养成数据思维习惯，具备将核心业务转化成数据能解决的问题并拥有数据场景应用操作的能力，执法人员就具备了数据思维能力。有了数据思维能力仅仅具备了在智能时代"江湖拼杀"的入场券，但要如何拼杀呢？关联思维、系统思维是情报思维方法体系的第二个层面，解决怎么做的问题。数据通过系统方法不断实现更多相互关联，从而构建出意义，意义产生的新的价值就是情报。批判和创新思维通过质疑、否定、发散，达到极致思维的境界，强调如何做到效果最佳。数据思维是在认知层面强调执法人员要了解数据对解决业务问题的价值，具备数据意识；关联思维和系统思维在实践层面指导执法人员如何实现数据价值；而通过批判和创新达到的极致思维则让执法人员学会并掌握如何全方位、精益求精地完成与新技术、新环境相匹配的工作的方法与技能。

# 第 2 章 情报数据思维

[**本章要点**] 随着大数据时代的到来，数据成为情报工作的重要资产，数据思维、大数据思维成为情报思维的基础。数据思维包括树立正确的数据价值观、掌握基本数据思维技能。执法人员应学会在情报工作中充分发挥数据价值并高效运用数据思维，将核心业务转化成数据能解决的问题，利用海量数据提高安全执法工作效率。

## 2.1 数据思维概述

### 2.1.1 数　据

在客观世界中，任何地方每天都发生着事情，我们称之为事实（fact）。20世纪后半叶，当计算机技术出现以后，我们把部分客观事实经过编码输入计算机系统存储起来以备日后使用，这些经过编码被组织起来的客观事实就变成了系统数据库里的数据（data）。这是"数据"一词的由来，有了电脑系统，数据库才有了数据，所以说数据和计算机技术密不可分。

数字在人类生活中普遍存在，大到国内生产总值、股市指数，小到每个人的年龄、身高，不难发现，数字可谓与人类日常生活、工作及学习息息相关。随着大数据、云计算、物联网等新一代信息技术的产生，人类社会呈现出数据化的生存状态，互联网众多媒体数据，物联网各种传感器数据，手机、数码相机、各种电子设备上的探头，都在记录着数据。在计算机尚未问世之前，声音、社交、行车等都与数据无缘。而现在，数据早已不只是数字，互联网上的社交链接、行车记录、地理方位、声音图像、网上消费缴费等，能被电子设备记录下来的都成了可以追查的数据。随着信息化进程的持续推进、电子设备的迭代升级以及现实业务中数据分析的实际需求，有学者认为凡是可以电子化记录的都是数据[1]，这是现代意义的数据。

### 2.1.2 数据的价值

如果把世界看作可理解的数据的海洋，数据则可以为我们提供一个前所未有的审视现实的维度。"大数据时代，数据将要释放出的巨大价值，使得我们选择大数据的理念和方法不再是一种权衡，而是通往未来的必然改变。"[2]在商业上，数据可以创造利润，如网上付费搜索；数据可以节省成本，如某个电视生产商根据物联网技术采集的数据，发现只有1%的用户在用老式VGA视频接口，于是取消这个接口设置，这个决定为企业每年节省上亿元成本。

随着智能技术不断发展，"智慧+"以城市、行业等为目标对象，大规模扩大社会应用范围。由此，智慧警务应运而生。智慧警务以集成互联网、物联网、电信网、广电网等网络设施为基础，融合感知、获取、传递、控制、处理、利用等数据服务功能，综合集成网络信息技术、人工智能技术和专家系统、知识系统，形成了具有实战效能的智慧系统，它标志着公安工作进入警务现代化的高级阶段。

所谓智慧警务，网络是其基础，数据是其核心（见图2.1），数据安全是其保障。它的本质是通过全面深度的连接，基于对公安业务相关数据的充分感知、分析、洞察、决策乃至优化控制，形成一场新的警务变革。为什么智慧警务的核心是数据？数据不仅指数字，还包括声音、图片、视频等被电子化记录的内容。世间万物似乎都可以数据化，连原来不可能是数据的文字、地理方位、沟通交流都可以转化成数据。在公安业务中，数据就是最重要的警务资源，是提高警务工作效能的根本保障。警务活动的底端都是繁复的数据，数据发挥的作用将会比专业警种技术更大。数据对于公安机关工作的影响相当惊人，因为各业务警种在警务实战过程中产生的数据，从数量、种类到产生速度都展现出充分的意义，开发利用得当，足以形成对警务活动的智慧洞察，它关乎警务实战的核心诉求。任何一个警务核心任务都与海量的数据相关。但是，性能再好的

---

[1] 王汉生编著：《数据思维：从数据分析到商业价值》，中国人民大学出版社2017年版，第9页。
[2] [英] 维克托·迈尔-舍恩伯格、肯尼思·库克耶：《大数据时代：生活、工作与思维的大变革》，盛杨燕、周涛译，浙江人民出版社2013年版，第75页。

汽车，如果碰上没有方向感的司机，也开不到目的地。同样，如果不具备将警务核心任务转化为通过数据可以解决的问题的能力，再有价值的数据也无法创造任何社会价值。这就要求，实战部门的警员必须认识到数据的价值，并善于将各警种核心业务转化成通过数据可以解决的问题，这样才能使数据为改进警务效能发挥应有的作用。

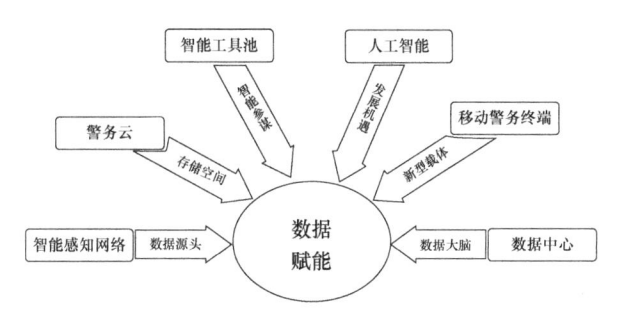

图 2.1　数据是智慧警务核心

数据思维是在大数据背景下公安执法人员的必备素养，因为几乎每个警种的业务底层都涉及具体数据，单个警种业务无法摆脱对数据的依赖。所以，每个警务部门的执法人员都要克服对数据的恐惧，都要具备数据场景的应用操作能力，最后都要形成数据思维能力。

### 2.1.3　数据思维

2019 年，全球领先的信息技术研究与咨询公司 Gartner 就预测，到 2020 年，80% 的组织将着手在数据素养领域开展积极的能力开发工作，以解决数据素养的严重短缺问题。[1] 近年来，各国学术机构一直在培养学生的批判思维和分析能力，将这些能力视为在个人生活和职业环境中制定决策和解决问题的必备能力。众多学术机构（如匹兹堡大学、卡内基梅隆大学、爱丁堡大学）正在通过提供跨学科的本科和硕士课程来教授数据技能，从而培养新一辈的数据原生代。南佛罗里达大学 Muma 商学院开设了公民数据科学家认证课程，让学生学会如何通过收集和分析数据来制定业务决策，获得适应"数字优先"型工作环境所

---

[1]　《Gartner：调查显示首席数据官价值越来越重要》，载中文互联网数据资讯网 2014 年 2 月 6 日，http://www.199it.com/archives/191993.html。

需的分析技能和素养。[1]在对商业领域的研究中，麦肯锡全球研究院（McKinsey Global Institute）称，数据驱动型组织在客户获取率、客户保留率和盈利概率方面分别实现了23倍、6倍和19倍的提升。[2]而目前商界龙头Charles Schwab、Jaguar Land Rover、联想等公司也正在试图通过提高捕捉敏捷性、增加数据熟练度、打造广泛而活跃的社区，来改进决策、增强业务运营以及提升客户参与度。

上述机构和高校积极培养数据素质和能力的举措旨在培养出具有良好数据分析技能的数据分析人员。不难发现，在一系列培养方案中，注重数据分析技能的同时也强调数据素养、批判思维、问题分析能力等的培养。将分析能力和思维方式综合起来就是数据思维。数据分析一直以来都被认为是情报工作中的重要技能，然而实际上，虽然很多数据分析师都受过良好的数据分析技能培训，但具有系统的数据思维的从业者并不多，只有在一定的思维方法论指导下，数据分析师才能够精准发力，将技能应用到需要的领域中。

综上，数据思维不仅是使用数据分析、认清并解决问题的技能，还包括科学使用数据并产生价值的素养。因此，我们可以认为，数据思维是利用数据分析产生价值的一系列方法论和实践技能的集合。

在大数据时代，数据思维是公安执法人员的必备素养，因为几乎每个警种的业务都离不开数据。警务部门要克服对于数据的恐惧，培养数据思维，帮助执法人员养成有的放矢的习惯：精准了解核心业务诉求是什么；情报分析的目的是什么；情报分析会产生哪些方面的价值，相比之前的境况能够产生多大的效益；等等。

回答上述问题之后要时刻关注与核心业务诉求相关的数据，并形成一定的数据采集和检索模式，避免在需要使用相关领域数据时陷入找不全或找不到重点的尴尬境遇。同理，培养数据思维并不只适用于警员层面，警务决策者同样要认识到数据思维的价值所在，通过数据思维补齐原有的在数据专业技术上的短板，摆脱技术盲的境况，情报人员的数据产品也能因此增加可读性；并且警务决策者可以结合宏观思维的优势，形成特有的决策方的数据思维，从更宏观以及更深刻的角度审视数据分析以及分析成果，从而发现更多更深的潜在研究

---

[1] https://www.tableau.com/zh-cn/reports/data-trends.
[2] https://www.mckinsey.com/business-functions/mckinsey-analytics/our-insights/advanced-analytics-nine-insights-from-the-c-suite.

价值，以进行各个阶段分析任务的补充布置。因此，为了锤炼自身的数据思维，警务决策者要在日常决策及部署时对以下几个问题进行深入思考：

（1）我所领导的部门哪些业务与数据相关？

（2）这些业务的核心诉求我清楚吗？我部门的警员是否清楚核心业务诉求？不清楚的话，我怎样才能帮助警员理解这些核心诉求，并创新性地帮助他们解决问题？

（3）我所在的业务部门，在过去的案例之中，数据是否确实发挥了一定的作用？在理想情况下，数据应该或至少能发挥多大的作用？理想与现实的差距在哪儿？哪些原因导致了这样的差距？面对这些原因，哪些措施能够解决或引导下属们解决这些问题？

（4）我所在的部门负责的业务中，哪些具体任务与数据相关？该任务与哪些数据相关？

### 2.1.4 大数据思维

数据思维作为利用数据分析产生价值的一系列方法论和实践技能的集合，尽管最近才被从业者关注，但实际上一直存在，只是与时代特点不断融合，形成新的表现形式。比如，小数据时代，用数理统计解决数据问题。随着大数据应用建设进程的推进，大数据思维逐渐备受数据从业者和相关学者关注。翻阅一些相关论著不难发现，大数据思维在很多要点上与数据思维具有相似之处，同时又结合大数据自身的特征添加了新的部分，因此大数据思维是数据思维在大数据时代的创新表现形式。随着互联网信息技术的不断普及和物联网以及云计算等新一代信息技术的产生，各行各业及每个机构每天生成海量数据。对于数据从业者来说，如何从海量数据中挖掘出有价值的数据，是在新技术时代面临的新挑战。对此，情报分析人员要结合大数据本身的特点，不断拓展与业务相关的数据范围，尽可能掌握大数据挖掘技术或者懂得其基本原理，如至少懂得Python算法，最低限度也要求必须能将业务需求与大数据技术实现无缝对接。另外，情报人员要有耐心，有容错心理准备，善于在与业务相关的海量数据中大浪淘沙，找出有价值的情报。

大数据思维，其内核与数据思维无异，无论时代如何变化，数据思维的核心要义仍是指导数据产生价值的科学方法论，具体方法将在本书第3章、第4章详细展开。

综上所述，在公共安全领域，小到嫌疑人的足迹尺寸，大到重大会议安保的统筹规划，几乎所有业务活动的正常开展都无法离开数据支持，数据及数据分析在其业务构成中发挥着至关重要的作用；并且，公共安全的实战性对于数据分析的实用性和问题导向性提出了更加严格的要求。针对国内外新形势变化，国家安全风险前所未有地加大、恐怖袭击及各种犯罪的虚拟化程度愈发加剧，犯罪数据量级也日益增大，警务人员需要更加系统全面的数据思维的培训，以迎接和应对新的挑战。作为大数据时代从事国家安全、公共安全保卫的情报人员，要充分了解数据在自己工作中的价值，不仅要掌握数据分析技能，还要提升数据认知水平，培养良好的数据思维习惯。

## 2.2　数据价值观

从现代意义的数据内涵出发，数据分析人员和分析活动遍布很多行业，涉及商业、国防、医疗、教育等方方面面。小到根据球员素质预测某场体育赛事的输赢，大到根据往年的经济数据规划未来国家的经济计划，人们每天在生产大量数据的同时，也在有意或无意地进行着简单或复杂的数据分析活动。然而，在数据分析实践中会存在这样的问题：一方面，对于数据分析师们尽心尽力制作的分析报告、预测模型，公司并不买单，领导们看到报告中甲骨文一般的抽象符号和专业术语，以及70％的模型准确度，纷纷皱起眉头。另一方面，公司为数据分析相关岗位和职能建设投入了大量经费，建设了华丽的办公室，配备了齐全的硬件设施，而办公室里的白领精英们则囿于公司不能提出实际任务而空有一身才能却毫无用武之地，以至于数据分析部门的年报并不能体现出与投入相当的回报。

上述问题的原因在于，脱离实际需求的数据分析并不能为相关问题的解决创造任何价值。如果将现实业务中的具体问题比作敌军的重型堡垒和交通要道，则具备精湛枪术的数据分析师们已将弹药运到了相应的阵地上。而指挥官们认为，只要装备给到位，攻下敌军阵地就是轻而易举的事情，因此只是下达迅速拿下阵地的命令。这样一来就形成了一个尴尬的局面，士兵埋怨长官指挥无方，长官骂士兵一群饭桶。随着不断反思和总结，一些认识深刻的从业者发现数据思维是打开尴尬局面的锦囊妙计。

数据价值观是贯穿于数据思维的核心理念，是数据思维的精髓所在。毋庸置疑，分析人员获取的大部分数据都潜藏着大量的价值，有待于数据分析师挖掘，谈到大数据的价值则更是如此，每个人都会认可大数据的潜在价值。然而，是掘地三尺还是动动手指的区别，不仅在于数据分析的技术水平，还在于一个明确的指导观念，以便在选题伊始分析师就明白分析的目的和意义。而数据价值观就是人们使用数据的原则和指导思想。

数据价值观是衡量一次数据分析活动、一份分析报告、一个数据分析模型成功与否的指标，即上述活动、报告、模型等数据分析行为或产品能否在所选专题领域发挥一定作用，解决一部分问题，产生一定的社会价值。例如，拟进行相关数据分析，以作出一份某地区某共享单车公司用户使用习惯的行为报告。数据分析人员首要应该考虑的是，能否为该共享单车公司降低单车制造或维护的成本，或推出周边商品增加额外的收入，或规避一定的经济风险，等等。如果该数据分析能够为该公司带来上述效益，那么这份报告就是有价值的数据分析产品，这次数据分析活动就是切实满足公司所需的。倘若不满足上述要求，公司也不会为一份没有效益的数据分析买单，这时就需要分析人员及时调整思路，给出该公司需要的数据分析报告。由此可见，在数据价值观的加持之下，数据分析能够以价值为导向，大量节省耗费在无效数据分析上的时间和精力，数据分析人员和组织机构都能够因此品尝到数据分析带来的效益果实，从而促成数据分析良性发展。

数据分析工作效益有短期和长期之分，短期效益较为容易评估和测量，但是长期效益是潜在的，甚至可能呈现短期亏损的表象。因此，在培养分析人员数据价值观的同时，要注意区分长期效益与无实际价值之间的区别。因为长远情况下变量过多，单凭一次数据分析，很难做到面面俱到，分析出确凿的结论，支撑长期效益的实现。因此，数据分析更多以短期效益和现实问题为主，过于长期和宏观的数据分析则需要系统化地进行相应论证和评估后，再按照具体的结果加以判断。

数据分析并不是企业以利润为目标的专属活动，在国家治理和政府组织管理中，数据分析越来越受重视，为节约管理成本、提高管理效能产生了巨大社会效益。在公共安全领域，数据资源已经成为重要的警务资产，业内的数据分析人员也要注重数据价值观的培养，在实际业务中注重数据分析为公安业务带来的真正效益。如此强调数据价值观是因为业界的迫切需要。目前，很多数据分析产品仅仅停留在数据展示和可视化层面，用华丽的图表和翔实的数据将某课题的有关数据很全面展示的同时，并没有进一步地去深挖其能够解决什么业务问题，弄清楚该问题的成因，不能规划出实际可行的解决方案，无法为公安事业相应领域的建设带来更多的价值与意义。

公共安全领域的数据价值要素主要体现在三个方面，即警务资源的支出、收入及社会安全风险。这三要素对应的主体有三类，即公安机关、人民（企业）、犯罪分子。因此，判定数据分析能否为公安事业实现价值增量的标准就主要有以下几个方面：支出方面是节省公安机关的支出；减少人民（企业）投入在安全领域的支出；增加犯罪成本，提高犯罪分子从事犯罪活动的支出。收入方面是增加公安机关的经费利用率，从而变相增加收入；人民和企业在安全领域的投入减少，就可以有更多的经济效益转化为个人或企业的实际收入；而降低犯罪分子的不法收入也能带来更多的安全效益。风险方面最重要的是要降低警员从事公安活动的风险。公安作为和平年代牺牲最大的队伍，可谓天天有牺牲、时时有流血，如果能够在一定程度上提高警员的安全系数，降低职业危险性，就是造福公安事业的好项目。对于人民和企业来说，安全风险同样重要，因为动荡的社会环境无益于经济的持续健康发展。因此，数据分析之于人民和企业的风险价值就是切实地保障人民的人身和财产安全及企业的财产安全，降低被侵害的风险。来自犯罪分子的风险则是在犯罪分子实施犯罪的各个阶段提升其被发现和被逮捕的风险，从而实现风险要素方面的价值。

所以，在认识层面上，公安执法人员要充分认识数据的价值，只有充分认识并确保数据经由分析能够产生巨大的价值，在意识上牢固树立数据价值观，才能从根本上认可数据思维并接受相应的训练，训练才能够卓有成效。反观现实，基层单位很多警员对与工作岗位相配备的数据资源使用频率并不高，日常的警务工作仍是采用老办法、借助老工具，一些年长的警员甚至认为使用所谓的高科技是年轻警员的事，殊不知数据分析结合其老到的经验能够真正为警务工作效率带来革命性提高。随着智能技术不断发展，"智慧+"正以城市、行业等为目标对象，大规模扩大社会应用范围，智慧警务也应运而生。智慧警务以集成互联网、物联网、电信网、广电网等网络设施为基础，融合感知、获取、传递、控制、处理、利用等数据服务功能，综合集成网络信息技术、人工智能技术和专家系统、知识系统，形成了具有实战效能的智慧系统，它标志着公安机关进入警务现代化的高级阶段。智慧警务的核心是数据，为了适应警务现代化的实战要求，警务人员必须认识到数据的价值，学会采集数据、录入数据、分析数据、展示数据，只有抛弃陈旧的数据观念，将数据放在日常警务活动的重要位置，才能够保证潜藏在数据内的价值被发掘出来。思维的转变需要认识先行，只有从根本上认识到数据的价值，才能真正将数据思维内化为警务工作的实际动力。因此，认识并认可数据的价值是数据思维训练的前提。

综上，数据价值观是数据思维的核心理念，在公共安全领域，培养情报分析人员的数据思维首先要使其形成良好的数据价值观，这样才能将公安业务数据分析与实际价值结合起来，实现从数据分析活动到分析效益产生的桥梁作用。

另外，在数据价值观的指导下，公安执法人员要训练自己通过数据分析为改进警务效能发挥应有作用的能力。在数据采集方面，通过技术集成及数据工作常态化，实现数据库的健康运营、维护和发展，扩大基层数据的电子化范围。警务活动底端都是繁复海量的数据，过去的基层人员往往心有余而力不足，希望将基层数据电子化的同时又因为无数琐碎的工作和巨大的工作量望而却步。假如将底层的数据采集录入后能够形成规模化效益，一劳永逸地解决纸质化重复录入、重复统计的弊病，则会切实地为基层减轻重复工作的负担。各警种应该认识到，自身业务选题经由数据分析带来的对警种专业化建设的价值是不可估量的，因此实践中，警务人员要在认识数据价值，学习数据技术的基础上，磨炼以价值为导向的数据采集、数据分析和总结反思能力，形成有机的思维体系，真正发挥出数据思维独特的价值。

数据思维是在大数据时代以及智慧警务、数据治理等概念提出和发展的大背景下每位公安执法人员以及分析人员的必备素养，因为几乎每个专业警种的业务都要进行数据的采集、录入，处理业务的工具与信息都由数据构成。在以往信息传输尚不发达的时期，或许可以不依靠成熟的数据思维就能进行大部分业务活动的处理。然而，实事求是地讲，随着信息时代技术的不断更替，警务部门必须克服对于数据的恐惧，摒弃传统思维对于数据的错误认识，重新审视并重视这个熟悉而新鲜的事物。培养数据思维可以帮助执法人员和情报分析人员养成有的放矢的习惯，根据业务的实际需求以及业界的价值取向进行数据的采集、分析以及数据资源建设。

同样值得一提的是，虽然很多分析案例能够很好地按照一定的价值取向进行数据分析，但是到最后无法提出具有价值的结论。这种情况的发生同样是由于数据价值观的不完善。以犯罪情报为例，情报的价值体现在犯罪预测上，然而现实问题是极其复杂的，一味追求预测的准确性看似增加了情报的价值，实际则不然，稍加判断就会发现，很多情况下，一旦预测过分追求准确性，其结果就很有可能是理所当然的,只需要简单推理就可以轻松获得,这样做是对分析资源的一种浪费,是不符合数据价值观的。而研究人员错将价值与预测的准确性进行等同处理,反而使得数据分析失去了应有的价值。综上,对于数据价值的理解既不能太片面,又不能过于宽泛,过于片面会削弱潜在价值,过于宽泛则会削弱现实价值,只有根据具体情况进行价值的综合判定,才是真正符合数据价值观的做法。

## 2.3 数据思维方法

情报人员具备数据价值观,意味着充分意识到数据在业务中的重要性,但如何让数据发挥价值是数据思维的另一方面。分析人员要善于将核心公安业务转化成数据能解决的问题,而如何转化,这就需要数据思维方法。

通常来说,数据思维方法由确定业务选题、获取数据、对数据进行描述、建模分析、总结五个部分构成。一些简单的数据分析可能不需要其中某些步骤,而一些复杂的数据分析则需要重复进行上述某些部分,例如有些业务只用数据描述就可以解决,有些则需建模才能解决,但是其核心思维方法是一致的。

### 2.3.1 确定业务选题

开启数据分析方法的大门,即搞清楚具体业务需求是什么,要达成什么目标,围绕目标业务底层有哪些可能的相关数据。在业务选题方面,情报分析人员应根据实际情况,确定相应选题,切记不要与其他业务警种抢题,要在充分利用自己部门数据资源优势的情况下,合乎规定地汇集数据,挑选其他业务警种无法完成的难题、棘手问题去攻克。选题时务必遵循以下几个原则:

首先,要紧靠自身熟悉业务实际。由于每位情报分析人员的视角、经验、方向领域都不相同,从自身熟悉的业务领域出发进行聚焦,可以尽可能全面地汇集相关数据,切实降低数据分析流程的难度。从分析人员熟悉的实际业务出发还有一些好处,如更轻松地搜集数据、更深刻地看待结果、更容易发挥实际价值等。更好地利用日常工作积累的职业素养,这些优势就可以令数据分析报告更上一层楼。需要说明的是,紧靠熟悉的业务实际并不代表限制眼界,只关注自己擅长的领域,而是要在做足功课,对相关业务专题有一定成熟、深刻的理解后再进行分析,否则就是班门弄斧。

其次，问题导向。在确定了自身熟悉的领域后，要先明确研究的问题，只有从问题出发进行数据的分析探究，才能更精准地根据结果提出可能的解决方案。问题可以是不同警种的疑难业务问题，可以是当下的热点问题，也可以是对以前调查的问题的质疑与补充。总之，问对问题，问好问题，问明白问题，数据分析的价值就体现出来了。倘若提不出任何问题，则说明对所选业务领域的观察和接触不仔细、不充分，应该退回到业务领域选择阶段重新选择，或者积累问题后再进行相关分析。

再次，选题务必聚焦，不要过于宽泛。分析报告与学术著作不同，虽然也要求严密的逻辑结构，但定位应更加贴近实战，不要求较大范围的理论适用，而要更有针对性地满足业务工作中产生的问题需求，收集数据后进行小范围的梳理、分析、总结。因此，选题必须聚焦，这样才能够将研究的内容交代清楚。选择聚焦性强、可操作性强的问题，分析结果更易应用在特定领域，发挥自身价值与作用。而较宽泛的问题需要研究人员具有更强的数据分析能力与素养，能够发现更深层次的联系与逻辑，且研究结果或许并不能发挥更强的指导作用。

最后，根据自身能力，量力而行。经典的数据分析并不需要很复杂的软件和算法支撑，目前大数据应用有一种过分追求"4V"的趋势，即数据量（Volume）、数据速度（Velocity）、数据种类（Variety）、数据价值（Value），而实际上目前的大数据分析并不适用于所有领域的所有问题，盲目跟风、追求大数据技术有时并不能很好地转化为生产力，一些日常问题利用经典的统计分析就能起到很好的效果。因此，对于一些复杂的问题可能需要更有深度的剖析才能理清其中脉络，但分析人员要根据自身的能力量力而行，价值的多少与问题的难易程度并不是正相关的。一些看似简单的问题，如某路口晚高峰堵车，如何配置交警及信号灯系统进行合理疏导，这背后也具有很深刻的潜在影响因素，要将这些因素考虑全面同样需要很扎实的分析能力。天下难事，必作于易，根据自身能力分析好小问题，解决大问题的关键往往就浮出水面了。

### 2.3.2 获取数据

确认选题之后，警务工作者要着手获取选题分析所需的相关数据。数据可分为开源数据（Open Source Data）和非开源数据。开源数据来自所有公开信息源的数据。非开源数据来自不公开信息源的数据。警务工作者在享受非开源数据带来的效益的同时，要善于收集并使用开源数据，摆脱对内部数据的依赖，以适应时代信息化进程。非开源数据的获取途径包括公安内网查询和法律途径调取。通过非开源途径可以获得确实有效的数据，如重点人员、重点地区、银行流水、通话清单、出入境记录等。开源数据的获取途径包括开源数据库、网络爬虫抓取、问卷调查、现有调查报告等。

开源数据库的特点是简单易查，难点是数据集成化程度低，不同类型的数据分散在互联网各种媒体和物联网各种传感器中，因此对分析人员日常储备提出了一定的要求。使用权威的开源数据库可以提升数据的准确性和结论的说服力，避免数据源的错误导致数据分析出现异常结论。权威的开源数据库中不乏翔实全面的统计数据，这在一定程度上减轻了分析人员收集、整理数据的压力。一些警务数据分析常用的开源数据库还包括国际刑警组织官网、联合国官网、中华人民共和国公安部官网、中国国家统计局官网、各类统计年鉴和公报、裁判文书网、北京大学中国社会科学调查中心官网等。

网络爬虫技术脱离于日常生活中常用的搜索引擎，用户可以根据自身需求，通过一定的脚本或程序自动访问网页并批量地从网页中爬取感兴趣的内容，而不受制于某种特定搜索引擎的限制。由于不受现有搜索引擎限制，它的特点是：搜索范围广、用户自主操作性强，可以更大限度地抓取到用户关注的信息与数据；自动化程度高，可以实现实时抓取更新。但是，这要求用户具备一定的 R 语言或 Python 语言等程序编写能力，且对电脑计算能力及网络响应速度要求较高。当前，市面上也推出了操作较为简单的成型爬虫软件，如八爪鱼等，用户只需通过一个小时的教程即能熟练掌握该爬虫软件的操作流程，实现爬取数据功能。

问卷调查是一种应用较广的传统数据收集方式，分析人员需要一手数据时非常适用，设计合理的调查问卷可以满足调查者对于特定数据的需求。问卷的设计者需要有一定的设计能力，以确保问卷采集到的数据能够支持后续分析。基于不同的调查目的，对于问卷发放员及填写人群具有不同程度的要求。在收集数据形成分析报告后，也要通过额外撰写调查报告来说明调查的科学性。

获取数据之后要通过数据变量说明表等形式说明所采集的数据来源、变量的类型（因变量、自变量、变量的具体分类）、变量的名称、变量的统计学类型（连续型变量、离散型变量、0-1 变量、定性变量、定量变量等），以及变量的取值范围等，并利用简单的图表初步展示各变量的基本情况。其中，值得注意的有四点：一是确保阅读报告的人能够理解介绍的内容；二是尽量合理地进行变量的分类；三是展示的形式力求简洁、美观；四是数据量较大的时候使用科学记数法。

## 2.3.3 数据描述

解决业务问题，汇集很多数据并对所收集数据和变量的基本情况进行介绍后，就进入数据描述阶段。数据描述和问题的解析相伴相生，在这个阶段研究者要通过初步展示数据，或用统计表和各种统计指标对数据进行描述后，加以适当的解读，其中重点在于对统计图表的解读。综上，数据描述应包括数据初步展示、描述分析、数据解读三个步骤。

### 2.3.3.1 数据的初步展示

统计图作为经典的数据可视化工具在统计学上有着无可替代的地位，分析人员能够根据不同的变量类型以及所要突出说明的重点选择合适的统计图进行数据的初步展示。以下是一些常用的统计图分类：

（1）柱状图。柱状图是最常见的条形图之一，利用条形的长度说明变量的值，适用于离散型变量类型。其中，横轴代表离散型变量，如性别、省份等；纵轴代表变量在某一统计量上的取值，如平均身高、收入等；综合来看就能直观地说明某离散型变量中的具体类别在该统计量上的取值，如男性的平均身高。通过柱状图我们可以轻松直观地对某一变量进行比较。

通过网络平台检索全国 2013 年至 2014 年关联洗钱案件的上游犯罪案例并进行整理归类，绘制了洗钱上游犯罪案件的柱状图，如图 2.2 所示。

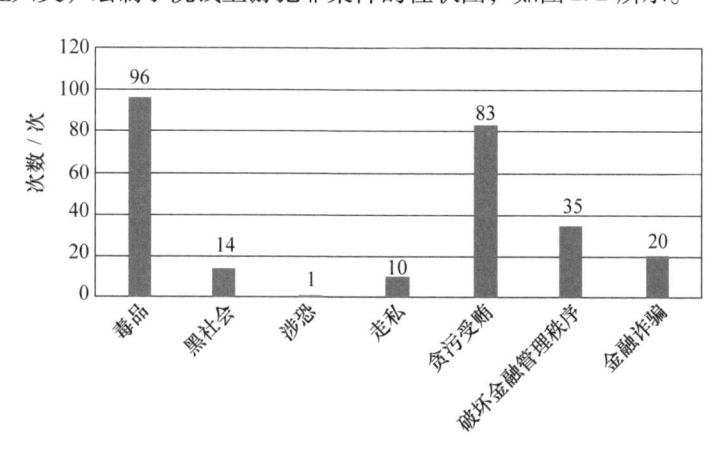

图 2.2 2013—2014 年全国洗钱上游犯罪案件统计

从图 2.2 中可以直观看出各种上游犯罪背景如毒品、黑社会、涉恐、走私、贪污受贿、破坏金融管理秩序、金融诈骗的洗钱案件发生次数。由图可知，毒品和贪污受贿在洗钱上游犯罪案件中占了绝大部分,分别为96次和83次;破坏金融管理秩序、金融诈骗及黑社会占有较多部分,分别有35次、20次和14次;走私和涉恐次数相对较少,分别有10次和1次。

(2) 堆积状图。堆积状图是条形图的变体,通过将每一个条形拆分成不同颜色的方块,借助方块的长度说明不同组离散型变量的值,这样就形成了多组离散型变量交叉表示的堆积状图。因为从整体上看就像一个个方块堆积起来的统计图,故名堆积状图,其变体还有折线堆积状图等。较柱状图,堆积状图的优势在于能够多表现几组离散型变量的情况,读者可以很轻松地将不同组交叉离散型变量的频数或百分比情况尽收眼底,制作者通过变更不同组离散型变量的位置也可以突出不同的重点。

通过非开源渠道查询了某开头为135号码的机主于一定时间范围内的通话记录,进行归类并筛选出频率靠前的七位联系人,按照通话频次、主叫频次以及被叫频次进行统计绘制了条形堆积状图,如图2.3所示。通过该堆积状图,可以直观地看出某开头为135号码机主与各联系人的通话频次以及进行通话的方向情况。通话频次由主叫频次和被叫频次两部分构成,在图示中可看出,该用户的主叫频次整体上大于被叫频次,其中联系人F仅被该用户主叫,联系人G仅为被叫。

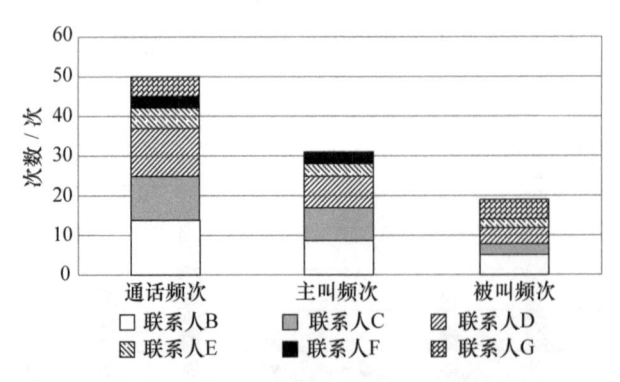

图2.3 某开头为135号码的机主通话情况统计

(3) 饼状图。饼状图也是常见的统计图之一,因其外形类似于饼状食物被切割成不同份数后的形状而得名。不同于条形图多用于频率的展示,饼状图通过将圆形划分成不同面积的扇形来表示相应的离散型变量,根据扇形面积或对应的角度,读者可以直观地看出每部分扇形所对应的离散型变量占整体的比例及所处的地位。

根据网络查询渠道获得了 2016 年至 2017 年全国一审已审结的电信网络诈骗案件的被告人及其文化程度的数据，进行分类总结后绘制了饼状图，如图 2.4 所示。根据该饼状图，我们可以得到以下结论：2016 年至 2017 年全国已结一审电信网络诈骗案件中，被告人文化程度为初中的最多，在所有案件被告人中占比为 46.96%。2017 年，被告人学历为本科及以上在所有被告人中占比为 1.31%。同时，小学文化程度的占比位列第二，为 21.54%；高中和中专文化程度的占比较多，分别为 11.83% 和 10.67%；大专、本科、硕士及文盲文化程度的被告人占比较小，分别为 6.40%、1.27%、0.04% 和 1.29%。综合我国人口文化程度情况来看，文化教育程度低的民众较易与电信网络诈骗产生联系。[1]

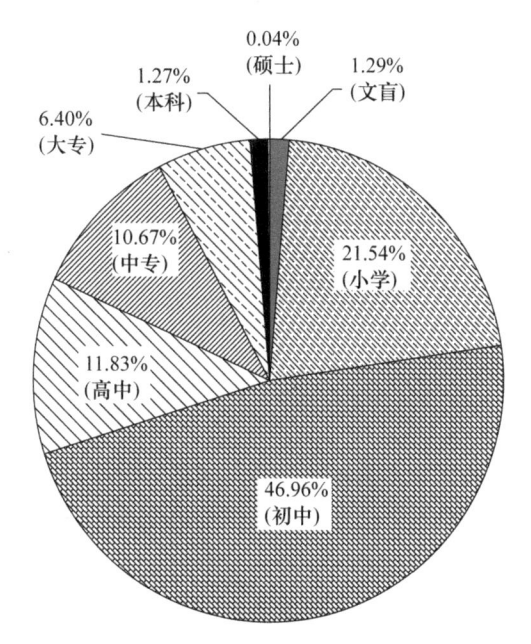

图 2.4　2016—2017 年全国已结一审电信网络诈骗案件被告人文化程度统计

（4）直方图。直方图也是条形图的一种，与柱状图看上去相似但要加以区分。直方图用于表示连续性变量的频数或百分比，在学术论文中比较常见，而离散型变量的频数或百分比需要用柱状图加以表示，柱状图在日常应用中更广

---

[1]《最高法发布电信网络诈骗司法大数据专题报告 2017 年》，载光明网 2018 年 9 月 10 日，https：//legal.gmw.cn/2018-09/10/content_ 31080313.htm。

泛。直方图的横轴是被分成连续等距或不等距区间的实数轴，纵轴则代表频数或者密度。直方图多用于观察数据分布，如左偏、右偏和对称，其对制作者的数据处理能力有较高的要求，现实中很多数据制作成直方图后并不能令读者很直观地看出数据分布，使得直方图的效果大打折扣，无法有效传递信息。

通过网络途径查询到某车间各个部位的噪声数据，统计频次后绘制了直方分布图，如图2.5所示，图示中统计了噪声范围在80.1dB（A）至96.1dB（A）的部分频数。由图可得到，车间大部分的噪声在84.1dB（A）至92.1dB（A）范围内，其中86.1dB（A）至88.dB（A）范围内的频数最高。根据相关车间标准，该车间的噪声检测不合格，产生的噪声并没有控制在不损害工人健康的范围内，容易导致工人产生职业病，如耳鸣、听力受损，甚至失聪。[1]

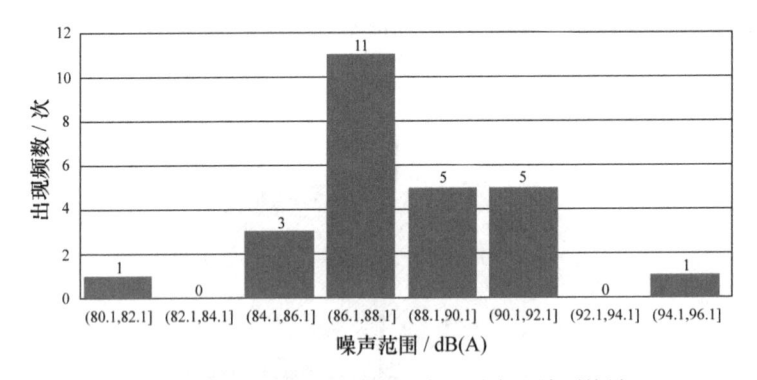

图2.5　某车间职业病危害因素（噪声）检测统计

（5）折线图。折线图用来表示在不同时间点针对某一对象收集的特定数据，将这些数据在一个统计图上表示出来，读者可以清晰地观察出此对象随时间推移在某个指标上的变化。折线图的横轴是有顺序的时间，纵轴是某特定指标的值。绘制折线图时，绘图者先将测量到的指标取值对应时间点标定在图中，再将相邻的点用直线连接起来，这样就形成了统计图。读者在观察折线图时，第一关注点是折线的走势，通过走势可以看出随着时间变化指标的趋势状况，如递增、持平、递减抑或波动。接着，通过进一步观察，读者可以从折线图中看出波动的周期，波峰、波谷的存在以及对应的具体时间点，并根据已有的经验对观察出的规律进行合理的推理归因。复式折线统计图是折线图的变体，在复

---

[1]《某模具制造厂电镀车间日常检测评价报告书》，载职业病网，http：//news.zybw.com/zyxz/ghypg-bg/454.html。

式图中通过不同的线条可以代表不同对象在相同时间段的变化趋势，通过观察多个线条的走势可以比较不同测量对象的指标取值情况。

通过内部途径查询到某辖区年度案件情况，进行归类整理，统计出了各类型案件数量并绘制出折线图，如图 2.6 所示，从图中可以看到某辖区某年度民事、交通、刑事、治安案件随时间的变化趋势。其中，刑事案件从 1 月至 3 月逐步上涨，在 4 月有所下降，自 4 月至 8 月持续上涨至最高，在 9 月有较大回落；交通案件总体上在上半年多于下半年；治安案件总体趋势类似于刑事案件；民事案件数量在全年中变化相对较小。

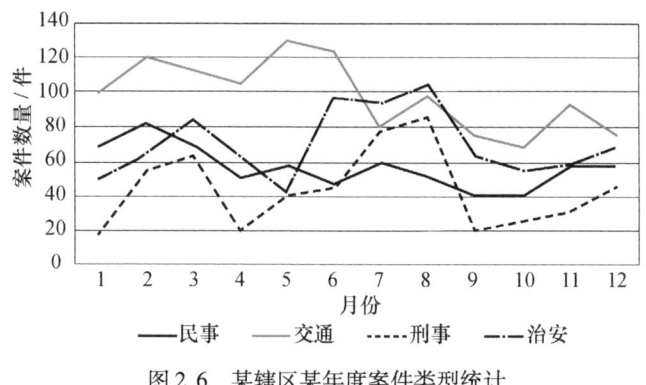

图 2.6　某辖区某年度案件类型统计

（6）散点图。散点图由点组成，适用于展示两个连续型变量。散点图中的每个点分别对应横纵坐标轴上的相应取值，将所有点作为整体进行观察，点的分布代表着横纵坐标轴两个变量的相关关系，如线性相关、非线性相关、不相关，其中线性相关分为正线性相关和负线性相关两种。同时，在散点图中容易发现一些不符合分布规律的异常点，通过分析这些异常点的数值和成因可以传达出更多有价值、有意义的信息。制图者根据变量的不同属性，将其用不同颜色、形状和大小的点进行表示后可以增加散点图的信息量，传递给读者更多的信息。散点图同样存在复式变体，即散点图矩阵。若数据中有多个连续型变量，通过将变量两两组合后绘制散点图，可以形成展示多个变量相关关系的散点图矩阵。此类图对于阅读者的识图水平和逻辑能力有一定要求，因此在一般统计中不经常使用，而是通过计算出相关系数进行可视化，形成相关系数矩阵图，以便读者快速理解各变量之间的相关关系。

通过对在 Global Power City Index 平台上搜集到的 2015 年世界部分城市经济

指数与科研指数的相关统计数据进行整理，绘制出了 2015 年世界部分城市经济－科研指数散点统计图，如图 2.7 所示。图中纵轴表示世界部分城市的科研指数，横轴表示该城市对应的经济指数。由图 2.7 可以直观地看出，城市经济与科研指数可以形成指数趋势线（图 2.7 中曲线）。一般情况下，城市经济指数越高，相应科技指数也越高；但是也存在一些城市虽仅有中等水平的经济指数，但具有较高水平科研能力，或经济指数较高而科研水平较低的情况。可继续收集其他如安全数据进行分析，进一步认识其他因素与经济发展之间的相关关系。[1]

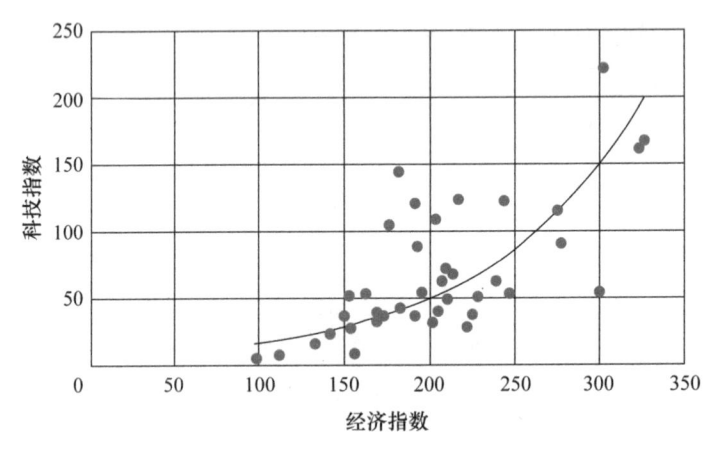

图 2.7　2015 年世界部分城市经济－科研指数散点统计

（7）箱线图。适用于连续性变量。箱线图的三要素包括箱子、箱子中间的线、箱子上下方的线。箱子的上下沿对应着所收集数据的上四分位数和下四分位数，即箱子整体代表着数据的集中趋势，箱子高度则反映了数据的波动程度。箱子中间的线，即数据的中位数，代表数据的平均水平。箱子上下方的线分别代表着最大值和最小值，线外的点即为异常值。需要说明的是，箱线图并不是一种十分常用的展示数据分布的统计图，因为直方图更能直观地展示出数据的分布形态，但是在一些特殊的数据制图时，箱线图能比直方图展示出数据更多的特征。比如，在进行定性变量分组对比的时候，需要绘制若干个直方图，而箱线图可以将若干个箱线整合，放置在同一坐标系内进行比较，读者通过箱线

---

[1]《2015 年"全球城市实力指数"报告评出世界上实力最强的城市》，载中企资讯网 2015 年 10 月 14 日，http://www.mori-m-foundation.or.jp/english/ius2/gpci2/2015.shtml。

图可以很轻松地判断出各定性变量某一指标的中位数、最大值、最小值、异常值和集中趋势，这些都是单一的直方图所无法表现出来的。

通过政府公示网站收集到某派出所辖区 6 月至 9 月分类警情统计数据，利用 Excel 表格中 PERCENTILE、MAX、MIN、MEDIAM 等函数，分别计算出各类警情数据的中位数、最大值、最小值、上四分位数、下四分位数，并绘制了箱线图，如图 2.8 所示。根据箱线图，我们可以清晰地对比出各类型警情所处地位，其中交通警情与其他警情所占比例较高，分别位列第一和第二；举报投诉警情与火灾警情较低，分别位列第八和第九。剩余警情从多到少分别为纠纷警情、行政警情、群众求助、刑事警情以及社会联动警情。从上述统计结果看出，该派出所对辖区管理到位，社会稳定安全，防火意识较强，较少接到投诉及举报等不满反馈。因此，该派出所具有一定的维稳能力。但同时也可以发现该地区安全管理的一些疏漏之处，例如：该地区交警单位交通管理能力欠缺，产生了较多的交通警情；产生的其他警情较多，非警务活动占用过多警务资源，不利于发挥派出所专门职能。最后，该派出所社会联动能力有待提高，需要加强群防群治，增强社会综合治理的能力。

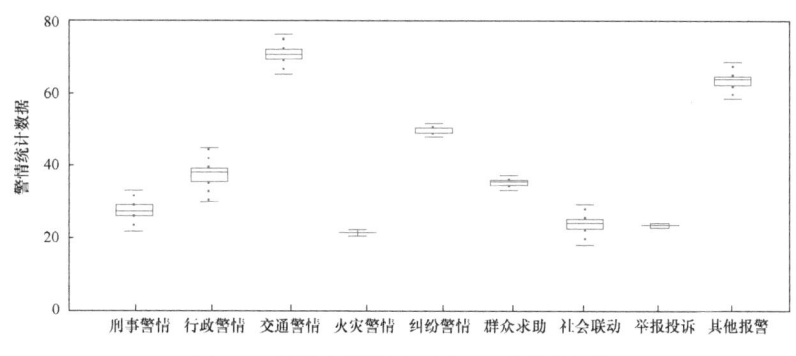

图 2.8　某派出所辖区 6 月至 9 月警情统计

（8）茎叶图。顾名思义，茎叶图由茎、叶两部分组成，其中高位数字作为茎，其余数字作为叶。茎叶图一般用作体育赛事等统计，使用频率不大。茎叶图的特点是能够同时展示出原始数据和数据分布。从茎叶图中读者可以轻松看出统计数据的众数、中位数以及低位数字的分布情况。

图 2.9 为某省警务技能大赛前，某公安局组织的甲乙两参赛组各 10 名选手的摸底测试成绩汇总，由该茎叶图可以直观看出各组各个选手的成绩情况。甲组成绩集中在 50 分至 70 分区间，同时有两位成绩极佳的选手；而乙组成绩则

大部分集中在 60 分至 70 分区间。通过进一步统计分析发现，乙组在总分、平均分、中位数和标准差方面均优于甲组，且成绩发挥稳定。因此，在该局挑选团体赛参赛队伍时，乙组可能更具优势，是更合适的选择。

|  | 甲 |  | 乙 |  |
|---|---|---|---|---|
|  |  | 0 |  |  |
|  |  | 1 |  |  |
|  |  | 2 |  |  |
| 统计数据 |  | 3 |  | 统计数据 |
| 样本量：10 | 9 | 4 |  | 样本量：10 |
| 总　分：692 | 5 1 | 5 | 0 | 总　分：720 |
| 平均值：69.2 | 7 6 3 | 6 | 6 9 | 平均值：72 |
| 中位数：66.5 | 4 1 | 7 | 4 4 5 6 7 8 | 中位数：74.5 |
| 标准差：16.4 |  | 8 | 1 | 标准差：8.39 |
|  | 9 7 | 9 |  |  |

图 2.9　某公安局技能大赛摸底测试成绩汇总茎叶图

#### 2.3.3.2　注意事项

综合上述不同类型的统计图及案例，可以归纳出在统计图选择、制图及展示时需要注意以下几方面的事项：一是根据变量类型选择最合适的统计图。二是统计图的标题标注在图的正下方。三是在一个分析报告中注意统计图各个部分语言、字体、单位、符号、计量法等计量标准的一致性，并注明相关计量单位。四是图表的颜色、比例要控制在合理的范围，颜色尽量保持差异性和美观并存，既让读者能够直观地通过对比度较强的不同颜色把握对应的变量类型，又不至于被饱和度较高的颜色弄得头晕目眩难以集中注意力。五是比例方面。如：柱状图的条形长和宽，要根据变量数量和横纵坐标轴长度控制在合适的范围内，条形之间最好留有空白，方便读者区分。饼状图中，要让读者既能准确比较出各部分比例大小，又能明确读出各部分所占比例，切忌发生"23%、25%、25%、24%"或"1%、90%、5%、4%"等比例情况。此类情况的数据不宜用单一的饼状图展示，因为读者很难直观地通过扇面面积准确比较出相关比例情况，失去了饼状图原有的展示意义。遇见类似的情况应该对数据进行反思和整理，或通过复合图形的形式进行展示，力求使读者赏心悦目，准确把握。六是图表的内容要力求完整，准确地表达出想说明的意义，排除冗余的标签和背景。对于数据要适当进行取舍，不符合图表主题的数据要及时删去。七是合理整合变量进行绘图。这可以在节约篇幅的同时通过多维度的展示，使读者有更多的发现，切忌一量一图和十量一图情况的发生，前者篇幅过大，后者则会令读者产生疑惑。

另外，图表的排版也需要注意，尺寸大小要控制在既能让读者清晰地看出每部分数据，又不至于过分偏大、占据不必要篇幅的范围；图表和图表之间尽量留有一定空白，不要过分紧凑。

#### 2.3.3.3 用统计表和各种统计指标对数据进行描述

在选择统计图进行初步展示时要注意，并不是所有数据都能找到合适的统计图去描述，一些统计数据并不适合用统计图展示，这时使用统计表或者统计指标进行描述同样可以达到将数据初步展示给读者的目的。

#### 2.3.3.4 适当解读描述的结果，重点在于对统计表的解读

在结合适宜的统计图及统计表对数据进行初步展示的同时，要利用文字将统计图表所反映出的问题和数据的意义加以表达，辅助读者理解制图者通过绘制统计图表想说明的确切含义。结合数据说明其揭示的问题，也可以方便后续有针对性地根据数据反映出的问题进行建模分析。值得注意的是，分析问题不能仅停留在描述异常值或者指明折线图趋势等简单描述统计图表的层面上，而要根据图表所反映出的情况深刻剖析问题。现实中，多种因素均可以导致数据呈现相同的情形，由此得出的正确结论需要分析人员综合考虑。除此之外，还存在一些案例中数据呈现的问题是统计学上的误差或失误导致的，如数据本身的样本量差异导致不同地区性犯罪率的差异。因此，得出何种初步结论需要制图者根据数据源、收集的数据以及自身业务的经验进行综合判断，力求贴近真实。

### 2.3.4 建模分析

在对数据进行初步描述性分析后，会对数据有一个大致的把握，通过本阶段的建模分析能够在大致把握问题的基础之上真正对数据有一个深刻的认识。建模分析分为准备、建模及解读模型并评价几个步骤。其中，在准备阶段应该完成数据的处理以及模型选择的工作。

#### 2.3.4.1 数据处理以适合建模需求

绘制统计图对于原始数据的要求不高，只需要选择合适的统计图将原始数

据的基本情况完整地展示出来即可，而建模分析则需要对数据进行一系列的运算得出相应系数才能完成分析流程。因此，由于建模与绘制统计图的差异，适用于绘制统计图的数据可能需要经过进一步的处理才能满足建模所需。数据的处理包括数据标准化、处理缺失值、处理异常值以及极端值等，此外还有很多其他处理数据的方式和目的，只需按照相关模型建立的要求进行灵活处理即可。

数据标准化是指将变量的取值大小排除出数据本身，以免在比较不同变量时影响各个变量的权重。常用方式是通过处理将数据的均值变为0、标准差变为1。这种处理方法一般用于因子分析。

缺失值指数据值中某个或某些指标的值是不完整的。处理缺失值是在数据处理中经常遇到的问题，有些情况下收集的数据中难免有出于各种原因而缺失的部分。缺失值出现的原因可以分为人为原因和机械原因两类。人为原因是指人为因素导致的数据缺失，如被调查者不愿意对某些调查指标进行汇报或者汇报了不符合要求的内容，又或者数据录入的失误导致了遗漏。机械原因是指计算机等数据存储介质故障而导致的数据缺失。常见的缺失值处理思路有删除和填补两种，其中每种思路分别对应几种办法。常见的删除缺失值方法有直接删除和权重法，直接删除法顾名思义，权重法是指通过降低缺失值部分的权重来达到规避缺失部分的目的。填补则是通过不同的值去填补缺失，核心思想是根据其余数据通过各种方法推测出尽量贴近缺失值的数据，并进行插补。其包括重新人工填写、空值插补、均值填充、聚类填充、测算可能值填充、回归填充、极大似然估计、多重插补法等，分析人员可以根据自身能力进行选择。

异常值是指数据的取值明显不符合常理的值，一般通过描述性分析，分析者就可以排查出相关异常值。这里注意区分异常值与极端值的区别，异常值的判断标准是基于常识而非数值，一些数值合理的数据也有可能成为异常值，一些较为极端的数据即极端值却不一定是异常值。极端值是指相较其他数据过大或过小的值。极端值是处在合理的范围内的，将其作为异常值进行处理可能会导致模型代表性的丧失。例如，某银行抢劫案件，涉案金额达500万元，但涉案人数只有1人，这时综合涉案人数以及涉案金额判断就能发现异常值，然而单纯看500万元或1人是完全合情合理的。又如，深圳某年洗钱案件涉案金额统计中出现了3亿元的数据，这个数字看似较大但完全处在可能范围内，因此不作为异常值进行处理。综上，排查异常值需要分析人员综合数据整体情况进行具体判断。

### 2.3.4.2 选择建模工具

处理建模所需数据后,要根据数据类型选择相应的建模工具。根据处理结构化数据和非结构化数据可以将建模模型分为两类,其中处理结构化数据的模型可分为有因变量和无因变量的模型两类。有因变量的一类包括线性回归、0-1回归、定序回归、计数回归和生存回归。无因变量的一类包括数据降维和聚类分析。数据降维中有主成分分析和因子分析。聚类分析主要包括层次聚类和K均值聚类等。而处理非结构化数据,如文本、图像、声音等,也需要专门的模型工具进行分析。

关于有因变量的模型,可以根据有因变量的类型选择不同的回归模型。线性回归适用于连续型因变量,0-1回归适用于因变量只有两个取值的情形,定序回归适用于因变量为定序数据的数据类型,计数回归适用于因变量是计数数据的情形,生存回归所涉及的因变量是未被精确观测到的生存数据。

关于无因变量的模型,可选择数据降维和聚类分析。数据降维即通过模型的建立,从众多变量中规划出一个或几个变量,从而代替众多变量进行分析。通过数据降维可以大大剔除数据中信息的重复性,从而把握住数据所包含的关键信息。主要的数据降维方式包括主成分分析和因子分析。主成分分析是指,通过刻画某组数据的差异性得到一种或几种综合性指标,该指标是原始变量的线性组合,进而就可以通过这些指标将该组数据中的原始变量进行整合降维,综合反映出该组数据的主要信息。而因子分析类似于线性回归模型,是指将原始变量表示成公共因子的线性组合,相当于将该组数据中的原始变量进行拆解,拆解出的公共因子可以代表该组数据的主要信息,从而达到数据降维的目的。简而言之,主成分分析类似于将原始变量选择性地拼凑起来形成几个有代表性的集体,而因子分析则是将原始变量拆解开,挑选出其中共性的几个因子来代表原始数据集中的信息。

聚类分析是指将获得的数据根据不同的标准进行归类,根据不同的标准同一个数据集所得出的聚类也会有所不同。通过聚类分析,研究人员可以规划出样本中基于某一标准相似的群体,并将不同的群体加以区分。常用的聚类分析有层次聚类和K均值聚类法。层次聚类是指将数据集中相似的个体一层一层地聚集起来或者将数据集按照某种标准按一定层次进行分解,直到满足同属一个类别的条件。因此,层次聚类又可以分为凝聚和分裂两种算法,分别对应较为经典的AGNES算法和DIANA算法。层次聚类方法适合处理静态模型,且用户需要提供所希望得到的聚类的单个数量或阈值作为聚类分析的终止条件。复杂的数据集的终止条件是很难提前判定的，因此需要研究人员有一定的研判水平才能准确给出适宜的终止条件。K 均值聚类算法通过编程较容易实现，即通过确定所要实现的类别数 K，经由程序的循环算法，不断地利用样本点与类中心的距离归类，并计算各类均值确定类中心，从而确定稳定的聚类中心输出给用户。

非结构化数据，是指文本、图像、语音、网络结构数据等非常规数据。非结构化数据通过处理可以转化为结构化数据，如将文本数据进行分词后，可以利用结构化数据的向量来进行非结构化数据的表示。非结构化数据同样有专门的模型进行相关分析。

2.3.4.3 建立模型

（1）回归分析。在建立回归模型时应首先确认因变量和自变量，并根据因变量的类型确定选择哪种回归模型。线性回归是统计学中较为常用的回归模型，适用于连续型的因变量。以线性回归为例，它包括四个阶段：一是分析数据的相关性和方向性；二是估计模型，即拟合直线；三是评估模型的有效性和实用性；四是进行显著性检验。应使用散点图分析数据并检查数据的方向性和相关性。值得一提的是，尽管部分数据散点图没有呈现很好的相关性，看似不适合进行线性回归分析，但实际上经过对数据的处理可以形成线性关系，如取对数，分析者要根据数据的特征进行灵活处理。

线性回归分析的第一步是分析人员能够建立模型，即变量 $x$ 与变量 $y$ 具有因果关系，并且它们之间的关系是线性的。因变量对于回归系数是线性的，而自变量的形式可以是多样的，线性模型的误差项代表除已经假设的自变量外引起因变量变化的其他自变量信息，代表着模型中的不确定性。

线性回归分析的第二步是拟合回归线。数学上用最小二乘法估算用于最小化无法解释的残差，本部分通常利用编程语言实现。

在线性回归的第三步，即评估模型的有效性和实用性时，研究者一般通过 $R^2$ 或调整的 $R^2$ 检验进行相应评估。$R^2$ 是一个取值为 0 至 1 的数，代表模型解释变量的程度，用来估计线性直线的有效性。$R^2$ = 总方差/解释方差。而调整后的 $R^2$ 将自变量的个数考虑进来，即调整 $R^2 = R^2 - J(1-R^2)/N-J-1$。J 代表自变量的个数，N 代表样本大小，这样做有利于比较多种模型之间有效性的优劣。

线性回归的最后一步是显著性检验，统计学中常使用 F 检验和 T 检验进行显著性的检验。F 检验会测试整个模型的显著性。在所有的除截距系数外的斜率系数为 0 的假设前提下，p 值小于显著性水平时，即 F 检验的假设前提被拒绝时，就能够说明至少有一个自变量对因变量有显著影响，即模型是有效的。而 T 检验则被用作各个参数显著性的检验。

进行完线性回归分析后要对结果进行整理与解读，通过整理和解读可以进一步改进和完善所使用的模型。注意，若系统估计不显著，我们要做的是更换模型而非改进，因为该模型并不适用于相应的数据集，只有当 p 值小于显著性水平时，才有改善模型的基础。

下面通过一个线性回归的实际案例进行演示：

首先，通过数据采集，获得了 2018 年下半年以及 2019 年全年某公安机关辖区内发生的各类盗窃案件以及诈骗案件的案件来源、案件状态、发案时间上限与下限、受案时间、立案时间、破案时间等相关数据，进行相应数据的处理后形成了如图 2. 10 所示的数据汇总（仅为部分展示）。

| | A | C | D | E | F | G | H | I | J |
|---|---|---|---|---|---|---|---|---|---|
| 1 | 序号 | 案件类别 | 案件来源 | 案件状态 | 发案时间下限 | 发案时间上限 | 受理时间 | 立案日期 | 破案日期 |
| 2 | 1 | 诈骗案 | 报案 | 立案 | 2019年12月24日 12时00分00秒 | 2019年12月24日 15时00分00秒 | 2019年12月30日 16时01分31秒 | 2020年01月01日 | |
| 3 | 10 | 诈骗案 | 报案 | 立案 | 2019年11月07日 08时58分00秒 | 2019年11月08日 08时58分00秒 | 2019年11月11日 09时07分13秒 | 2019年11月12日 | |
| 4 | 100 | 盗窃案 | 报警 | 立案 | 2019年02月12日 18时53分00秒 | 2019年02月12日 19时08分00秒 | 2019年02月13日 14时18分21秒 | 2019年02月13日 | |
| 5 | 101 | 其他盗窃案 | 110指令 | 立案 | 2019年02月12日 07时00分00秒 | 2019年02月12日 07时15分00秒 | 2019年03月05日 17时46分04秒 | 2019年03月05日 | |
| 6 | 102 | 入室盗窃案 | 110指令 | 立案 | 2019年02月10日 11时30分00秒 | 2019年02月10日 15时30分00秒 | 2019年02月12日 16时39分27秒 | 2019年02月13日 | |
| 7 | 103 | 盗窃案 | 110指令 | 立案 | 2019年02月05日 01时05分00秒 | 2019年02月05日 05时30分00秒 | 2019年02月05日 11时12分36秒 | 2019年02月12日 | |
| 8 | 104 | 诈骗案 | 报案 | 立案 | 2019年01月25日 14时00分00秒 | 2019年01月26日 14时49分00秒 | 2019年01月31日 14时50分08秒 | 2019年02月01日 | |
| 9 | 105 | 盗窃案 | 110指令 | 立案 | 2019年01月19日 12时30分00秒 | 2019年01月19日 13时11分00秒 | 2019年01月21日 10时46分17秒 | 2019年01月22日 | |
| 10 | 106 | 盗窃案 | 110指令 | 立案 | 2019年01月19日 12时00分00秒 | 2019年01月19日 12时50分00秒 | 2019年01月21日 10时47分09秒 | 2019年01月22日 | |
| 11 | 107 | 盗窃案 | 110指令 | 立案 | 2019年01月19日 10时45分00秒 | 2019年01月19日 11时06分00秒 | 2019年01月21日 11时51分15秒 | 2019年01月22日 | |
| 12 | 108 | 入室盗窃案 | 110指令 | 立案 | 2019年01月18日 01时00分00秒 | 2019年01月20日 08时00分00秒 | 2019年01月21日 15时55分51秒 | 2019年01月21日 | |
| 13 | 109 | 盗窃案 | 110指令 | 立案 | 2019年01月15日 12时40分00秒 | 2019年01月15日 16时00分00秒 | 2019年01月22日 14时21分26秒 | 2019年01月22日 | |
| 14 | 11 | 盗窃案 | 110指令 | 立案 | 2019年11月03日 08时00分00秒 | 2019年11月03日 13时09分00秒 | 2019年11月08日 17时30分06秒 | 2019年11月11日 | |
| 15 | 110 | 诈骗案 | 报案 | 立案 | 2019年01月10日 09时13分00秒 | 2019年01月15日 09时13分00秒 | 2019年01月16日 09时15分10秒 | 2019年01月16日 | |
| 16 | 111 | 盗窃案 | 110指令 | 立案 | 2019年01月05日 16时42分00秒 | 2019年03月07日 16时43分00秒 | 2019年03月13日 16时46分00秒 | 2019年04月09日 | |
| 17 | 112 | 扒窃案 | 110指令 | 立案 | 2019年01月04日 13时40分00秒 | 2019年01月04日 14时02分00秒 | 2019年01月07日 16时10分12秒 | 2019年01月07日 | |
| 18 | 113 | 入室盗窃案 | 110指令 | 立案 | 2019年01月02日 13时52分00秒 | 2019年01月02日 16时10分00秒 | 2019年01月04日 10时57分14秒 | 2019年01月04日 | |
| 19 | 114 | 诈骗案 | 案件移交 | 破案 | 2019年01月01日 14时01分00秒 | 2019年04月15日 14时24分00秒 | 2019年07月15日 14时13分06秒 | 2019年07月15日 | 2020年03月18日 |
| 20 | 115 | 盗窃案 | 110指令 | 立案 | 2018年12月29日 15时08分00秒 | 2019年01月01日 12时00分00秒 | 2019年01月02日 15时09分49秒 | 2019年01月02日 | |
| 21 | 116 | 诈骗案 | 报案 | 立案 | 2018年12月29日 09时21分00秒 | 2018年12月31日 09时22分00秒 | 2019年01月10日 09时23分45秒 | 2019年01月22日 | |
| 22 | 117 | 盗窃案 | 报案 | 立案 | 2018年12月25日 13时05分00秒 | 2019年03月04日 18时04分00秒 | 2019年03月08日 13时14分53秒 | 2019年03月20日 | |
| 23 | 118 | 盗窃案 | 110指令 | 立案 | 2018年12月20日 12时30分00秒 | 2018年12月20日 16时43分00秒 | 2019年01月04日 09时47分59秒 | 2019年01月04日 | |
| 24 | 119 | 盗窃案 | 报案 | 立案 | 2018年12月16日 14时41分00秒 | 2018年12月16日 16时58分00秒 | 2019年03月14日 14时39分48秒 | 2019年03月16日 | |
| 25 | 12 | 诈骗案 | 报案 | 立案 | 2019年10月31日 09时27分00秒 | 2019年11月01日 08时52分00秒 | 2019年11月01日 09时29分00秒 | 2019年11月05日 | |
| 26 | 120 | 入室盗窃案 | 110指令 | 立案 | 2018年12月10日 08时15分00秒 | 2018年12月10日 08时30分00秒 | 2019年01月04日 11时18分48秒 | 2019年01月04日 | |
| 27 | 121 | 诈骗案 | 报案 | 破案 | 2018年12月03日 10时46分00秒 | 2019年09月25日 11时17分00秒 | 2019年12月25日 10时57分43秒 | 2019年12月25日 | 2020年02月25日 |
| 28 | 122 | 诈骗案 | 案件移交 | 破案 | 2018年12月01日 00时00分00秒 | 2019年05月10日 00时00分00秒 | 2019年06月12日 16时04分30秒 | 2019年06月12日 | 2019年09月26日 |
| 29 | 123 | 盗窃案 | 110指令 | 立案 | 2018年11月08日 06时02分00秒 | 2018年11月08日 08时30分00秒 | 2019年01月04日 10时05分45秒 | 2019年01月04日 | |
| 30 | 124 | 诈骗案 | 案件移交 | 销案 | 2018年11月01日 18时06分00秒 | 2019年04月30日 18时17分00秒 | 2019年07月15日 18时12分48秒 | 2019年07月15日 | |
| 31 | 125 | 诈骗案 | 案件移交 | 破案 | 2018年11月01日 16时57分00秒 | 2019年04月30日 17时12分00秒 | 2019年07月15日 17时04分05秒 | 2019年07月15日 | 2020年03月18日 |
| 32 | 126 | 诈骗案 | 工作中发现 | 立案 | 2018年11月01日 09时47分00秒 | 2018年12月27日 09时48分00秒 | 2019年03月06日 09时49分47秒 | 2019年03月06日 | |

数字化　透视表　真值表　Sheet2　备份

图 2. 10　2018 年下半年至 2019 年某公安机关辖区
各类盗窃案件和诈骗案件的相关情况

其次，对数据进行汇总和处理后（详见表 2. 1），借助饼状图分析展示各类盗窃案件和诈骗案件的比例（详见图 2. 11）。由表 2. 1、图 2. 11 可以观察到，统计时间内，盗窃类案件占统计样本的 55.32%。

表 2.1　2018 年下半年至 2019 年某公安机关辖区各类盗窃案件和诈骗案件数据汇总

| 案件类别 | 占比/% |
| --- | --- |
| 扒窃案 | 1.42 |
| 盗接通信线路案 | 0.71 |
| 盗窃牲畜案 | 0.71 |
| 入室盗窃案 | 11.35 |
| 其他盗窃案 | 41.13 |
| 诈骗案 | 44.68 |

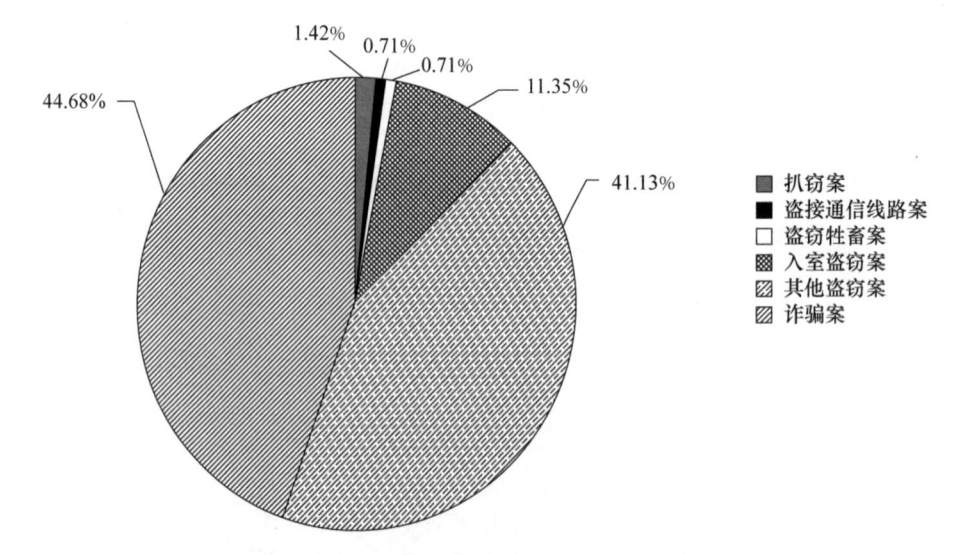

图 2.11　2018 年下半年至 2019 年某公安机关辖区
各类盗窃案件和诈骗案件占比

接下来，通过线性分析，分析发案量与时间是否具有线性相关：

首先，进行数据的进一步处理，以季度为单位对发案量进行分类汇总，得到表 2.2。

第 2 章　情报数据思维

**表 2.2　2018 年下半年至 2019 年第三季度某公安机关辖区各季度发案量统计**

| 发案时间 | 盗窃大类案件/件 | 诈骗类案件/件 |
| --- | --- | --- |
| 2018 年第三季度 | 7 | 6 |
| 2018 年第四季度 | 20 | 8 |
| 2019 年第一季度 | 19 | 13 |
| 2019 年第二季度 | 22 | 12 |
| 2019 年第三季度 | 5 | 15 |

其次，利用 Excel 软件绘制统计图，得到图 2.12、图 2.13。

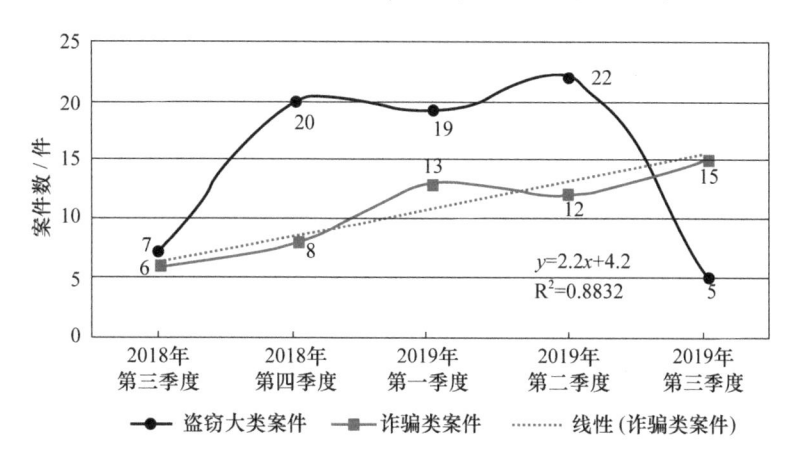

图 2.12　两类案件变化趋势及诈骗类案件的线性回归模型

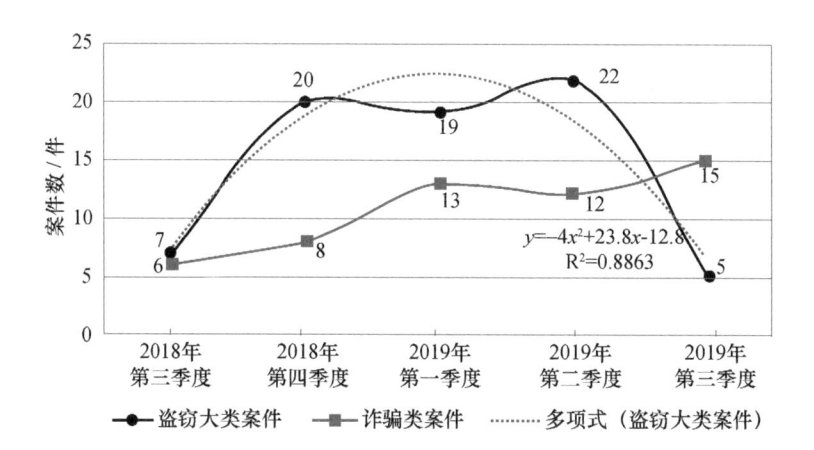

图 2.13　两类案件的变化趋势以及盗窃大类案件的线性回归模型

如图 2.12 所示，诈骗类案件的发案量与时间呈正相关，得出的数据模型为 $y=2.2x+4.2$。该模型的 $R^2$ 值为 0.8832，$R^2$ 是指拟合优度（Goodness of Fit），是回归直线对观测值的拟合程度。$R^2$ 的最大值为 1，$R^2$ 的值越接近 1，说明回归直线对观测值的拟合程度越好；反之，$R^2$ 的值越小，说明回归直线对观测值的拟合程度越差。$R^2$ 衡量的是回归方程整体的拟合度，表达因变量与所有自变量之间的总体关系。$R^2$ 等于回归平方和在总平方和中所占的比率，即回归方程所能解释的因变量变异性的百分比，如 $R^2$ 为 0.8832，则表示回归关系可解释因变量 88.32% 的变异。换句话说，如果我们能控制自变量不变，则因变量的变异程度会减少 88.32%。

如图 2.13 所示，使用多项式对盗窃类案件的时间变化曲线进行回归分析得到数据模型 $y=-4x^2+23.8x-12.8$。其中，$R^2=0.8863$，说明该多项式对观测值具有十分强的拟合优度。

（2）数据降维，包括主成分分析和因子分析，利用编程软件很容易实现。但是对操作者掌握、理解和解释原始数据的能力有较高的要求，很多情况下通过数据降维得到的指标和因子很容易让人困惑，研究者需要根据原始数据的实际情况联系并发现该指标或因子的真正含义，倘若确实无法很好地解读指标的意义则应该谨慎使用该指标或因子。

以主成分分析为例，主成分分析主要包括三个步骤：标准化、计算协方差矩阵、计算协方差矩阵的特征向量和特征值以识别主成分。第一步标准化的目的是，标准化连续型原始变量的范围，以使得每个变量对分析能够产生同等的作用。因为主成分分析对原始变量的变化非常敏感，如果原始变量之间存在较大的差异，则范围较大的变量将主导范围较小的变量，结果就会产生偏差，此过程在前文中数据处理部分亦有提及。一般做法是通过减去平均值并除以每个变量的值的标准差来实现标准化。第二步是计算协方差矩阵，此步骤的目的是了解输入数据集的变量之间的均值如何变化，以查看它们之间是否存在任何关系。协方差矩阵是一个 p×p 的对称矩阵（p 是维数），可以看作一个表，汇总了所有可能配对的变量间相关性。第三步要计算协方差矩阵的特征向量和特征值，以确定数据的主成分。主成分应该满足以下条件：主成分是原始变量的线性组合，主成分不相关，初始变量中的大多数信息被压缩为主成分的第一个部分。因此确定主成分的思路是将最大可能的信息放置在第一个部分，然后在第二个部分中放置除最大可能信息之外的剩余信息，以此类推直到分析结束。从函数上看，主成分是捕获绝大部分数据信息的线，线的方差越大，散点的离散程度就越大，线所具有的信息就越多。因此，综合以上思路，通过计算协方差矩阵的特征向量和特征值，我们可以找出解释最大方差的数据向量，以此确定主成分。

因子分析区别于主成分分析，主成分分析只关心数据的方差，因子分析则是通过计算因子方差、方差贡献率及累计方差贡献率刻画变量之间的相关性，进而输出因子载荷矩阵，即按照变量间相关性大小分组后，每组安排一个公共因子驱动，进而实现数据降维的目的。

（3）聚类分析。层次聚类以自下而上的凝聚算法为例，其算法逻辑是一开始将每个样本视为一个单独的聚类，然后重复执行以下两个步骤：一是识别最靠近的两个簇；二是合并两个最相似的簇，直到所有的簇合并在一起。

下面通过一个案例对分层聚类进行演示：

将近似的刑事案件进行分类可以帮助决策者更好地理解各类型案件之间的相关关系，从而在案件串并、部署侦查以及确定侦查重点等环节发挥一定作用。笔者通过中国数据网，获取了2009—2019年我国公安机关立案的刑事案件数量，并将变量定义如表2.3所示：

表2.3 变量定义表

| 变量 | 含义 | 变量 | 含义 |
| --- | --- | --- | --- |
| $x_1$ | 公安机关立案的所有刑事案件 | $x_7$ | 公安机关立案的盗窃刑事案件 |
| $x_2$ | 公安机关立案的杀人刑事案件 | $x_8$ | 公安机关立案的诈骗刑事案件 |
| $x_3$ | 公安机关立案的伤害刑事案件 | $x_9$ | 公安机关立案的走私刑事案件 |
| $x_4$ | 公安机关立案的抢劫刑事案件 | $x_{10}$ | 公安机关立案的伪造、变造货币，出售、购买、运输、持有、使用假币刑事案件 |
| $x_5$ | 公安机关立案的强奸刑事案件 | $x_{11}$ | 公安机关立案的其他刑事案件 |
| $x_6$ | 公安机关立案的拐卖妇女儿童刑事案件 | | |

利用MATLAB软件的pdist函数进行层次聚类，形成了如图2.14的结果：

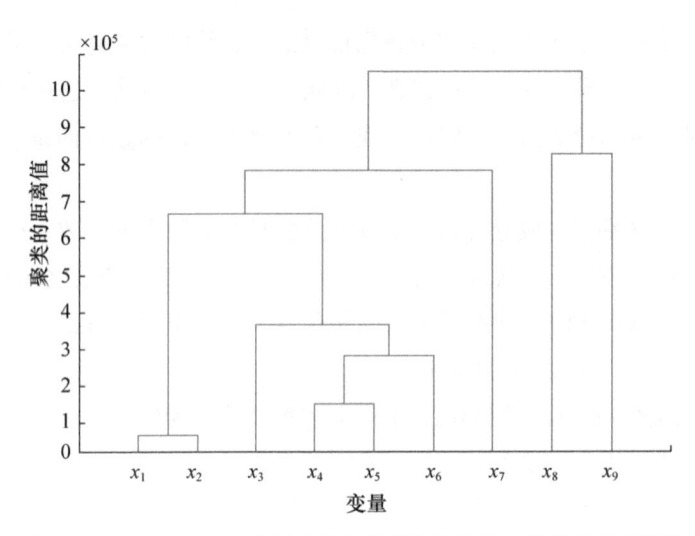

图 2.14　2009—2019 年我国公安机关刑事案件立案分类的层次聚类

通过上述分类结果，可以对刑事案件类型的联系产生一些原有经验推理很难分析出的结论和认识。例如：样本 1（即表 2.2 中 $x_1$ 代表的刑事案件，下同）与样本 2 之间的联系可说明刑事案件与杀人刑事案件之间的联系最为密切；结合被害人特性进行分析，被害人常为女性的特点易导致抢劫案件发展为强奸案件，以此为思路也可以解释为什么样本 4 与样本 5 能产生较密切关系。诈骗案件与走私案件的嫌疑人特征以及组织规模具有一定的相似性，样本 8 与样本 9 之间的密切联系可以说明这一点。而综合来看，样本 3、样本 4、样本 5 与样本 7 之间的关系可以证明伤害类、侵财类案件构成了刑事犯罪案件的主体，而样本 6 即拐卖妇女儿童案件则由于其犯罪方式及法益侵害对象的独特性明显区分于其他的刑事案件类型。

K 均值聚类算法的逻辑是，首先随机选取 K 个样本点假设为聚类的中心，然后计算各个样本点与类中心的距离，接着将各样本点归到距离最近的中心后，求各个类样本的均值替代原有中心，直到达到一定循环次数或中心不再变化，否则继续从计算各个样本点与类中心距离步骤进行循环。通过 R、Python 等编程均能够实现 K 均值聚类。

下面通过一个案例对 K 均值聚类算法进行演示：

本案例所使用的数据是 2017 年某区入室盗窃、盗窃电动车、盗窃摩托车、盗窃汽车四类案件信息。获取的信息内容包括案件编号、案件状态、案件类别、

第 2 章 情报数据思维

发案时间、派出所管辖、发案详细地址、实施手段、经度（LATB）、纬度（LNGB）。经过数据处理后得到了如图 2.15 所示的情况汇总（仅为部分展示）：

图 2.15　2017 年某区四类盗窃案件相关情况汇总

进行初步分析，平均日时点特征结论如下：

由图 2.16 可知，四类盗窃案件的时间分布在一天内呈现出较大差异。相对来说，凌晨 0 点最多，凌晨 5 点最少，凌晨 5 点后逐渐增多，并在上午 8 点达到第二个峰值，随后开始下降。整体上呈现出白天少、夜晚多的规律特征。

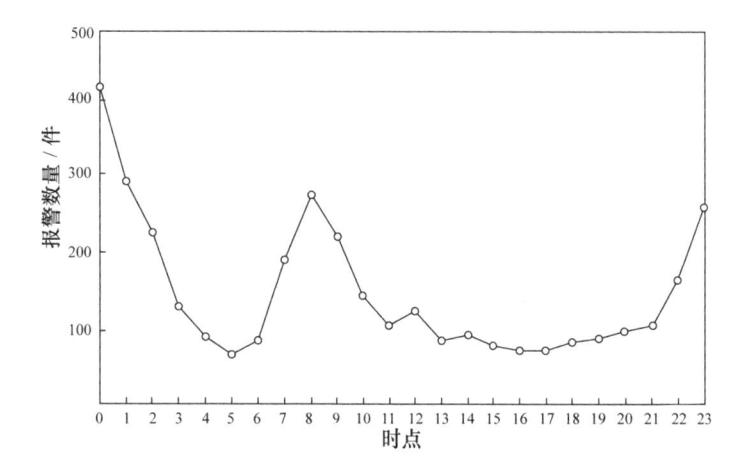

图 2.16　2017 年某区四类盗窃案件平均日时点分布图

由于不同的年份可能会对时点反映出的四类盗窃案件情况有一定影响，所以要将每个时点的数据转化为标准分数 $Z^{[1]}$，$Z_i = \dfrac{X_i - \bar{X}}{S}$（$\bar{X}$ 是平均数，$S$ 是样本标准差），从而使四类盗窃案件数据转化成具有平均数为 0、标准差为 1 的数据，以便于通过均值（M）报警数量来进一步了解不同时点的分布情况，更全面、客观地分析四类盗窃案件数据的差异性，具体如图 2.17 所示。

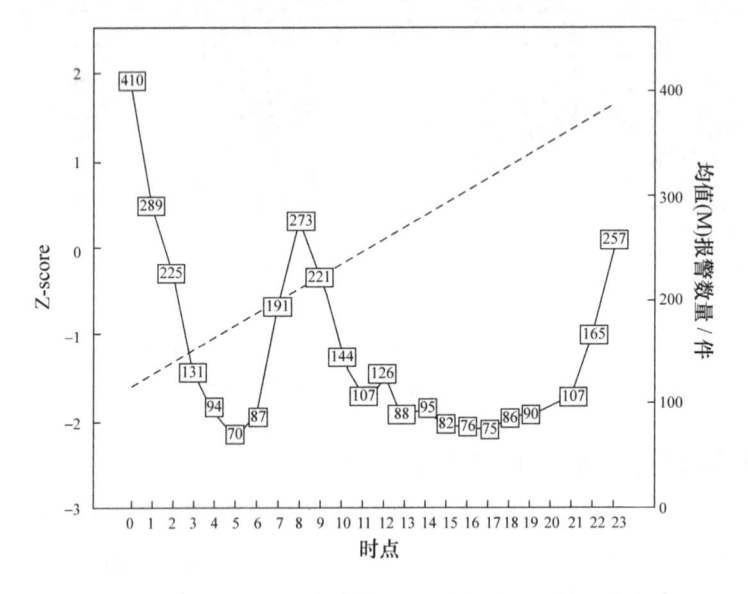

图 2.17　2017 年某区四类盗窃案件一天内标准分数 $Z$ 分布图

根据图 2.18 可知，2017 年某区某月初四类盗窃类案件高发，后由于一系列治安行动将警情控制在较低的范围内，在月底治安明显实现好转。

如图 2.19 所示，2017 年 2 月开始该区四类盗窃案件持续走高，并于 4 月达到最高点，发案 400 起左右，随后小幅波动且居高不下，6 月后随着公安机关打击力度的加大而逐渐下降，且下降的速度逐月有所增加，并于 10 月达到最低点。可见，治安系列举措效果显著。但是，2017 年年底该区四类盗窃案件数量有所回升，达到了和年初基本持平的水平。

---

[1] 标准分数（Z-score）也叫 Z 分数，作为一个抽象值，不受原始测量单位的影响，并可进一步统计处理，公式为原始数与平均数之差除以标准差。本案例中原始数为各时点统计的案例数，平均数为全部案例数的平均值，标准差为该总体的标准差，因为案例数存在小于平均值的情况，因此存在时间点的标准分数为负值。

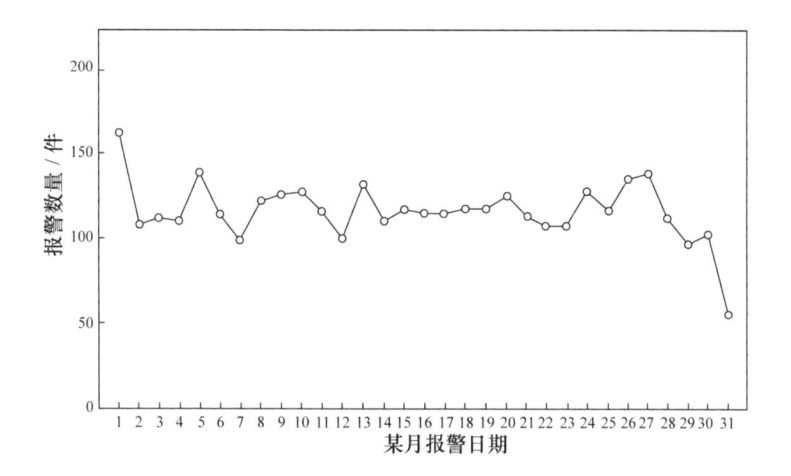

图 2.18　2017 年某区某月四类盗窃案件报警数量统计图

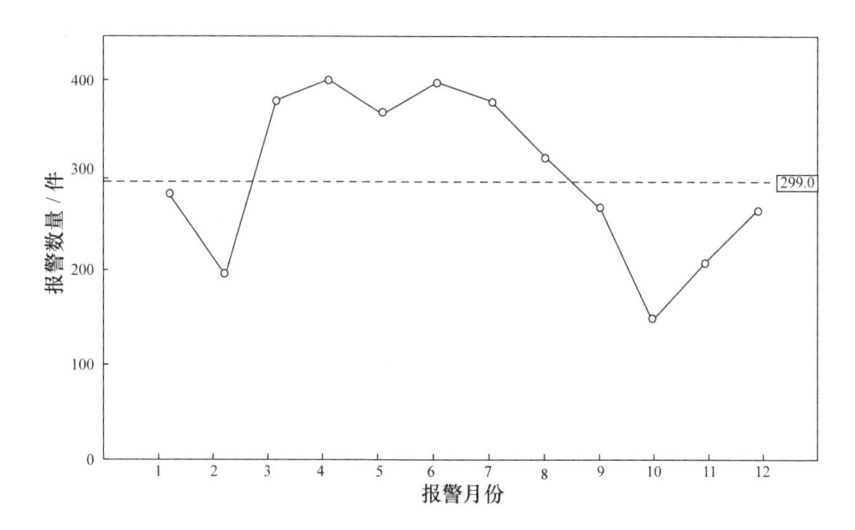

图 2.19　2017 年某区四类盗窃案件报警数量在不同月份的分布图

图 2.20 及图 2.21 分别是对四类盗窃犯罪在一天之内各个时段进行 K 均值聚类以及在一年之内各个月份进行 K 均值聚类的结果展示。图 2.20 显示出该区域一天之内四类盗窃犯罪主要由三类构成，根据不同的时间段与类别可以方便情报人员进一步结合实际情况加以研判，为治安对策制定提出灵活、有针对性的建议。

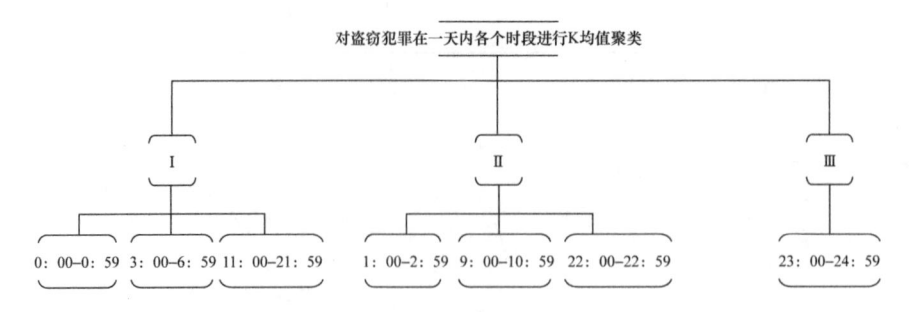

```
                  对盗窃犯罪在一天内各个时段进行K均值聚类
         ┌────────────────────┬────────────────────┐
         Ⅰ                    Ⅱ                    Ⅲ
  ┌──────┼──────┐      ┌──────┼──────┐             │
0:00-0:59 3:00-6:59 11:00-21:59  1:00-2:59 9:00-10:59 22:00-22:59  23:00-24:59
```

图 2.20　2017 年某区四类盗窃犯罪在一天之内各个时段的 K 均值聚类分析

由图 2.21 可以得出，2 月是该区 2017 年四类盗窃犯罪高发月份，且同时含有两类盗窃犯罪活动，因此在 2 月开展专项行动可以有效减少犯罪发生；而 3—8 月由于大部分为第三类盗窃活动，因此在此期间对该犯罪加以关注可以事半功倍地改善治安环境。

```
        对盗窃犯罪在一年之内各个月份进行K均值聚类
         ┌──────────────┬──────────────┐
         Ⅰ              Ⅱ              Ⅲ
        2月         2月、5月、10月      3—8月
```

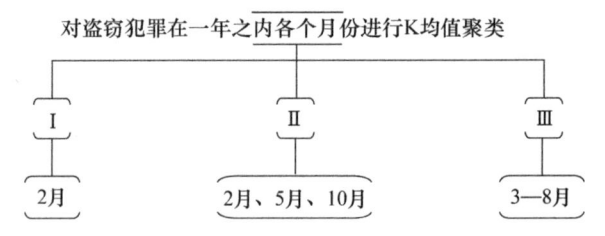

图 2.21　2017 年某区四类盗窃犯罪在一年之内各月份的 K 均值聚类分析

对 3588 起入室盗窃案发生地的经纬度进行 K 均值聚类分析，在聚类中心个数为 10 的条件下，样本经过 7 次迭代达到收敛，得到聚类中心如表 2.4 所示。其中，有 3347 个样本被纳入第五类，54 个样本被纳入第四类，49 个样本被纳入第十类。由于样本数量聚类的显著差异，可以基本判断 2017 年某区入室盗窃案件多发生于经度 39.919720、纬度 116.5052897 的周围地段。

表 2.4　入室盗窃犯罪发生地经纬度 K 均值聚类分析最终聚类中心统计

| 经纬度 | 1 | 2 | 3 | 4 | 5 | 6 | 7 | 8 | 9 | 10 |
|---|---|---|---|---|---|---|---|---|---|---|
| 经度 | 29.989855 | 37.221736 | 45.015110 | 23.929919 | 39.919720 | 32.004568 | 0 | 29.330880 | 44.857881 | 33.068361 |
| 纬度 | 106.3301003 | 101.7152095 | 126.1513781 | 113.7885076 | 116.5052897 | 119.4112312 | 0 | 92.27052500 | 82.33851300 | 113.2135540 |

同理，对 157 起盗窃汽车案发生地的经纬度进行 K 均值聚类分析，在聚类中心个数为 10 的条件下，样本经过 4 次迭代达到收敛，得到聚类中心如表 2.5 所示。其中，143 个样本落入第六类，与其余样本形成了显著性差异。由此可以基本判断，2017 年某区盗窃汽车案件多发生于经度 39.932655、纬度 116.525060

的周围地段。

表 2.5　盗窃汽车犯罪发生地经纬度 K 均值聚类分析最终聚类中心统计

| 经纬度 | 1 | 2 | 3 | 4 | 5 | 6 | 7 | 8 | 9 | 10 |
| --- | --- | --- | --- | --- | --- | --- | --- | --- | --- | --- |
| 经度 | 31.820520 | 38.215912 | 18.624461 | 39.995979 | 43.846186 | 39.932655 | 30.279264 | 28.208429 | 29.541963 | 40.818159 |
| 纬度 | 119.004609 | 116.174558 | 109.182733 | 119.774987 | 125.334211 | 116.525060 | 120.143120 | 120.146738 | 106.506516 | 115.236740 |

接下来，使用空间均值中心法和 K 均值聚类算法进行四类盗窃案件集中地带的分析。空间均值是指通过经纬坐标确定坐标系，并通过计算 X 坐标值的均值和 Y 坐标值的均值来找出其平均中心。其中，$\overline{X_{mc}}$ 和 $\overline{Y_{mc}}$ 为平均中心坐标，$x_i$ 和 $y_i$ 是 i 点的坐标，n 为案件数。通过直接计算空间内所有案件经纬坐标的算术平均数，可以最直观地得出空间内坐标的中心位置，该位置也是最能反映出和符合直接感知的所有坐标的中心位置。因此，在中位数外任选一个位置，并计算从该点到该区域内所有的点的总距离，所得到的将大于用中位数中心得出的总距离，计算如下式：

$$(\overline{X_{mc}}, \overline{Y_{mc}}) = \left( \frac{\sum_{i=1}^{n} x_i}{n}, \frac{\sum_{j=1}^{n} y_i}{n} \right)$$

通过平均中心图，如图 2.22 所示，可以发现四类盗窃案件的平均中心分布在该区中心偏西北位置，入户盗窃集中在该区中心靠南位置，盗窃机动车主要集中在西北区域。

图 2.22　2017 年某区四类盗窃案件空间均值中心图

(4) 文本分析。其主要思路就是将属于非结构化数据的文本转化成结构化数据。为了实现该思路，需要经过中文分词、优化词典、词性标注、关键词提取、绘制词云等步骤。中文分词，顾名思义，是将中文文本分解成代表较完整语义的词。英文由于是以单词为基本单位的，因此不存在分词操作。经过了分词操作的词很有可能会被过分分解，需要通过优化分词算法的词典来达到相关主题的分词要求。优化词典主要有两种方式：一种是去掉一部分词。如语气助词、副词等没有什么实际含义的功能词，以及有特定含义，但对于文本分析帮助不大的词，这类词需要结合文本进行具体设置。另一种是添加自定义词典。自定义词典可以是分析者自己总结的，也可以是网上成形的专业词库等。分词后进行词性标注可以指导进行更复杂的分析。如对某恐怖组织头目的演讲词进行文本分析，通过标注出词性可以更好地了解该头目惯用的语言模式，并与其他疑似该组织声明的文本进行比对，以确认疑似文本是否为该头目所言。在文本分析时，提取出关键词有助于研究者准确把握文本重点，常用的提取关键词的方法是词频统计，即出现频率较高的词被当作关键词。在进行文本分析的最后，可以通过绘制词云的方式进行文本分析结果的可视化展示。词云是将文本的关键词绘制成各类图案的图像，不同重要等级的关键词在词云中的大小、颜色会有所不同。通过词云读者可以很轻松地了解文本的关键词以及关键词的出现频次，进而对整个文本有较好的把握。除上述文本分析方法外，情绪分析、主题分析、意图检测、命名实体识别、词义消歧、词汇聚类等方法在文本分析中也较为常用。

下面，以曝光"棱镜计划"的前美国情报专员斯诺登的著作《永久记录》[1]一书为例进行文本分析，通过Python的jieba分词算法进行分词操作（见图2.23），删除所有单字词后，按照词频进行统计，并以人工的方式进行关键词的排除与筛选后通过Python的wordcloud生成词云图，如图2.24所示。

---

[1]《永久记录》中，"棱镜门"主角斯诺登首次详述泄密全历程，揭露美国监控系统窃取隐私的真相。科技发展与个人权益，何去何从？

图 2.23　分词代码截图

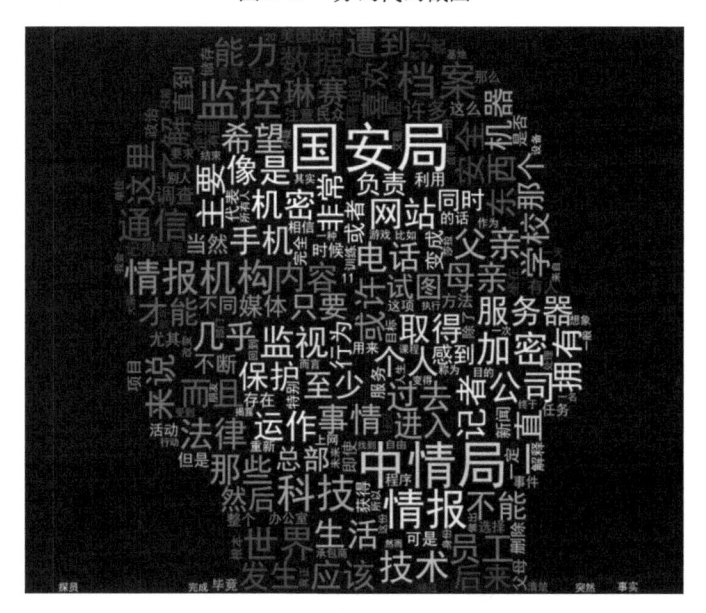

图 2.24　基于《永久记录》词频分析生成的词云图

通过图 2.24 可以直观地看出，实施"棱镜计划"的主要机构美国国安局和中央情报局，以及相关手段如监听手机、劫持服务器、通过运作窃取机密情报等出现频次较多；此外，出现频次较高的人名为琳赛·莫兰，其是美国中情局特工之一，曾被派往东欧国家进行间谍活动，从词频分析中也可以获知她与相关窃听活动关系密切。同时，对其他高频词进行审视可以发现，记者在计划的揭露及曝光中产生了一定的推动作用，保护和加密技术也是经常在文中提及的概念，可见作者希望以此警醒个人：在重视安全加密技术的同时不能对其过于依赖，较敏感的隐私信息应该及时删除，任何技术都存在安全漏洞，即使有法律的庇护民众也无法真正免于政府机构的侵害。

### 2.3.5 总　结

总结是数据分析的重要部分，好的总结不仅需要点明分析选题的结论，更要对分析本身进行评价和总结，方便决策者更快地把握整篇分析报告的脉络和重点，并有针对性地提出见解。很多情况下，相关决策者大部分的精力都会集中在阅读这个部分，而对于一些专业性较强的分析过程及相关制图只是粗略浏览，因此清晰明确的总结十分必要。以下是总结信息丰富完善的要点：

#### 2.3.5.1 按照一定的行文结构

可以按照总—分、分—总或者总—分—总的结构进行总结，这样的总结更容易让读者理解，且更容易抓住逻辑脉络。倘若没有章法、跳跃性地进行总结，无序的行文很难形成一个有机的整体，那么总结就不能很好地发挥作用。

#### 2.3.5.2 突出重点

总结的主要目的是交代结论、总结得失，不宜在总结中继续出现大量篇幅的数据或统计图表。因为一篇分析报告一般在3—5页，一些较长的甚至可以达到8—10页，读者通篇读下来已经翻看了大量的图表和数据，此时的思维对于类似内容的刺激已经不再敏感，在总结中继续使用数据和图表不仅会引起读者的反感，无法理解数据和图表所传达的信息，甚至可能会使读者选择性跳过，忽略这部分内容。因此，总结部分尽量用文字叙述，最多含有特别关键的数据，做到重点突出。

#### 2.3.5.3 分析得失

总结在点明分析结论的同时，也要对本次分析选题的确定、数据采集、模型的选择与建立等整个流程按顺序进行得失总结。这样不仅能够使读者对此次数据分析产生更加深刻的理解，也可以为自己日后的数据分析积累经验，提供灵感和思路。

#### 2.3.5.4 列举要点

总结要尽量把内容以点的形式列举出来，通过分点的方式可以更好地将要点传递给决策者。要点之间采用并列的逻辑关系还是递进的结构根据具体的需要进行选择。

#### 2.3.5.5 语言精练、结论简略

总结的语言应尽量精练通俗，要将总结字数控制在一定范围内，具体数目要综合取决于分析的复杂程度、涉及的数据量、各类变量的个数及所选题目涉及的领域。应避免使用繁复的句子，尽量使用简单的句子结构和通俗易懂的语言，避免过度使用术语，方便决策者阅读和理解。一般情况下，一次选题足够聚焦的数据分析并不能得出相当多的结论，此时提出过多的结论反而有可能会使得推导结论的逻辑过程遭受质疑。

#### 2.3.5.6 内容凝练

总结要尽量避免成为前几部分内容的机械重复，要在整篇分析的基础上进行凝练升华。较为有深度的剖析总结能够体现出情报人员的数据思维素养，这也是本章内容的核心，在数据分析结论的基础之上，结合自身的想法对选题提出并阐明一个较深刻的观点也可以为整篇分析报告锦上添花。

## 2.4 情报工作中数据思维的运用

通过数据思维方法与数据价值观的结合，分析人员可以发现业务问题和具体需求，并以问题为导向进行数据收集和处理、描述性分析、建模分析以及总结，且将价值观贯穿其中，进而完成数据从分析到价值实现的全过程。

情报主导警务模式早在 21 世纪初就在欧美警界盛行，其作为一种管理理念和警务运行模式在我国也早已深植警员内心。随着大数据等新一代信息技术的产生与发展，智慧警务模式、警务大数据中心纷纷建立，从事情报工作的人员每天都会与海量的数据打交道。面对新时代的情报挑战，数据思维为我们解决现有情报数据分析警种业务的问题提供了有效办法。面对实践需求和日益增长的情报产品需求，从数据思维角度出发，应该思考以下几个问题：

- 我们的数据策略是什么？如果没有确定数据策略或者数据策略不明确，我们可以通过现有数据来解决哪些问题？
- 公安机关目前有哪些数据可用？来源何处？可否信任？数据管理方法完善程度如何？体量和价值如何？有哪些资源或组织可以帮助我们对数据维度进行扩展？

- 我们需要改进哪些流程（如果有的话）来确保完善的数据治理？
- 我们是否遵循分析的最佳做法，掌握尽可能多的技术方法分析并呈现数据？如果没有，应该建立哪些组织标准来确保遵循一致的做法？
- 在业务决策过程中如何让数据发挥最核心的作用？我们可以运用哪些分析法：SWOT？PEST？KANO？
- 我们能运用哪些软件：MySQL？MaxDiff？Apache Spark？
- 用哪些平台达到的数据可视化处理较清晰明了：Tableau？QlikView？Domo？

通过回答上述一系列问题，警务决策者就能够对所在部门业务与诉求、数据与价值、理想与现实之间的逻辑和差异有所了解，从而有目标、有方向地进行决策和部署，真正将数据思维融入日常业务决策过程，进而引导和培养下属的数据思维。决策者要从战略层面上进行统筹规划，切实保证支持警务核心业务的数据持续供给，积极沟通并努力排除在数据采集时可能遇到的种种困难与挑战。

数据策略即数据分析的计策谋略，在数据策略的指导下分析者可以掌握实现目标的大致方案，并根据具体的情况制定灵活的分析手段。目前，情报界的数据策略并不十分明确，相当一部分的研究分析人员都是八仙过海，各显神通。分析选题有时依赖于上级要求或灵光乍现；有时缺乏理性思考，不能科学合理地使用大数据；有时更多地依赖于信息密集程度高的非开源数据。这样的数据分析显然不能满足当下对系统的数据思维指导下的数据分析要求，其仅能解决一些浅表的问题，对业务警种一些浅显简单的问题进行分析并提出一些见解，很难对一些富有挑战性的深层次问题提出实质性的分析研判成果。因此，数据思维为情报界带来了明确并完善数据策略的思路和方向。虽然公安领域与商业领域在一些方面（如具体的价值取向）有所不同，但是同样有明确的可以指标化评估并建模的需求，如犯罪人群体或被害人群体画像、诈骗模式预警与诈骗成功概率预测、犯罪嫌疑人逃逸路径规划等。了解这些需求，并从需求入手设立分析课题，便是运用数据思维、完善数据策略的第一步。

有了数据策略，在数据采集时，数据源就会得以拓展。在数据采集方面，公安机关部级层面有云搜索平台，但是因为使用时有密钥级别限制，很多基层单位能够查询到的数据源还是有限。即便在经济和技术较为发达的上海、江浙一带，其数据源目前大多也集中在公安内网和一些特种行业，其查询到的数据源涵盖面远远不能满足大数据分析的要求，在建立大数据平台的压力下，不得不对接一些可信度较低、规范性较差的数据接口。不仅如此，公安内网上的数据也是残缺不全。很多基层单位没有重视相关数据录入工作，没有及时将完整的户籍和案卷信息进行上传。一些年久的案卷仍是纸质保留，在搬运过程中很容易丢失、损坏；相当一部分案卷存放于潮湿闷热的空间，处于无人管理的状态；存储空间不足时，案卷散乱堆放，很多记录已经模糊也无人问津。案卷在公安工作中处于很重要的地位，也是日后查阅相关信息的重要数据源，然而如此重要的案卷很多尚且处于不合格、非电子化的管理之下，可见公安数据管理模式的落后。落后的管理模式会导致数据体量和价值的流失，这无疑为公安数据体系建设带来了风险和挑战。数据源是进行数据分析的基础，也是情报分析的基础，没有数据，就没有情报。开源数据是提升情报维度的要素，优势在于公安机关无须对其进行特别的管理和储存，只要将相应的日常维护任务转移给相应的开源数据提供者即可。此外，开源数据的体量也是现有数据所无法比拟的。通过与权威的开源数据对接，在科技强警以及智慧警务的加持下，再加上具体的数据收集技术手段，辅之以全方位的数据源的扩容和完善的数据管理模式，情报分析师就能够更加贴近评估或建模需求来选择更优质的数据源，而非一味将粗糙的数据不加选择地进行使用。具备数据思维和处理数据的技术手段，可以使分析人员用数据来强化思维方式、操作方式和行为方式，使思维更加符合数据分析要求，使数据分析更加科学，从而形成良性互动，促成思维方式和分析技能的双重进步，在业务决策过程中让数据发挥核心作用。

　　弄清了业务需求，则在面对警务实务问题即业务决策时，应该将具体问题与数据分析结合起来，以解决实战问题带动数据价值的发挥。由于公安实战业务琐碎，问题也具有碎片化的特点，因此应将数据思维与问题特征结合起来，形成公安机关特有的数据思维。应对公安机关问题最有效的手段是专项问题专项解决，因此要基于零散的问题通过数据化处理设立单独的小型模块，并按照问题的类别进行分类和组织，将各个单独的小型模块组合成大的系统。这样的数据思维能够在更好地服务于公安机关解决专项问题的同时组建一套高效的问题处理系统。至于使用哪些分析法、软件以及可视化展示平台，则要根据具体业务进行实际评估，选取最适宜的数据分析工具。如：运用 SWOT 分析法可以很清楚地掌握内部的优势和劣势以及外部的机会和威胁，进而对研究课题进行全方位、针对性、系统性的研究；而 PEST 分析法适用于分析课题更加具有指向性的外部背景的案例；KANO 模型则是分析某一具体个人意愿的方法。不拘泥于某种特定的分析方法而是以分析价值为指引，按照需求进行具体的方案设计并实施的分析师，才符合拥有成熟数据思维的特质。需要强调的是，随着计算机技术的进步速度加快，数据技术的更新迭代也层出不穷，应用商店中的各类数据处理、分析软件也是琳琅满目，各具特色。然而，工具的差异性功能并不能直接给数据分析带来多大的便捷和效率的提升，数据分析人员要时刻注意，切勿在体验和学习各类数据分析软件上投入大量精力，而忽视真正需要投入时间进行摸索和反思的业务核心诉求以及实际问题解决等问题。工具的价值是提高生产效率从而节约时间，利用大量的时间精力去学习过多工具的使用并不是明智的，况且数据分析时通常只需专精一两种相关软件的使用即可满足大多数的操作需求。

综上，数据思维与情报工作基于数据的核心地位所产生的奇妙共鸣在业务选题、数据采集、数据处理及分析等方面均有体现，对相关研究人员进行数据思维的培养，不仅能够满足新时代公安队伍建设的实际需求，而且能够使情报工作更加贴近其系统定位，真正发挥出其在公安实战中的价值和能量。

## 2.5 数据思维训练

上一部分我们通过数据思维描绘出了情报工作的美好图景，然而思维的养成不是一朝一夕的，需要通过系统的训练进行不断深化。

训练数据思维是一项系统工程，绝不仅仅是开几场讲座、听几次培训会、阅读几本相关书籍就能轻易实现的。想要真正养成数据思维，要靠对技术日积月累的使用和掌握，对理念一次次的反思和深化，对业务一次次的琢磨和解读，对价值一遍遍的评估和检验。面对新时代日益复杂的犯罪形式和警务变革的迫切需求，要重视数据思维并形成体系，通过肯定数据价值、完善技术手段、分析业务诉求、明确分析价值、决策与执行层面共进等不同措施，使警务人员的数据思维能够得到有效训练。

**数据初步描述练习1**：请阅读下面案例，对案例进行数据初步描述，并完成流程图。

### A 市×区"11·29"系列冒充拆迁办诈骗案

2008年1月，A市×区情报队利用网上串并与高危人群关联比对网上侦查法，侦破了"11·29"系列冒充拆迁办诈骗案，抓获嫌疑人2名，破获涉及该市多个区案件20余起。

2007年11月29日上午，事主傅某某（男，76岁）在某十字路口处，被驾驶黑色轿车的两名男子以事主所居住的小区要拆迁，其认识房管局局长，能为事主搞到低价房需交税款为由，骗走现金人民币36500元。

A市×区情报队侦查员通过违法犯罪综合信息管理系统，经对全市同类手段案件进行串并，发现2006年7月至2008年1月全市共发生同类手段案件64起。根据事主提供的嫌疑人特征和作案手段确定其中23起案件嫌疑人特征、作案手段相同，发案区域涉及A市多个区。情报队侦查员对全市案件串并分析后，准确掌握了嫌疑人的作案手段特点。据此，情报队侦查员立即在全国各省市公安网页内查找类似手段的高危人群，最终通过该市及其他多个省市的研判平台搜集出了同类手段的犯罪群体，发现H籍、T籍、L籍人员为此类案件的高危人群。经对三个地区作案手段进行精确梳理，发现T籍人员作案手段与"11·29"案件相同。同时，情报队侦查员对串并的23起案件认真进行了梳理，并对受骗事主进行了回访，发现多起案件中嫌疑人均给事主留下一张名片，经对名片上的手机号进行查询，发现均为T市移动全球通号码，且每个手机号码均为虚假号码。另外，还发现一起案件中事主反映出一辆嫌疑车，车牌号为T市号牌，经查为假牌照。为此，根据高危人群作案特点和串并案情况进行关联分析，侦查员将工作重点圈定为T籍人员开展网上侦查。

根据前期案件串并情况，侦查员将A市自2002年起抓获的有犯罪前科的31328名诈骗犯罪嫌疑人通过网上比对逐一排查，重点排查类似冒充拆迁办、国家机关工作人员、事主单位同事等进行诈骗的违法犯罪人员，其中具备团伙作案条件、年龄在20岁至50岁之间、会驾驶机动车或本人有交通工具的人为重点列控对象。经筛选，侦查员发现有45名为冒充拆迁办进行诈骗的犯罪嫌疑人，其中T籍有4名。侦查员就这4名人员逐一与相关案件判决地法院进行联系，发现其中一名叫闫某某（男，1965年出生，T市J县人）的嫌疑人，于2005年11月13日因冒充拆迁办诈骗，被A市某区分局刑事拘留，后被该区人民法院判刑6个月，2006年5月26日刑满释放。经调取该人的户籍档案以及违法犯罪人员登记表，发现该人的体貌特征与事主反映的其中一名嫌疑人的特征基本吻合。2008年1月7日，侦查员根据调取的嫌疑人闫某某照片制作成模板，先后组织11月29日被骗事主傅某某及其妻子张某某、5月8日A市C区被骗事主李某某、5月10日A市×区被骗事主高某某等进行辨认，均认定闫某某即为诈骗他们的嫌疑人。最终，确定犯罪嫌疑人闫某某即为该系列案件的其中一名犯罪嫌疑人。

2008年1月17日，根据嫌疑人周一至周四的作案规律，侦查员在T市J县开展相对侦查时，发现嫌疑人闫某某与另一名嫌疑人陈某某于早晨6时驾车离开T市J县进入A市。17日11时许，侦查员在A市D区将作案后准备逃跑的闫某某、陈某某抓获，至此破获了A市多个区冒充拆迁办诈骗的20余起案件。

案件解析流程如图2.25所示：

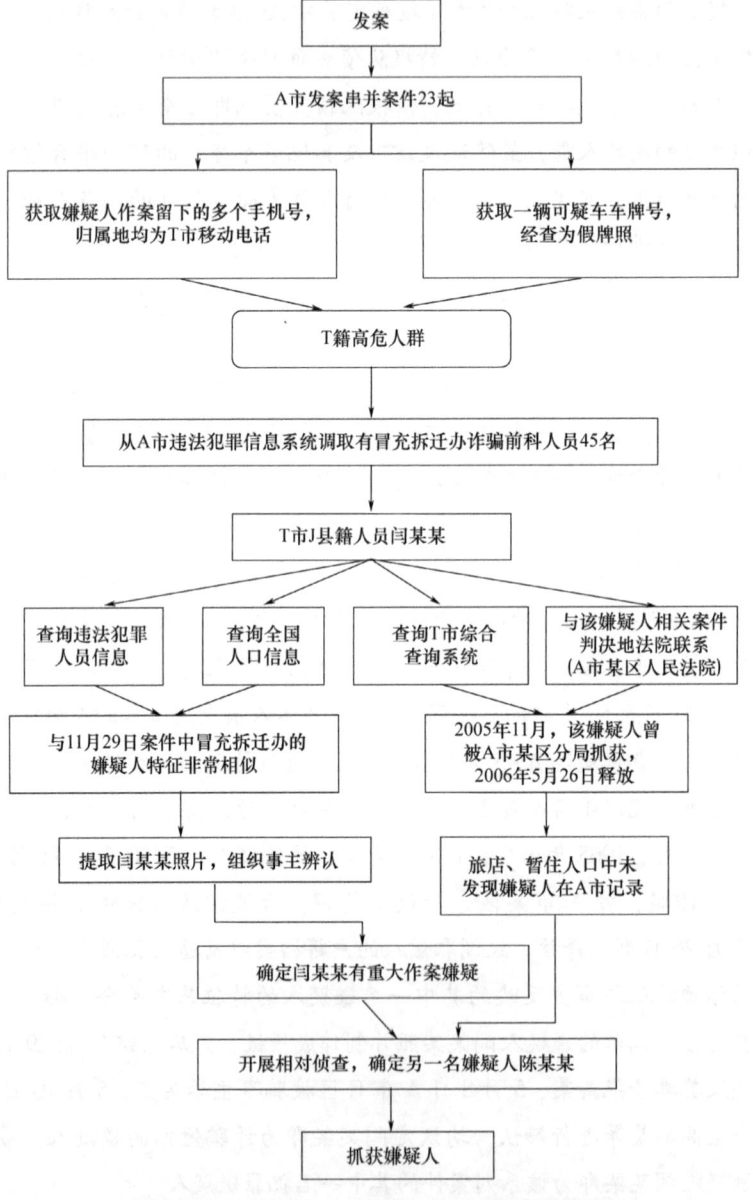

```
                          发案
                            │
                ┌───────────────────────┐
                │  A市发案串并案件23起    │
                └───────────────────────┘
                      │           │
        ┌─────────────┘           └─────────────┐
┌───────────────────────┐           ┌───────────────────────┐
│获取嫌疑人作案留下的多   │           │ 获取一辆可疑车车牌号，  │
│个手机号，归属地均为T市   │           │    经查为假牌照       │
│     移动电话           │           │                      │
└───────────────────────┘           └───────────────────────┘
                      │           │
                      └─────┬─────┘
                      ┌───────────┐
                      │ T籍高危人群 │
                      └───────────┘
                            │
              ┌─────────────────────────────┐
              │从A市违法犯罪信息系统调取有   │
              │冒充拆迁办诈骗前科人员45名    │
              └─────────────────────────────┘
                            │
                ┌───────────────────────┐
                │ T市J县籍人员闫某某     │
                └───────────────────────┘
                │       │       │          │
   ┌────────┐ ┌────────┐ ┌────────┐ ┌────────────────┐
   │查询违法 │ │查询全国│ │查询T市  │ │与该嫌疑人相关案件│
   │犯罪人员 │ │人口信息│ │综合查询 │ │判决地法院联系    │
   │  信息   │ │        │ │ 系统    │ │(A市某区人民法院) │
   └────────┘ └────────┘ └────────┘ └────────────────┘
        │         │         │              │
        └─────────┼─────────┘              │
         ┌──────────────────┐    ┌──────────────────┐
         │与11月29日案件中冒 │    │2005年11月，该嫌疑 │
         │充拆迁办的嫌疑人特 │    │人曾被A市某区分局抓│
         │征非常相似         │    │获，2006年5月26日  │
         │                  │    │释放              │
         └──────────────────┘    └──────────────────┘
                 │                        │
         ┌──────────────────┐    ┌──────────────────┐
         │提取闫某某照片，组 │    │旅店、暂住人口中未 │
         │织事主辨认         │    │发现嫌疑人在A市记录│
         └──────────────────┘    └──────────────────┘
                 └───────────┬────────────┘
                    ┌──────────────────┐
                    │确定闫某某有重大   │
                    │    作案嫌疑       │
                    └──────────────────┘
                              │
                  ┌──────────────────────┐
                  │开展相对侦查，确定另一 │
                  │    名嫌疑人陈某某     │
                  └──────────────────────┘
                              │
                        ┌──────────┐
                        │ 抓获嫌疑人 │
                        └──────────┘
```

图2.25　A市×区"11·29"诈骗案分析流程图

**数据初步描述练习 2**：请根据表 2.6 数据制作饼状图。

表 2.6　某市某区 2010—2017 年住宿和餐饮业法人企业数量统计

| 指标 | 2010 年 | 2011 年 | 2012 年 | 2013 年 | 2014 年 | 2015 年 | 2016 年 | 2017 年 |
| --- | --- | --- | --- | --- | --- | --- | --- | --- |
| 住宿和餐饮业法人企业数/个 | 37308 | 39002 | 40499 | 45180 | 45508 | 44884 | 45855 | 45664 |

饼状图如图 2.26 所示：

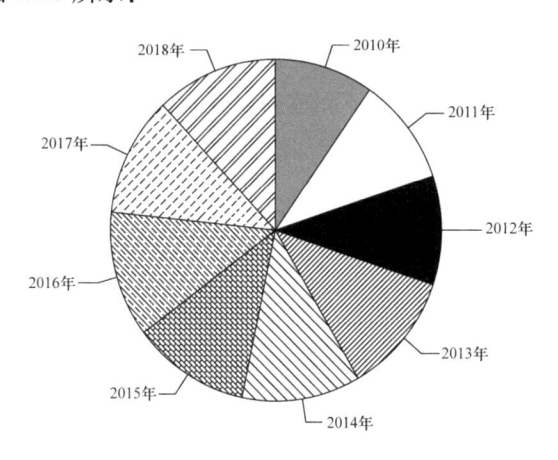

图 2.26　某市某区 2010—2017 年住宿和餐饮业法人企业数量饼状图

## 2.6　数据思维方法训练

案件：初步了解"5·19"特大 POS 机套现团伙案[1]基本案情与侦破经过后，对于案件中的几个关键环节，我们将通过聚类分析法来对其中的破案思路进行分析。从破案过程可以了解到，东江大队的侦查是从线索所指向的两名犯罪嫌疑人开始着手的。关于判断这两名犯罪嫌疑人使用 POS 机套现的事实是否属实，我们对民警的分析思路用分类回归决策树来进行数据建模。

---

[1] 2012 年 5 月 19 日，浙江省台州市临海市警方破获特大家族式 POS 机刷卡套现犯罪团伙案：团伙头目郑某军经营的体育彩票店和便利店（在浙江省内多地连锁的便利店）里放置了销售点终端机具（POS 机）。其采用虚构交易的方式，通过先向持卡人的信用卡还款再使用 POS 机刷卡的行为，为多名信用卡持卡人"养卡"。此外，他也利用 POS 机直接套现并向信用卡持卡人支付现金，并按照交易金额的 1%—1.5% 收取手续费。郑某军的涉案非法经营数额达到 2.7 亿余元。

在确定犯罪嫌疑人的嫌疑指数时，可以通过设置最小分类标准，使熵减小，从而提高分类正确率。故可以使用 POS 机套现团伙的最大特征点来对分类的类型进行设置。民警采用了以下 5 个问题：

（1）该人有无正当职业？
（2）该人是否频繁办理银行业务？
（3）该人所持银行账户资金进出是否频繁？
（4）关联账户资金进出是否集中？
（5）关联账户相关注册公司的经营是否虚假？

对于这五个问题，每个问题下面根据符合条件与否各有两个分类，以此来对犯罪嫌疑人的条件进行筛选，具体如图 2.27 所示：

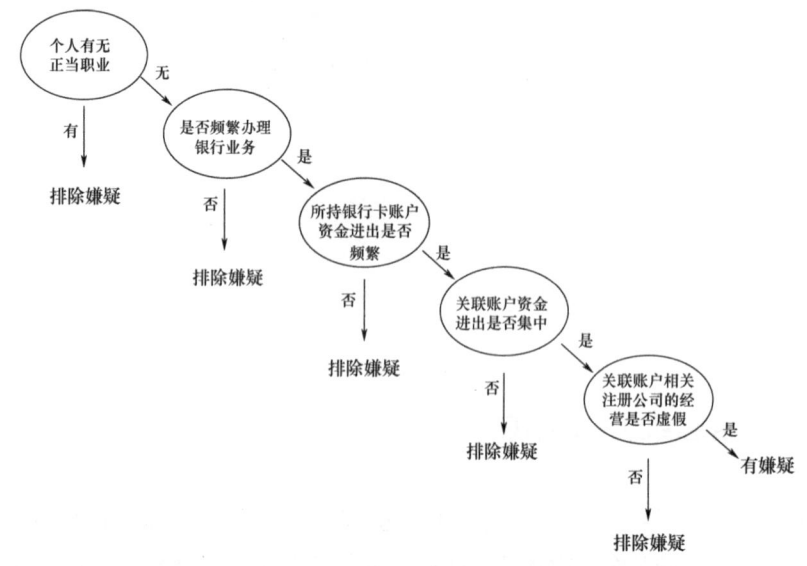

图 2.27　两名犯罪嫌疑人使用 POS 机套现事实真实与否分析示意图

通过该方法基本确定了金某、方某为犯罪嫌疑人。

在基本确定犯罪嫌疑人后，民警对买家以及 POS 机的流通去向进行了进一步的分析与侦查。民警从其中一名犯罪嫌疑人办理的开户手续中挖掘出了更多的空壳公司，再从公司的资金流向以及犯罪嫌疑人的通讯记录入手，挖掘出了其他 POS 机买家以及其中的二手买家，由此又可以往深一步挖掘。这个挖掘的过程类似于层次聚类的倒置。对于 POS 机购买链中的买家与卖家，可以用层次聚类的方法对这些数据进行分析，具体如下：

以每一个 POS 机买家作为一个样本 X，则对于所有买家，有 $X_1$，$X_2$，…，$X_n$。将买家与卖家的一次联系作为样本间的距离，设为 1（相似系数），通过层次聚类的方法，每一次都合并最相似的聚类，以此来获得最后一类，具体如图 2.28 所示：

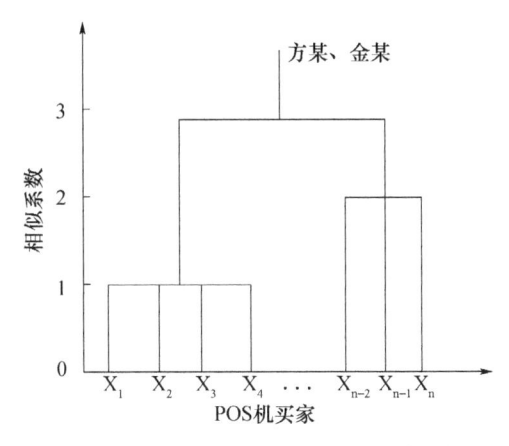

图 2.28　POS 机购买链买家与卖家聚类分析图

通过这样的方法，可以更直观地看出在案件侦破过程中，民警所用的数据处理方式。学会更多的数据处理技巧并反复训练，能帮助我们将理论所学更有效地运用在实战工作中。

**思考题：**

1. 结合自身业务实际回答问题：我所在的部门存在哪些业务问题？哪些业务核心诉求的解决能够为警务工作创造哪些价值？

2. 通过上一问题的答案，确定适当聚焦的选题，并进行相关数据的收集，形成一篇选题分析背景介绍以及一份数据情况统计表。

3. 收集好数据后，根据数据情况选择适宜的统计图表和数学模型，对收集的数据进行描述性分析以及建模分析，并回答问题：上述分析得出了哪些结论？这些结论对于我所在的部门有哪些价值可言？

4. 业务工作中还有哪些方法有助于进行数据思维的训练？

# 第 3 章　情报关联思维

[**本章要点**] 作为情报分析人员重要的思维方法之一，关联思维贯穿公安情报工作的始终。什么是关联思维？它在大数据时代为何尤为重要？关联思维的基本形式是什么？关联情报获取渠道和实现数据关联的方法有哪些？关联思维如何培养？在情报分析工作中如何应用？解决了这些问题，才能更好地把握情报关联思维，建立更有效的数据关联，促进数据价值的实现。

## 3.1　关联思维概述

思维是人认识过程的高级阶段，是探索与发现事物的规律性和本质联系的认知活动。而世间万事之间存在普遍的联系并相互影响。由此，关联思维成为大脑思考的一种方式。在"小数据"时代，数据碰撞、案件串并是情报工作的最基本形式，它体现了朴素的关联思维理念。而在当今的大数据时代，多维的大数据更是相互关联，具有了更多更深层次的意义。因此，数据间相关关系的作用在安全工作中将越来越凸显。此外，大数据分析仅在相关技术完备的情况下发挥作用，在相关技术不完备或无法具备的情况下，情报人员必须养成关联思维的习惯，善于将处于孤立分散状态的数据进行有效关联，使分散的数据因关联而产生意义。

### 3.1.1　关联思维的概念

关联思维的英文表达是"Correlative Thinking"，是指整合、联系新旧知识或未知知识[1]，从已知知识求解未知知识，它强调了事物之间同生、共存、互动关系的思维方式[2]。这一思维方式虽是由近现代西方思想派生出来的，但同样具备东方思维的特征。马克思主义唯物辩证法告诉我们，世界万物是普遍联系、变化发展的，而不是孤立静止的。中国古代《易经》中的八卦以及中国二十四节气的划分形象生动地解释了世间万物互联的本质。所有事物或者任何现象在空间维度上都有内部、外部的特性，并在时间维度上不断变化。各个要素之间彼此相互关联和影响，从而组成事物的有机整体。此外，事物和现象与其外部其他事物、现象之间还存在着对立、平行、包含和交叉关系的变化。当人类大脑运用关联思维时，会先把某种事物加工处理，使之概念化、特征化（每个事物都关联了很多要素、特征，每个要素、特征也关联了很多事物），随后通过这些特征进行搜索和分析，鉴别出与其具有关联的其他事物或特征。事物的特征是可以被多次编辑处理的，这是由每个人对事物的认知深浅程度不同而决定的。

当我们说要把握事物的本质时，实质上是对构成事物本质的要素的把握。要素是事物的必要组成部分，且其并非孤立存在。通常在情报分析研判工作中，情报分析人员对案件构成不同要素的关联可以从以下几个方面展开：时间、地点、身份、心理状态、行为模式、商务、警方、犯罪嫌疑人、目击者、被害人、证件、工具及其他。

时间、地点、人物是所有案件必备的三要素。通常在确定案件发生的时间和地点后，开始展开对人物的分析。可对犯罪嫌疑人、目击者以及被害人的身份信息、心理状态以及行为模式进行研究。证件、工具等都是犯罪嫌疑人作案时的手段，对此研究可以对整个案件有较为清楚的把握。同时，犯罪分子案发前后的消费等经济行为也需要关注。此外，多区域、多部门的警察力量也会为情报信息的关联提供可能性。因此，情报分析人员还要从商务和警方两方面进行要素关联。从图3.1我们可以看出，这些关联都不是一次性完成的，而是循环往复、纵横交错，直至案件被侦破。

---

[1] 茅佳清：《运用关联思维提升历史学习的实效——以〈顺乎世界之潮流〉一课为例》，载《教学月刊·中学版（教学参考）》2019年第Z2期，第49—53页。

[2] 刘耘华：《一个汉学概念的跨国因缘——"关联思维"的思想来源及生成语境初探》，载《社会科学》2018年第5期，第173—182页。

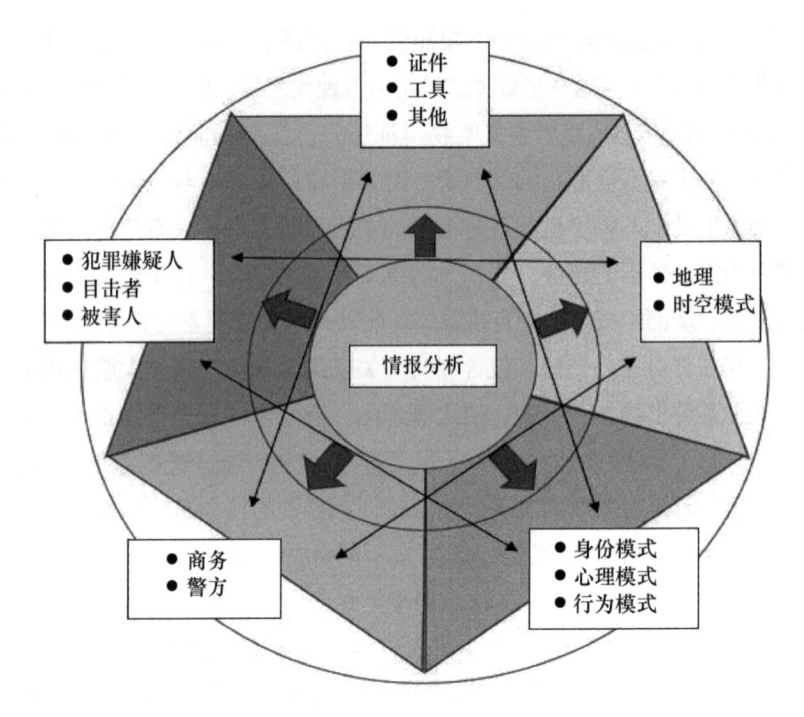

图 3.1　案件关联要素示意图

### 3.1.2　关联思维的构成

（1）意识。情报人员能够关注到不同信息间的差异，并将它们建立关联生成新的意义，这就具备了关联思维的意识。培养有意识的关联思维相当重要，需要不断地学习，以核心业务目标为导向，不断发现数据和信息的不同节点的不同关联。具备关联的意识，其实是解决为什么关联，关联的意义何在的问题。业务目标确定，连接才有了动力和方向。

（2）信息。已知信息是关联思维的主要线索，根据已知信息的要素和特征，尽可能地联系与该要素有关的相关信息，并对大量关联出来的信息进行快速的梳理、筛选、鉴别，从而获取对业务目标实现有价值的信息。

（3）连接。将已知数据和相关数据进行碰撞，产生新的数据判断；将其中各种要素连接起来进行综合研究，支持核心业务的完成，此组合过程会导致思维触动。

（4）思考。思维触动引发深思和知识消化，全面分析，不断联想，深度挖掘已知信息要素背后所隐藏的其他有价值的信息，并最终作出决策。

（5）行动。决策引导行为，根据确定的信息关联，形成解决问题的方案，并输出行为，获得结果。

### 3.1.3 关联思维的特征

（1）敏感性。关联思维的敏感性是由情报的时效性决定的。情报是支持决策的有价值的信息，如果情报迟于决策的时间节点，那么情报就不存在任何价值。当前，公共安全情报分析已不局限于对过去静态的、简单的数据进行相关性分析，还包括对即时变化的多源异构数据进行动态分析。这一变化便需要情报分析人员对各种事物或者现象具有敏感性，能够快速、精准地定义事物或现象的各种要素、特征，并根据已知信息要素进行关联判断和筛选，敏锐地鉴别出有价值的信息，及时发挥情报的效用。

（2）广延性。公共安全情报有结构化、半结构化、非结构化的数据表现形式，有些是可以直接使用的，而大部分的数据却是无序的、不完整的，需要情报分析人员整合、抽象、转化分析。关联思维的广延性，是指思维在时间和空间上具有广阔性和延展性，能覆盖和包容无序、多维、复杂的数据。只有掌握关联思维的广延性，情报分析人员才能从已知的信息要素中寻找相关要素，关联到多种形态的信息，进而实现对结构不规则或不完整的多源异构数据的挖掘和分析。关联思维的广延性取决于分析人员的知识广博程度和经验阅历的丰富程度。

（3）主动性。关联思维具有主动性，要求情报分析人员能根据任务需要主动地关联要素、获取信息，对所得信息进行筛选、鉴别、思考并付诸行动，而不是被动地等待新的信息出现或者受外力推动才有所行动。信息间的连接很多都是隐秘的、不易被发现的，主动探究和创新才可能发现其存在，所以只有主动思考、主动关联，情报分析人员才能找到解决问题的主要线索，完成任务。

（4）智能性。最初的情报关联完全依赖于人脑的思考，但随着数据规模越来越大、类型越来越多样，如何能从海量数据中获得关联信息的红利，这对情报分析人员提出了挑战。计算机技术的进步，大数据、云计算、人工智能等新一代信息技术的发展，使得当前公安情报工作呈现跨越式发展，但也为公安情报分析人员利用技术快速地关联信息、分析信息和预测未来信息提供了可能性，所以关联思维具有较高的智能性。

### 3.1.4 关联思维的种类

在现实生活中，世间万物有很多种关联关系：有相互依存的关联，如冬天和冰雪，夜晚和星空；有相对的关联，如春联的押韵对仗；还有相反的关联，如正向与逆向，好与坏。而在公共安全情报工作中，按照案件要素关联程度，可以分为确定关联和模糊关联。

#### 3.1.4.1 确定关联

确定关联是指事件内部各要素之间，以及此事件与其他事件之间的联系是明确的、清晰的，人们可以举一反三，由此及彼，没有模棱两可的情况存在。确定关联分为三种情况：

(1) 同源关联。同源关联是指事件或者现象之间实质相同，而表象不一的关系。同一类对象有多种表现形式，但无论其如何变化，其本质、内涵都是相同的，情报分析人员可以通过对这些事物的关联十分明确地确定关系。例如，每个人的 DNA 和指纹都是独一无二的，可以由此准确地确定个人身份。此外，DNA 和指纹会因父母子女、亲属间的血缘关系呈现出相关性，这可以为情报工作的数据收集和进一步分析提供价值。

(2) 直接关联。在空间、时间和层次上比较接近的事件、内在要素之间所发生的相互制约、相互依赖的关系被称为直接关联。但不需要任何中介的绝对的直接联系是不可能存在的，联系必须要有中介起桥梁作用。直接关联对事物的存在和发展起着比较现实的重要作用，这是其直接现实性特点的体现。以毒贩与吸毒者关系为例，吸毒者根据需要会通过一定渠道找到毒贩，与他们建立较为稳定的买卖关系，民警通过对某个毒贩的抓获，可以顺藤摸瓜抓获他的其他"客户"，或者对某个毒窝的捣毁可以获取到其卖家的信息，以便将毒贩抓获。

(3) 间接关联。间接关联指的是事件或现象之间相互制约和相互依赖的联系，这些联系是借助较多的中介而发生的。中间环节越多，间隔距离越大，事物之间的间接性越强。间接关联对事物的发展仍起到作用，但由于经过的中间环节相比直接联系较多，因而其作用的程度往往不具有直接联系那样的现实性。例如，毒枭与吸毒者之间的关系便是很明显的间接关系，二者之间没有直接的交流，而是通过一个个中间环节来实现毒品交易，民警通过对吸毒者、毒贩的打击，便可以一步步地抽丝剥茧，找到隐藏在人群中的毒枭，进而打掉一个毒品犯罪团伙，维护良好的社会秩序。由于间接关联没有直接关联那样引人关注，易被忽视，所以情报分析人员要全面地理解和把握事物，直接联系和间接联系两手抓，从总体上揭示事物的本质。

### 3.1.4.2 模糊关联

模糊关联也称为类似关联，与确定关联相比是相对立的一种关联，即事件内部各要素之间，以及此事件与其他事件之间的联系是不明确的、模糊的。情报分析人员从已知信息寻找相关信息，而这些信息往往是难以确定的，需要分析人员反复多次地深入分析、逐项单独验证，才能建立要素之间的联系，并且最大限度地挖掘事物或现象背后隐藏的有效信息。类似关联在串并案件过程中较为常用。

例如，某地近半年的时间内发生 6 起恶性杀人案件，情报分析人员对案情展开了详细研究后发现，6 起案件具备一些相似特征，于是整理并归纳了 8 个特征变量：

V1：凶手采取钝器破门方式进入房间。

V2：捆绑被害者，且使用的是屋内的床单。

V3：屋内财物被洗劫一空。

V4：被害者被钝器杀死（击伤）。

V5：行凶者的凶器为就地取材。

V6：犯罪现场出现了相同的鞋底花纹。

V7：被害者受到诸如"你得罪人了""把孩子抱走"等语言的威胁。

V8：被害者家中有土法炼金所用的氰化池。

情报分析人员根据这 8 个特征变量列出了关系矩阵表，如表 3.1 所示。从表中我们可以看出，上述 6 起案件，被害者均是被钝器打击致伤或致死，且屋内财产均被洗劫一空。其中，A、B、C 案件，凶手使用现场床单将被害者捆绑；A、C、D、E 案件中，凶手都是暴力地使用钝器破门而入；B、C、D 案件中，凶手都选择了穿着同一双鞋子作案，这也可能是案件时间相隔较近的缘故。此外，这 6 起案件中有 5 起，凶手均选择了土法炼金家庭进行犯罪活动。通过对作案手段、痕迹、物证等分析可以看出，这些案件相似性极大，很可能是同一伙犯罪分子在不同的时间、地点多次作案。通过分析，侦查人员就可以将这 6 起案件串联起来，并案侦查。通过这种方式突破个案局限，合理地利用各类线索和证据，避免了被无关因素影响侦查方向，同时节约了侦查成本。

表 3.1　某地区近半年杀人案特征关系矩阵表

| 案件 | V1 | V2 | V3 | V4 | V5 | V6 | V7 | V8 |
|---|---|---|---|---|---|---|---|---|
| A | √ | √ | √ | √ | √ | × | √ | √ |
| B | × | √ | √ | √ | √ | √ | × | × |
| C | √ | √ | √ | √ | √ | √ | √ | √ |
| D | √ | × | √ | √ | × | √ | × | √ |
| E | √ | × | √ | √ | √ | × | × | √ |
| F | × | × | √ | √ | √ | × | × | √ |

注：√表示具有该特征，×表示不具有该特征。

犯罪嫌疑人作案越多，留给侦查人员的线索就会越多，倘若孤立地分析一个案件可能无法破案，但是将相似的案件串并后，原本分散的、看似无关的证据就可以被集中起来，可分析判断的线索便随之丰富起来，这样可以拓宽线索渠道，加快破案进程。但是，侦查人员在串并案件时需要十分谨慎，对这些案件的线索要进行多方验证，以明确案件与案件之间、线索与线索之间的模糊关联，使得情报工作更为精准，侦查活动更加顺利。

## 3.2　关联思维在大数据时代的重要性

维克托·迈尔-舍恩伯格（Viktor Mayer-Schönberger）在《大数据时代：生活、工作与思维的大变革》中提出人类在大数据时代有三个重大思维的转变：一是情报分析要尽可能关注与某事物相关的所有数据，而非少量的数据样本。对丰富数据资源进行分析使用可以提高决策的科学性和精准性。二是要乐于接受多元繁杂的数据，不再迷信精确的小数据，即允许不精确情况的出现。因为信息缺乏时代的产物之一便是执迷于精确度，而结构化数据只占5%，剩余95%的非结构化数据都是无法被利用的，因此只有放松容错的标准，人们掌握的数据才会比以前更多，而这些大数据将能带来前所未有的对事物的洞察。三是不需要知道"为什么"，只需要知道"是什么"，即不再追求事物背后的因果关系，转而关注事物之间的相关关系。在大数据背景下，通过更多相关关系的应用，我们对事物的分析和对未来的预测会更为便捷、清晰、容易。

### 3.2.1　因果关系向相关关系转变

舍恩伯格认为，知道"是什么"就够了，没必要知道"为什么"。在大数据时代，我们要让数据自己"发声"，而不一定非得清楚现象背后的起因。[1]

在过去，情报分析者经常利用因果关系分析法来指导其选择适当的关联物，即大胆假设，小心求证。但这只适用于"小数据"时代，因为事物背后的因果关系难以捉摸，无法准确确定。具体来说，引发事情的原因有很多，我们无法确定具体是什么原因。从结果找原因首先要大胆假设，倘若假设出现误差，之前的工作就毫无意义。其次，假设是基于个人经验对事物作出的判断，然后再去验证，这样会遗漏很多表面看似无关，实际上相互关联的深层规律。最后，事物背后的因果关系有可能只在有限的环境下成立，倘若情况转变，因果关系不在，则需要重新假设、验证。因此，因果关系是在小数据时代成本较低、较容易实现的一个解决问题的思维方式。这种思维方式日积月累逐渐占据了我们的全部思维，形成了思维定式，产生了思维误区。

大数据时代，数据的"样本＝总体"，可以记录一件事的所有相关信息，然后综合这些信息就能看到事物的全貌，并且大数据能够迅速反映事物的现实状态，基于现实的状态可以预测未来的发展。量化两个数据之间的数理关系是相关关系的核心，一个数据值增加，而另一个数据值是随之增加、减少还是不会变化都能客观地反映出事物之间相关关系的强弱。当情报分析人员拥有了海量的数据资源、超高的机器计算能力，便不再需要人工选择一个关联物或者一小部分相似数据来逐一分析，也不容易受到人为认识偏见的影响，而运用大数据来确认原因，从事物的相关关系来反推出因果关系，进而从根本上解决问题。从本质上看，因果关系就是一种特殊的相关关系而已。

所以，从采用因果关系处理问题到采用相关关系处理问题的变化，就是从以前"小数据"时代到现在大数据时代的变化。

### 3.2.2　关联性思维替代因果性思维

关联思维是相关关系在思维方面的表现，采用相关思维分析问题、解决问

---

[1] [英] 维克托·迈尔-舍恩伯格、肯尼思·库克耶：《大数据时代：生活、工作与思维的大变革》，盛杨燕、周涛译，浙江人民出版社2013年版，第75页。

题是大数据技术的核心。

在"小数据"时代,情报分析者习惯于做因果关系的简单判断,比如在公共安全方面,认为犯罪现象的滋生是社会不稳定因素的生成原因。这是一种单一的、单维的、线性的思考方式。但是,随着数据呈指数级增长,数据结构日趋复杂,数据获取的成本越来越低,事物之间的因果关系更加难以判断。这时,情报分析人员关注事物之间相关联的程度,通过找出一个关联物并挖掘它隐藏的联系,充分利用事物之间千丝万缕的关联关系方能实现数据的高效分析和利用。总而言之,因果关系是在"小数据"时代这个维度对两个要素或两个事物之间关系的观察,然而在大数据时代,事物间的关系不再限于简单的因和果,关联思维更能全面揭示事物、要素之间的关系。因此,大数据时代的关联思维比"小数据"时代的因果思维更具有覆盖性和洞察力。

多维的大数据因相互关联,而隐藏着对事物和事件更多更深层次的意义。与此同时,数据间相关关系的作用在安全工作中将越来越显现出来。一方面,大数据分析仅在相关技术完备的情况下发挥作用,而在相关技术不完备或无法具备的情况下,执法人员必须养成关联思维的习惯,善于将孤立分割的数据进行有效关联,使分散数据因关联而产生意义。另一方面,大数据本身是无序庞杂的,还包含着很多垃圾数据,而情报分析人员的职责是在海量数据中挖掘出少部分最有价值的数据,通过关联实现数据创新,因此必须强化关联思维。

目前,我们逐渐具备了数据思维,但只是将公安业务和业务相关数据简单地建立起初步关联是远远不够的。当相关的警务数据规模日益扩大,数量与日俱增,或者是单一维度的警务数据日渐丰富时,这种简单的初步关联就会束缚公安业务工作的开展。关联思维是在大数据环境下必不可少的数据分析思维,其能够指导情报分析人员以已知信息为起点进行全面深入分析,通过不断地思考、联想,深度挖掘已知信息背后隐藏的有用的相关信息,完整地将所有信息、要素之间的关系建立起来。关联思维能够推动新旧知识信息的衔接、整合,高效地强化旧知识,学习新知识,培养创新能力。[1] 因而,公安业务工作是不可能脱离关联思维的,关联思维几乎是任何情报分析必不可少的基础思维方法之一。

---

[1] 茅佳清:《运用关联思维提升历史学习的实效——以〈顺乎世界之潮流〉一课为例》,载《教学月刊·中学版(教学参考)》2019年第Z2期,第49—53页。

## 3.3 关联思维的方法

关联思维的方法就是情报分析人员通过关联思维活动，实现为决策提供信息服务目的所凭借的途径、手段或办法，即思维过程中所运用的工具和手段。

### 3.3.1 关联思维的基本形式

目前，在大数据背景下，情报分析人员运用关联思维进行犯罪情报分析时主要表现在关系关联上。关系关联即相关关系，就是量化两个数值之间的数理关系，依据已知信息要素或假设判断，扩展关联，获取相关信息。关联关系的基本形式有：人—人、人—案、人—物、案—案、案—人、案—物、物—物、物—案、物—人。

情报分析人员在案件情报分析过程中以找出犯罪主体为目标，以案件本体为中心，牢牢把握涉案人、犯罪证据及现场痕迹、涉案物品等之间的关系、关联，从已知晓的关系或联系出发，进行发散性的思考，再把具体任务中的这些要素和时空要素等数据不断地进行碰撞比对与反复关联，直至生成落地抓人的情报产品。只有全面揭示和系统分析公安情报资料中各种关联性的形式，才能为公安情报研判工作的顺利开展奠定坚实的基础，最终找到犯罪分子。

以追踪重点人员行动轨迹为例，以某重点人员的基本信息为已知信息，通过直接到各种业务数据库进行数据比对，或通过某重点人员的亲密关系者如亲属、朋友、邻居等以及其犯罪期间的亲密关系者汇集、整合成重点人员的关系网络信息库，以此与重点人员日常的住宿、通信、消费、交易等各个环节生成的各类动态实名制信息进行数据碰撞、关联，从而实现动态、实时地管控重点人员行动轨迹。由此可知，情报分析人员从犯罪分子的关系网络出发往往可以筛选、鉴别、获取到有价值的情报信息，从而使静态数据因为关联产生价值、意义。要尽可能通过大数据实现类似对案件的洞察，以提高警务数据的利用率、情报研判工作的效率和精准率。

### 3.3.2 关联思维的具体方法

关联思维方式相比于逻辑分析思维方式，较为强调发散、联想、类推等形象思维方式,是一种对物种间时空界限穿透力极强的超越性的诗性思维,而非严格的科学逻辑思维。[1] 关联思维具体包括以下几种分析方法:

#### 3.3.2.1 系统分析法

人的大脑对有规律的信息的处理和记忆,远远要比对无序的信息的处理更容易。系统分析法是把研究对象当作一个有机系统,以系统的整体最优为目标,运用数学方法和计算机技术对系统内的各个方面进行定性分析和定量分析,并建立各种数学模型来权衡各种方案的利弊得失,最终提出最有效方案的方法。面对重大复杂案件,首先得定义案件属性和各类要素,然后根据已获取的信息要素进行假设判断,以便不断扩大关联,获取更多相关信息。系统分析有利于情报分析者从宏观角度详细剖析案件侦破过程中所遇到的复杂问题,通过关联思维进行抽丝剥茧,把握问题的本质,将复杂的问题简单化,以达到较好的效果。

#### 3.3.2.2 辩证分析法

辩证分析,是以世间万物相互联系为基础,以变化发展视角认识事物的分析方式,通过把握事物的主要矛盾和次要矛盾以及事物正反面的相互转化,在同一中找出差别,在确定中把握不确定,进而更深刻地反映过程的内在矛盾性,更如实地把握活动的本质。情报分析者面对纷繁复杂的数据信息时,必须通过把握已知信息的对应方面和对立方面才能具体、完整地把握事物的本身,倘若缺乏思辨能力,被固有经验所束缚,在寻找关联关系时只看到事物的某一方面,则会使关联思维缺乏活力,不能反映千变万化的客观世界。

#### 3.3.2.3 层进式分析法

层进式分析的结构框架的特征是看问题具有顺序性,即先对一个事物或者一个现象由浅入深、由点到面、由局部到整体地进行思考,然后进行归纳总结。情报分析人员对事物之间相关关系的探究需要运用层进式分析法,对未知信息的关联要从已知信息开始,向纵深展开,步步推进,一层比一层深入地揭示整个案件的本质。例如:在案件侦破过程中,首先是关联线索分析,锁定犯罪嫌疑人;其次是地域空间分析,追踪嫌疑人的逃跑路线,挖掘其藏匿地点;最终通过证据链深度挖掘,确认幕后主谋。这样能够对案件分析透彻,理解深刻。

---

[1] 孙邦金:《中国古代的关联性思维与主体的责任》,载《温州师范学院学报(哲学社会科学版)》2004年第4期,第67—71页。

刑事案件层进式分析过程见图 3.2。

图 3.2　刑事案件层进式分析过程示意图

#### 3.3.2.4　联想发散分析法

联想发散是指大脑在思考时克服原有固化的观念，打破常规，尽可能联想到不同寻常的新奇想法，它是拓宽思维广度和深度的一种多维发散状的思维模式。当警务工作遇到瓶颈时，联想发散可以突破这种困境，即可以对此事物或表象的诱因进行分析，对其导致的不同事物或表象之间存在的相似、相反、对立或者某种差异、因果关系等进行自由联想，实现由此及彼的思维跳跃，如图 3.3 所示。德尔菲分析法、头脑风暴法等都可以充分发挥情报人员的想象力和能动性，获取更多的信息，进而逐项在各要素之间建立联系。

图 3.3　联想发散分析法示意图

#### 3.3.2.5　思维导图分析法

除了通过联想发散方法来锻炼关联思维，思维导图这一方法也能够有效地帮助情报分析人员思考。人类思维局限背后的原因是对自身大脑的高估，以及一直以来对思维工具的忽视和埋没。思维导图用简单的词汇、词组或语句来确定中心信息，从中心出发划分出主干，然后分别进行细化，通过一个个主干深入分析的方式来打开脑洞，具体见图 3.4。这使得每次发散更具有方向性，避免了许多重复、无效的信息，能帮助情报分析人员实现思维激发、思维整理，解决想法不全面、不深入的问题，突破思维困境。

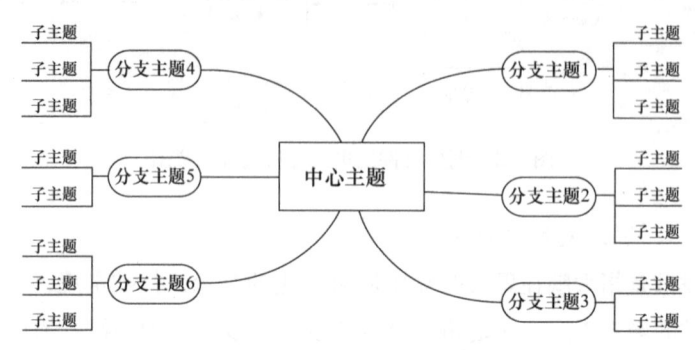

图 3.4 思维导图模式示意图

#### 3.3.2.6 德尔菲法和头脑风暴法

对公安情报关联分析不仅要求个人有丰富的知识储备，更要求发挥集体的聪明才智。德尔菲法和头脑风暴法是情报分析人员无法依靠个人力量将相关联的公安情报面面俱到地揭示出来或者面对极其复杂疑难的案件时经常使用的分析方法。德尔菲法的主要流程是，先针对所需要分析的问题征求专家的意见，再进行归纳和整理，然后匿名向各专家反馈并再次征求意见，如此多次反复地集中、反馈，直至最终得到一致的意见，具体见图 3.5。头脑风暴法是指邀请有关专家召开座谈会议，由专家们对所探讨的问题自由地交流想法和意见，大家不断地进行思想碰撞，发现尽可能多的、隐秘的关联信息，将所需的公安情报"一网打尽"。

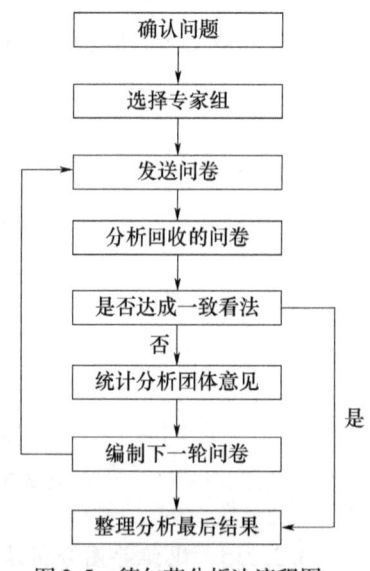

图 3.5 德尔菲分析法流程图

#### 3.3.2.7 经验总结分析法

情报分析人员分析事物之间的相关关系就是在分析规律。犯罪行为具有一定的规律性，情报分析人员要从犯罪行为联系中抓住其发展的规律。具体来说，就是对已经破获的案件所存在的从人到人、从案到案、从物到案等规律进行研究总结（如图 3.6 所示），找到案件中各属性之间隐藏的关联关系，发现各类犯罪行为的规律特征，明确此类案件所需的信息要素，以此来把握此类案件甚至是社会治安的未来趋势，从而为新发生的案件提供线索和工作方向，找到破案的突破口，达到事半功倍的效果。此外，发现某类案件的规律还可以尽可能地将其扼杀在萌芽阶段，防患于未然。总而言之，经验总结分析法是情报分析人员对长期公安工作实践经验所做出的、反映公安情报之间关联性的一种分析方法。

图 3.6 经验总结分析法示意图

## 3.4 关联性情报的获取方式

马克思指出，万事万物是普遍联系的，这是关联思维的活力源泉。但是，对关联关系的揭示取决于方法与手段的可能性。情报分析人员全面揭示多种形式的关联性情报可以保障公安情报工作的顺利进行，为各项警务工作提供优质的情报产品，并充分发挥情报在现代警务工作中的主导作用。关联性情报可以通过网上和网下、真实和虚假、静态与动态、虚拟与现实情报的关联性等方式获取。

### 3.4.1 网上情报和网下情报的关联

#### 3.4.1.1 网上情报

网上数据的获取可以细分为内网和外网两个关联渠道。内网即为部、省、市、县等各级公安机关的数字化资源，公安内网的数据资源对于获取关联性情报具有较高的价值和意义。目前，公安内网上的公安情报可以分为公安各种专业数据库里的警务大数据和公安各类网页上的信息。公安专业数据库是由公安机关各警种、各业务部门在日常的警务工作中建立起来的业务数据库，如人口数据库、住宿数据库、交通数据库等，是对人口、交通、快递、住宿等海量业务信息的实时采集，并形成了较为完善的数据信息系统来服务刑侦、经侦、治安、网安等各种业务警种。这些数据库中的警务大数据的关联方式主要是人—人、人—物、案—人、案—案、物—物的关联,情报分析人员只要具备关联思维,清楚了解各类数据库中警务数据的存储情况,并熟练运用数据检索方法,便可以快速、准确地将相关联的公安情报筛选出来。除此之外,公安网页上也存储着大量的有用信息,例如最新发案情报、最新破案情报和预警情报等。这些情报不仅相互之间有关联性,还与专业数据库中的警务大数据有相关性。情报分析人员可关联的情报不只存在于公安内网,外网上同样存在大量与警务工作相关联的情报,值得整合、分析。外网包括:(1)互联网,含搜索引擎、网站、BBS、BLOG、Wiki、SNS、QQ、MSN、POPO、SKYPE、微博等;(2)社会资源,即工商税务、民航、电信、金融海关等数据库。目前,犯罪分子的侵害目标、犯罪手法、行为方式、休闲娱乐方式正随着社会进步、科技发展发生着巨大的变化[1],要想打赢科技战、情报战就必须重视外网关联性情报的价值。通过互联网可以对犯罪分子的网上活动轨迹进行追踪分析,也可以根据任务需求通过查询社会部门、有关机构的社会资源数据库来进行公安情报关联性分析。

#### 3.4.1.2 网下情报

在大量利用网上的关联性情报的时候,不要忘了在网下仍然具有大量的情报信息。网下关联性数据的获取渠道由三部分组成:(1)客观世界,如犯罪现场相关的人、事、物等,通过现场勘查、观察检验等方式获取。(2)主观世界,如受害人、证人、犯罪嫌疑人等头脑印象与记忆等,通过调查访问、盘问、讯问等方式获取。(3)客观知识世界,如录音、录像、文字、案件卷宗、公安档案记录、公安文献等,通过调阅与共享的方式获取。网下情报信息在公安工作中起着重要作用,为串并案件、查找犯罪信息、分析案件走向、制定侦查方案、研究发案规律等提供了大量翔实的资料,是公安机关宝贵的物质财富。实践证明,网下材料信息运用的好坏直接关系警务工作的成败。

### 3.4.2 真实情报与虚假情报的关联

数字信息化时代,真实信息与虚假信息相互交织,错综复杂,如何甄别信息真假、控制虚假信息传播已经成为一个全球性话题。真实、可靠的情报信息

---

[1] 石启飞:《公安情报关联性分析研究》,载《警察实战训练研究》2012年第5期,第92—97页。

对公安工作的重要性不言而喻，但虚假信息同样不能忽视。虚假情报的本质在于信息的虚假，而非事件的虚假。通过对所收集到的虚假、错误的情报进行分析，可挖掘出其中隐藏的真实性信息。例如，有一个打着收养的名义贩卖婴幼儿的灰色产业链，对其进行深入调查，可以清晰地揭示真假情报的关联性。2014年，公安部破获了一起全国特大网络贩卖婴儿案件，在这个案件中，罪犯打着"中国首个私人民间收养组织"的旗号创建了"圆梦之家"网站，表面上是为收送养孩子提供一个交流平台，实质是以营利为目的建立起的一个买卖孩子并逃避法律责任的灰色产业链。又如：警务人员在工作中遇到犯罪嫌疑人持有其从网络黑市上购买到的虚假身份证件，利用虚假的姓名、出生年月以及身份证号等信息进行身份伪装，企图逃避法律的制裁时，仍可以对该虚假身份证件进行信息关联，获得虚假身份的活动轨迹；在罪犯逃跑案件中，警务人员还可以利用逃犯编造的虚假信息与业务数据库进行数据碰撞、相互比对，以此来判断此人与逃犯是否为同一人，与此同时还可能获得一些情报线索，为下一步侦破提供方向。

各种各样的案例都可以反映出，在一定的利益动机作用下，犯罪分子总是试图以虚假信息伪装真实意图。再加上网络平台的跨时空、网络信息的大规模快速传播，以及网络的匿名性，使得情报分析人员难以对犯罪者发布的虚假信息进行甄别和防范。这在一定程度上会破坏社会秩序的正常运行，甚至会在舆论中产生蝴蝶效应，渲染社会的恐怖氛围。因此，情报人员要时刻保持关联意识和信息敏感性，敏锐地发现海量信息之间的相关性，即使是虚假信息也要关注。

### 3.4.3 静态情报与动态情报的关联

根据公安情报的属性特征，可以将其划分为静态情报和动态情报。静态情报的特点是具有较强的稳定性，变化幅度较小，如公安文献、公安档案文件等。动态情报是指能够反映他人行为、活动轨迹的信息，其与静态情报大相径庭，不具备稳定性，变化幅度较大。例如，公安各类专业数据库会因为旅馆住宿、交通、消费交易等情况的实时变动而不断更新。静态情报与动态情报包括三种形式的关联，即静态情报与静态情报之间的关联、静态情报与动态情报之间的关联，以及动态情报与动态情报之间的关联。在日趋复杂的治安环境下，虽然违法犯罪活动是以动态形式呈现的，但是其落脚点是静态的，情报分析人员要从动态的违法犯罪中获取有效的静态情报，实现"以静制动"的目标。不仅如此，公安机关在日常基础的信息化工作中，也要将静态信息转化为动态的基础信息，进而把这种信息转化为有效预防和打击违法犯罪的可靠线索。例如：情报分析人员可以对所在区每周、每月案件类型、发案趋势与特点、打击对象等内容进行分析，总结出当前违法犯罪的规律，为后期的公安工作提供预警建议；并且为了提高公众的个人防范意识和能力，公安机关可同通信公司合作，根据前期案件中采集的有关人员信息，以短信形式向有关人员定期发送防范信息，提醒公众加强防范。

### 3.4.4 虚拟情报与现实情报的关联

随着信息技术不断进步与发展，现代社会已逐渐形成了信息无处不在、获取无处不能的泛在信息社会，信息成为人类生产、生活、学习、工作的必需品。虚拟情报网络则是在这种背景下应运而生的新型情报网络。虚拟情报网络即虚拟网络世界，是通常存在于互联网中，由网民、网络家族、虚拟社会构成的从事情报活动的网络形态的关系集合。[1] 虚拟网络世界与现实生活世界虽然相区别，但同时又相互作用。

情报人员除了注重对现实情报的关联分析，也不能忽视对虚拟世界中有价值的情报的收集和分析。网络世界和现实世界是密不可分的，网络用户在虚拟世界的任何操作都会留下详细的记录，通过对网民的网络操作进行分析解读，便可以了解他们在现实生活中的职业特点、思想动态等。所谓的网络家族，是指由兴趣相同的网民自发组织而形成的网络集群，对某个网络家族成员情况的把握，可以在处理某类组织犯罪时提供有用线索。虚拟社会是基于各种情报网络而构建的数字化意识形态的社会结构模式。虚拟社会中的实践活动虽然是虚拟性的，但也是现实社会中各种实践活动在网络空间里的延伸和映射。[2] 虚拟社会在一定程度上为网络暴力和网络犯罪的滋生提供了温床，严重威胁了社会稳定和秩序。在恐怖主义犯罪中，恐怖分子很可能利用网络游戏中虚假身份做掩护，依靠虚拟世界中的通信功能商讨、策划恐怖犯罪，或者传递恐怖主义组

---

[1] 秦殿启：《论泛在信息社会情报网络的模式及建构策略》，载《图书馆学研究》2013年第21期，第13—16页。
[2] 陶鹏：《网络文化视角下的虚拟社会管理》，载《理论与改革》2013年第2期，第112—115页。

织的内部信息。此外,其他类型的犯罪也同样存在,公安人员通过伪装身份进入虚拟世界可以揭开虚拟人物背后的真实身份,甚至还可以从中挖掘"线人",为情报机构工作服务。

## 3.5 关联思维的培养

在大数据时代,关联思维不仅仅是情报人员,更是所有公共安全人员都必须具备的能力,关联思维是警务工作中必须培养的核心素养。关联思维的培养有助于警务人员突破工作困境、获取崭新视角、分析复杂局面、剖析疑难问题,通过关联,抽丝剥茧,达到事半功倍的效果。

### 3.5.1 思维是关键

知识是思维的基础,思维是知识的升华。关联思维虽然只是一种思考方法,但是能够影响人的实践,进而决定行动结果。在情报工作中,关联思维是实现公安情报信息关联的基础和前提,要想培养关联思维,首先需要对思维有正确的认知。

#### 3.5.1.1 服务决策

情报是决策的基础,情报分析人员的一系列工作都是为领导者制定决策服务的。因此,情报分析人员只有清楚了解领导者的决策需求,才能为领导者提供具有针对性的情报,保障决策制定科学,进而提高公安机关驾驭社会治安和预防、打击犯罪的能力。

#### 3.5.1.2 符合业务逻辑

在情报工作中,业务思维应贯穿始终,而情报分析人员在数据分析过程中可能会陷入某种局面,即只关注数据信息本身,忽略了数据背后的业务需求。因而重视业务思维对培养关联思维十分重要。情报人员要懂得用业务的视角去分析数据,知晓当前的业务工作遇到了什么样的瓶颈和问题、是由什么原因引起的,这样作出的数据报告才能为最终决策提供有效服务。

#### 3.5.1.3 明确关联思维的价值

对于关联思维价值的明确有助于此思维的培养。关联思维有如下三个方面的价值贡献:(1)获取信息多。倘若孤立地分析研究某一个要素,则无法快速、有效地解决问题，只有根据已知信息的要素展开联想，才能获取更多的信息，甚至是隐藏的线索。（2）思维锻炼机会多。每一次关联思维的运用，都是一次思维锻炼和学习机会，关联思维的培养有利于增强情报人员理解问题和分析原因的能力，有利于提升情报人员综合联系、解决问题的能力。（3）付诸行动多。情报分析人员在关联信息、获取信息、分析信息后需要付诸行动来验证当前信息的可靠性和有效性，关联的信息越多，情报人员采取的行动就越多。

### 3.5.2 关联是核心

从唯物辩证法角度讲，万事万物都是普遍联系的。联系即关联，关联是事物之间所发生的彼此连接和相互影响。要想正确认识事物就要厘清事物要素之间的关联关系，因为科学的本质就是揭示事物要素间的关联关系。在情报研判工作中，情报分析人员应当时刻注意关联的重要性，以已知信息为出发点，不断地关联、联想，完整地建立已知和未知事件要素之间的关联关系。关联思维应当是解决公安工作难题最有价值的思维方式，因为它可以为公安工作的开展拓宽视野，让公安情报更好地满足实战需求，从而提高情报研判工作的效率。

关联思维作为一种重要的情报思维方式，适用于所有警务工作。我们将从思考维度、数据信息、工作条块等方面来探讨警务工作中关联思维的培养。

#### 3.5.2.1 思考维度的关联

大数据改变了我们的生活、工作、学习和思维方式，它存在四种思考维度，即系统思维、数据思维、关联思维和智能思维。系统思维强调采集数据要从样本数据转向总体数据，从而能够全面、系统地认识总体状况。数据思维强调的是事实与数据"说话"的权威性，即将结构化数据、半结构化数据和非结构化数据都转变为客观的标准，提供可描述性的信息。关联思维强调对互联网、物联网中的数据充分建立联系，使其产生意义，从而创新性地解决问题。智能思维则强调充分利用物联网和机器智能，使大数据系统获得类似于"人脑"的智能思考能力和预测未来的能力，实现自然思维向智能思维转变，赋予大数据生命力。这四种思考维度体现了从数据收集、描述到预测，其中贯穿着机器智能的大数据思维过程。因而，情报分析者在培养关联思维的同时，不可忽视和偏废其余三种大数据思考维度，要实现四种思考维度的关联。此外，在情报研判工作中，还要用不同的手段和方式使四种思考维度落地。

#### 3.5.2.2 数据信息的关联

学者涂子沛指出,"大数据"的意义在于人类可以"分析和使用"的数据在大量增加,通过这些数据的交换、整合和分析,人类可以发现新的知识,创造新的价值。[1] 情报主导警务已逐步成为全球警务模式的主流,数据信息是公安情报工作的核心,因而对数据信息的关联性分析无疑是公安情报工作的重要组成部分。情报分析人员针对数据与数据之间交叉涵盖的各种联系,应缜密思考这些关系背后蕴藏的价值,研判出各类信息相互之间存在的关联性,把碎片化的信息织造成一张系统化的关联网,进而引导工作决策,达到实现工作目标的理想效果。当对多种形态的信息进行关联信息时,应尤其注意对多源异构数据的挖掘和分析;在空间上,公安情报信息不应限于某一地区,而应着眼于全国乃至国际范围;在时间上,重视即时信息和具有预测性的情报信息。

#### 3.5.2.3 跨部门、跨系统的关联

情报分析人员要想最大限度地挖掘各种未知信息,查找已知信息所需的有用关联数据,则需要大量的警务数据信息提供支撑。而警务数据信息是分散在各警种专业的数据库、公安数据系统中的,且公安业务系统种类多样又各自独立,不同警种业务部门都有自己的情报部门,"信息烟囱"现象很严重。这或多或少都会导致信息重复、杂乱无章,分割状态也会导致数据信息价值较小甚至毫无价值,阻碍情报分析人员的关联分析,因此根据情报任务需要,实现跨部门、跨系统数据信息的关联尤为重要。

#### 3.5.2.4 多方力量的关联

无论是侦破案件过程中还是日常的警务工作中,单凭公安机关的力量是远远不够的,需要各种社会力量为公安工作提供坚实的支撑。同样,情报分析人员对于未知信息的挖掘除多警种联动外,还要统筹社会资源,如社区管理、行业协会、地方政府、企事业单位以及各种非政府组织等。要凝聚各方面力量,协调多方共同参与,为情报收集工作提供源源不断的信息来源,以便实现信息的关联查询、检索以及深度挖掘、深层次分析和应用。

### 3.5.3 技术是保障

警务大数据中,非结构化数据要比结构化数据规模更大。非结构化数据是

---

[1] 涂子沛:《大数据》,广西师范大学出版社 2012 年版,第 57 页。

人们不能直接理解和不能被计算机直接处理的数据，而且这些海量数据之间的关联性也是无法完全由传统的人工分析来实现的。这致使一些有用的信息不能发挥作用，最终导致数据利用率不高，实战效果较差。而这些问题只能通过技术手段来解决，采用先进的技术方法能够将多源异构数据进行处理，使之具有可操作性，并且把原本被忽视的数据信息关联起来，探究各数据之间的深层价值，为侦破案件和警务决策提供科学依据。

#### 3.5.3.1 可视化大数据关联分析技术

在复杂案件中，众多线索纷繁复杂且表面关联性不强，采用传统的破案手段不但耗费大量的人力、物力、财力和时间，还有可能会面临线索中断、推翻重来的情况。通过可视化大数据关联分析手段，可实现图形化情报信息查询、可视化关联分析、证据链和情报线索发掘等，再利用数据处理、存储管理、可视化交互分析等技术，能够直观地对多维数据之间有价值的关联关系进行深度挖掘并将其清晰呈现出来，实现数据的高效分析和利用。

#### 3.5.3.2 大数据挖掘技术

大数据挖掘技术是指，通过预测、分类、回归、聚类、关联规则等一系列算法，对海量的、模糊的数据中隐藏的有价值信息进行搜索和提取。其是发现新知识过程中不可缺少的技术手段。

大数据挖掘的流程一般包括业务理解、数据理解、数据准备、模型建立、模型评估和模型应用六个步骤：

业务理解就是先确定业务目标和行动可行性，然后确定数据挖掘的目标，并制订行动计划。

当明确需求后，接下来就是数据理解，即收集、整理原始数据，描述、探索数据，并检查数据质量。

数据准备是把收集到的各部分数据关联起来，对数据进行预处理和统计分析的过程，主要包括数据的抽取、清洗、转换和加载。数据准备是整个数据挖掘过程中最耗时也最为关键的一环，数据处理方法是否得当，将直接影响后面模型的选择及模型的效果，甚至决定着整个数据挖掘工作能否完成预定目标。

模型建立是数据挖掘工作的核心阶段，需要在数据理解的基础上选择并实现相关的挖掘算法，主要包括准备模型的训练集和验证集、选择并使用适当的建模技术和算法、模型建立、模型效果对比等工作，还要对这些算法进行反复调试、实验。

模型评估指的是在数据挖掘工作基本结束时，对最终模型效果进行评测的过程。模型评估主要从技术和业务经验两个方面进行评价。

最终，当模型投入使用后要持续观察模型的衰退变化，为了避免模型失效的状况出现，通常在应用过程中采取 A/B 测试的步骤，对模型在实际线上环境中的运行状况进行观察跟踪，确保模型在线上环境中符合预期。

大数据挖掘技术为情报分析工作提供了强有力的技术保障。公安各类专业数据库通常只用来查询、检索信息，而对于互联网中未经处理的、隐秘的原始数据中有价值的数据的获取只能通过大数据挖掘技术来实现。数据挖掘技术可以清除无效信息，提取有用信息，对犯罪人员特征、行为轨迹、犯罪时空、犯罪落脚点等进行预测，为侦查工作提供丰富的信息来源，为警务工作提供有力的支持。此外，数据挖掘技术还能够为积案、悬案等疑难案件提供新的解决方案。[1]

#### 3.5.3.3 关联数据技术

公安业务系统种类多样又各自独立，为了进一步消除"信息孤岛"，促进公安信息的共享，满足数据应用的高需求，应采用关联数据技术，设计公安情报研判系统的基本框架形式，建立多个公安业务系统统一的数据模型，实现多个公安业务系统的数据关联，并消除语义上的分歧，发现关联数据源之间更多隐秘的连接，这有利于提高数据的利用率和情报研判工作的效率和精准度。关联技术在公安情报研判系统中的应用，关键在于本体构建、数据描述、RDF 数据存储等方面，对不同业务系统的数据异构处理是整个系统的重点。数据异构主要包括格式、语义上的异构和数据的重复性。[2] 对于格式和语义问题，目前已经实现突破；而对于数据的重复性问题，由于关联数据技术的应用在国内还处于起步阶段，所以无法从根本上进行解决。因此，有必要对关联技术的处理应用进行不断改进，在借鉴国外相关案例经验的基础上，结合当前公安业务工作的需求，在实践中进一步改进或添加对数据进行关联使用的工具的功能，实现情报研判工作的自动化或半自动化，从而把握住公安工作的主动权。

所以，情报分析人员要培养关联思维，就必须认识到情报要服务决策、分

---

[1] 王玉清：《大数据背景下数据挖掘技术在公安侦查中的应用》，载《科技传播》2019 年第 2 期，第 127—128 页。

[2] 吴玥、李占羽、李丹宁：《关联数据在公安情报研判系统的应用》，载《贵州科学》2011 年第 2 期，第 26—31 页。

析要符合业务逻辑、关联思维具有价值,通过思考维度、数据信息、多部门多系统以及多方力量的关联尽可能地揭示相关性情报信息。同时,分析人员还要熟练运用各种先进的技术方法实现相关性情报的有效联系,以获得更多的未知信息。这样才能为各项公安工作提供高质量的情报产品,充分发挥公安情报在现代警务工作中的主导作用。

## 3.6 关联思维的应用

关联思维是公安情报分析人员必须具备的一种思维方法,其在公安工作中发挥着重要作用,有利于情报的收集、整合、分析、处理、利用、共享等。关联思维应被广泛运用于公安工作的各领域中。

### 3.6.1 关联思维在战术层面的应用

#### 3.6.1.1 在侦查工作中的应用

关联思维是刑侦、经侦、禁毒等侦查人员在侦破各类案件中最重要的思维方法。一方面,它可以帮助侦查人员根据案件性质从已知信息向纵向、横向展开,多维度收集各种信息,然后对各种线索进行关联分析,进而锁定犯罪嫌疑人。当在侦查过程中遇到疑难问题时,关联思维有助于对问题进行抽丝剥茧,将复杂的问题简单化,从而全面、透彻地揭示整个案件的本质。另一方面,关联思维在串并案件中同样发挥着作用。孤立地分析一个案件容易陷入困境,但将相似案件串并后则可以拓宽线索渠道,加快破案进程。例如:在具体刑事案件侦查中,首先通过现场勘查、调查访问,对作案的规律特征和犯罪嫌疑人的特征进行初步分析;然后在刑侦综合系统的存储案件情报中查询和筛选,进而关联案件进行多角度分析、研判,为多方位串并案件提供线索和依据。将相似的案件串并可以突破个案的局限,合理地利用证据,避免重复侦查。

#### 3.6.1.2 在抓捕犯罪嫌疑人和可疑人员排查中的应用

利用关联思维,可将现场遗留的指纹、DNA、血迹、足迹等犯罪痕迹,在相应的公安数据库中进行比对,确认犯罪嫌疑人;可根据已知的身份信息在流动人口、旅馆业住宿人员数据库中,进行数据检索与关联;甚至可依据嫌疑人的上网记录,获得其活动轨迹以及当前的落脚点,予以实施抓捕。对于抓获的犯罪嫌疑人与公安工作中发现的可疑人员，也应在公安专业数据库以及系统中进行数据检索查询，进一步核实其身份，并确认其是否有前科劣迹。若是在逃人员，或者有前科劣迹记录，则其之前作案特点可为案件的侦破提供线索和方向。

#### 3.6.1.3　在流动人口以及重点人口管理中的应用

对于流动人口，工作中以租赁房屋信息、旅馆业住宿人员登记信息、暂住人口登记管理情况为出发点，进行数据碰撞、关联比对，可及早发现可疑情况，并积极解决相关问题。对于重点人口，通过密切追踪其活动轨迹进行管理。可以重点人员的基础信息为切入点，对其亲密关系者整合形成重点人员的关系网络，与重点人员日常的住宿、通信、消费、交易等实名制信息数据进行筛选关联，获取有价值的情报信息，从而动态、实时地管控重点人员行动轨迹。

#### 3.6.1.4　在网络安全管理中的应用

网络世界和现实世界是紧密相连的，互联网上存在着大量有价值的信息，如社交媒体信息、电子商务、电子出行轨迹信息等。情报分析人员可以通过对相关人员在网络上的操作记录和行为轨迹进行分析解读，关联、串并、查询其现实生活中的基础信息，并依托网络的安全管理系统开展网上布控，及时发现、精准定位犯罪分子的所在位置，实施抓捕。同时，情报分析人员还可以对网吧实名登记记录与在逃人员数据库进行数据碰撞和比对，筛选出犯罪嫌疑人。

#### 3.6.1.5　在日常治安管理中的应用

在日常的执勤、巡逻等工作中，公安工作人员对可疑人员进行盘查时，通过对其身份信息进行数据查询和比对，可以明确其身份，并确认其是否为在逃人员以及是否有前科等情况。此外，公安工作人员还要对可疑人员所携带的随身物品或者是工作中发现的可疑物品进行网上查证，核查该物品是否涉案，以助于发现作案工具，确认涉案遗失的物品下落。

### 3.6.2　关联思维在战略层面的应用

#### 3.6.2.1　为决策提供信息保障

情报信息是科学决策的基础，情报人员的工作就是为实战领导者制定具体方案提供支持和服务。而静止的少量低价值的数据是无法形成情报产品的。采集的情报信息数量越多、涵盖的范围越广泛，情报研判所形成的情报产品才会更准确，那么领导所制定的决策才会更科学。因而，情报分析人员首先要清楚了解领导者的决策需求，其次再对已知的情报信息进行全面分析，不断联想，深度挖掘已知信息要素背后所隐藏的其他有价值的信息，完整地建立所有信息要素之间的关联分析，为领导者提供具有针对性的情报产品，保障最终作出科学有效的决策。

#### 3.6.2.2 总结发案规律

犯罪行为具有很强的规律性，情报分析人员要从大量案件的联系中抓住其发展规律。对系列案件和系列案犯的分析是情报工作的主要组成部分。情报分析人员通过监测日常警情，对管辖区域每周、每月的案件类型与特点进行分析，掌握发案动态，从相关的案件中发现案件间隐藏的关联性关系，并对此时间阶段违法犯罪的规律进行归纳、总结，具体包括从人到人、从案到案、从物到案等规律。同时，情报分析人员还要搞清楚本地区重点区域、重点部位、重点时段、侵害目标、侵害对象等规律特点，据此对本地区违法犯罪形势作出基本判断，为后期的公安工作提供预警建议。

#### 3.6.2.3 预测社会治安形势

对犯罪规律的归纳总结有助于客观评价当前的社会治安形势。情报分析人员可以通过对之前某一个时间段的犯罪特点进行研判，获得相关犯罪走势，并对同一类案件可能存在扩散、再次蔓延的趋势进行客观分析，进而预测判断在本区域今后出现此类案件的可能性，据此提前发出预警提醒，为决策层安排部署下一阶段打防工作重点提供前瞻性情报，及早落实应对防范措施，尽可能地将此类违法犯罪扼杀在萌芽阶段，防患于未然，从而提高公安机关驾驭社会治安和预防、打击犯罪的能力。

### 3.6.3 关联思维实战案例

2017年3月，南方某市A区的分局指挥处情报中心为提高该区涉毒违法犯罪活动的打击效能，针对2012年来在该区有过活动轨迹的79996名吸毒人员进行整合分析发现，其中有戒毒所、拘留所记录的有19703人，且有19600人未被市公安机关管控关注过。

在79996名吸毒人员中，男性71116人，占比约88.9%；女性8880人，占比约11.1%。这些人员平均年龄31.6岁，18岁（不含）以下的未成年人有205人，18岁至30岁的有39650人，31岁至40岁的有28107人，41岁至50岁的有

10964 人，51 岁以上的有 1070 人。

对这 79996 名吸毒人员的查处渠道进行分析发现，娱乐场所仍然是查处涉毒人员的主要场所，占比约 41%；排名第二的是旅馆和出租屋，占比约 24%；通过车辆盘查发现大量的网约车司机、出租车司机等机动车驾驶员有涉毒情况，占比约 13%；其他查处渠道占比约 22%。（详见图 3.7）

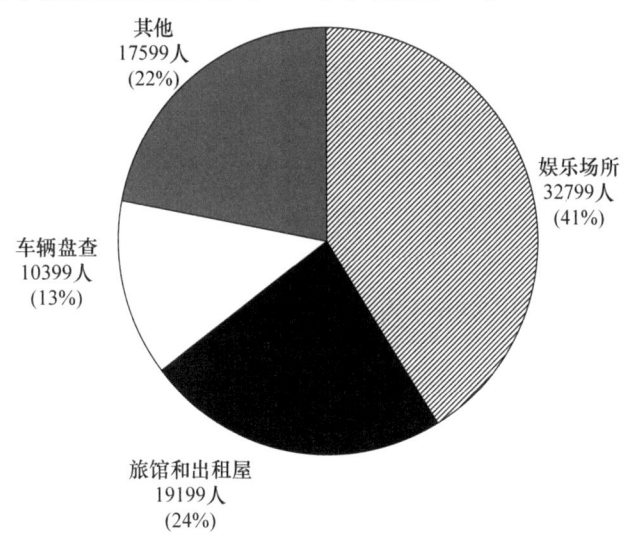

图 3.7　2017 年某市 A 区吸毒人员不同查处渠道占比

由此可见，当时某市 A 区禁毒状况不容乐观，仍存在大量的吸毒人员。这些人员容易扰乱社会治安秩序，诱发各种违法犯罪活动，这给当地公安的禁毒工作开展带来挑战。

针对上述情况，某市 A 区的分局指挥处情报中心通过对该人群的活动轨迹、涉案情况及线索、潜在重点关注人员等进行关联、分析，有可能实现对涉毒违法犯罪活动的精准打击，为领导层的决策部署提供情报服务，发挥禁毒工作在维护社会安定方面的重要作用。

3.6.3.1　战术层面关联思维的运用

（1）活动轨迹。吸毒人员出入各类场所次数频繁，仅 2016 年出入旅馆达 108247 次、网吧 173168 次、出租屋 174478 次。

① 出租屋分布情况。根据吸毒人员的住所分布特点，从宏观角度来看，吸毒人员分布符合人口跟随经济流动的社会规律。在经济发展较好的街道，吸毒人员较多；在城市化改造早、各方面发展较成熟或者经济活跃度较低的街道，

吸毒人员相对较少。从微观角度来看，在社区大、出租屋楼栋多的区域，吸毒人员较多且更为集中；同时，吸毒人员打零工、赚外快现象较普遍，临时工地、集体宿舍等较容易存在吸毒贩毒情况。

②旅馆入住情况。某市A区公安局对2012—2016年吸毒人员入住旅馆的情况进行分析发现，吸毒人员入住旅馆总体呈现节日多于平日、周末多于工作日的基本趋势（详见图3.8、图3.9）。根据节日假期日均入住吸毒人员的走势来看，元旦、清明、五一、中秋、国庆期间入住均较多；春节可能因返乡过节等，则较少。从2012—2016年走势来看，2016年因打击力度加大，入住人员有所下降。从周情况来看，2012—2016年基本符合周一至周五较平稳、周六和周日明显增多的趋势。从绝对数来看，2012—2014年该市A区吸毒人员平均周入住均处于较高数量阶段，周一至周五日均在260人以上，周末在300人以上。2015年到2016年均大幅下降，其中2016年周一至周五，日均约170人，周末约201人。

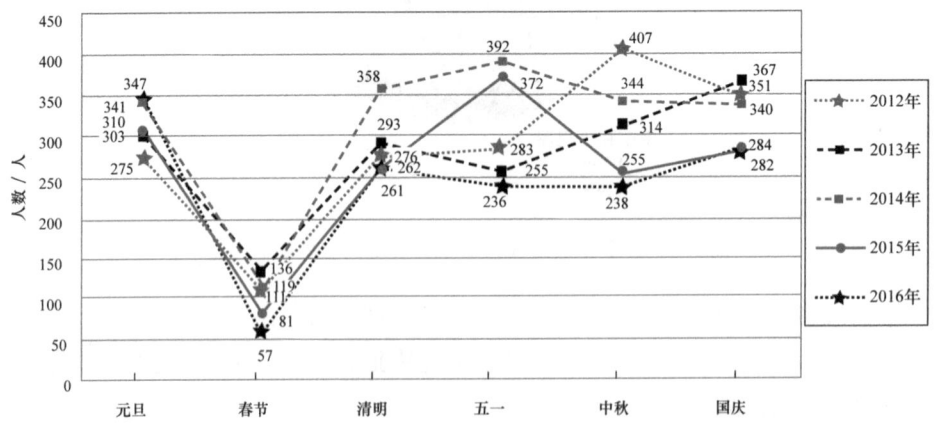

图3.8　2012—2016年某市A区吸毒人员节日假期日均入住旅馆走势图

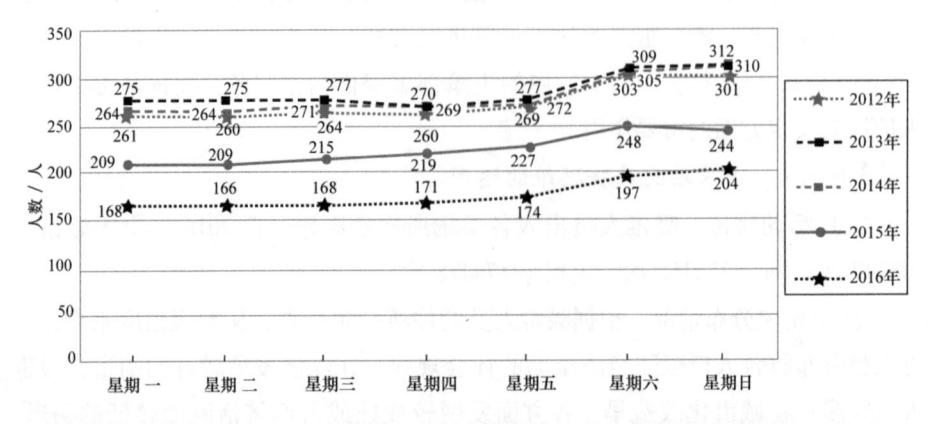

图3.9　2012—2016年某市A区吸毒人员平均每周入住旅馆走势图

③ 网吧上网情况。某市 A 区公安局对 2012—2016 年吸毒人员到网吧上网的情况进行分析发现，吸毒人员网吧上网的特点呈现节日多于平日、工作日与周末人数差距逐渐缩小的趋势（详见图 3.10、图 3.11）。根据节日假期日均吸毒人员网吧上网的走势来看，元旦、春节、清明、五一、中秋、国庆期间人数均较多，且 2016 年人数最多。从周情况来看，2012—2016 年基本符合周一至周五较平稳、周六和周日增多的趋势。从绝对数来看，2012 年该市 A 区吸毒人员平均每周网吧上网人数最多，其次是 2016 年，且 2016 年工作日与周末的数量差距趋于平稳。

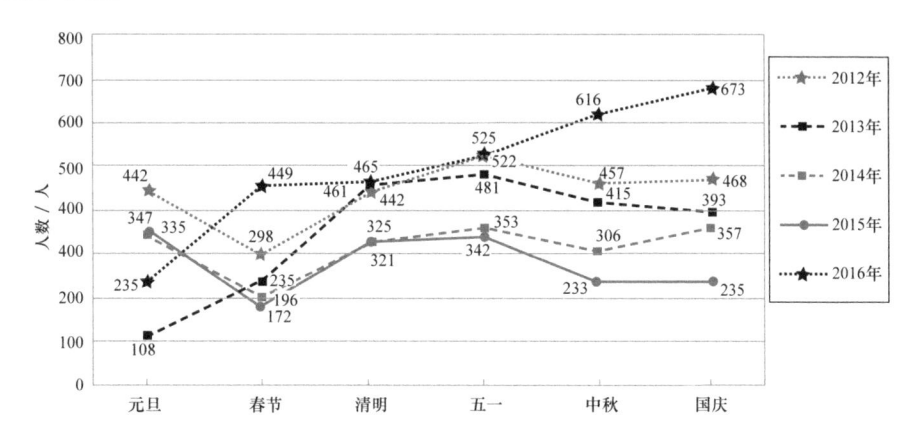

图 3.10　2012—2016 年某市 A 区吸毒人员节日假期日均网吧上网走势图

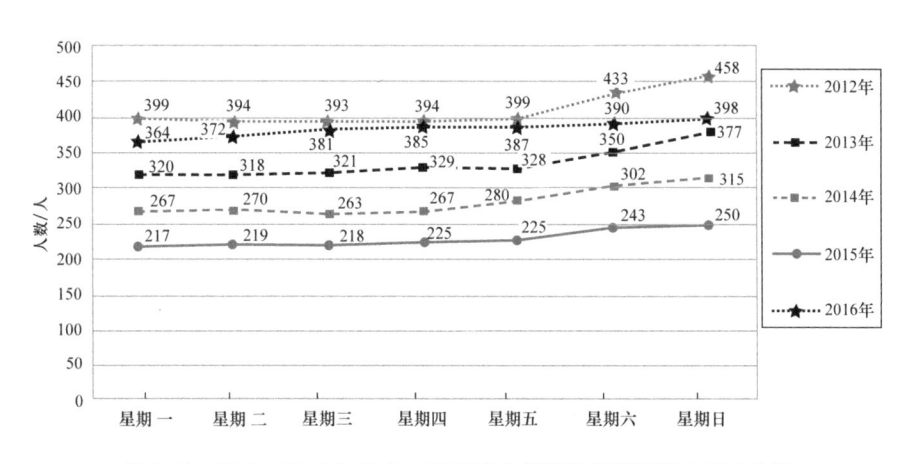

图 3.11　2012—2016 年某市 A 区吸毒人员平均每周网吧上网走势图

（2）涉案情况关联。将 79996 名吸毒人员的基本信息置于公安专业数据库中进行数据碰撞、比对发现，吸毒人员中有 16618 人涉及其他违法犯罪案件

33123宗，涵盖281种违法犯罪类别，其中刑事案件17468宗，占比约52.7%。从吸毒人员涉案类型看（详见图3.12），主要八类案件[1]有8209宗、涉盗7337宗、贩卖毒品6313宗、涉毒4307宗、涉抢2455宗、涉赌2436宗、故意伤害607宗、涉黄563宗、涉骗437宗、无证驾驶368宗、涉枪91宗。上述信息都充分说明吸毒人员社会危害性较大。

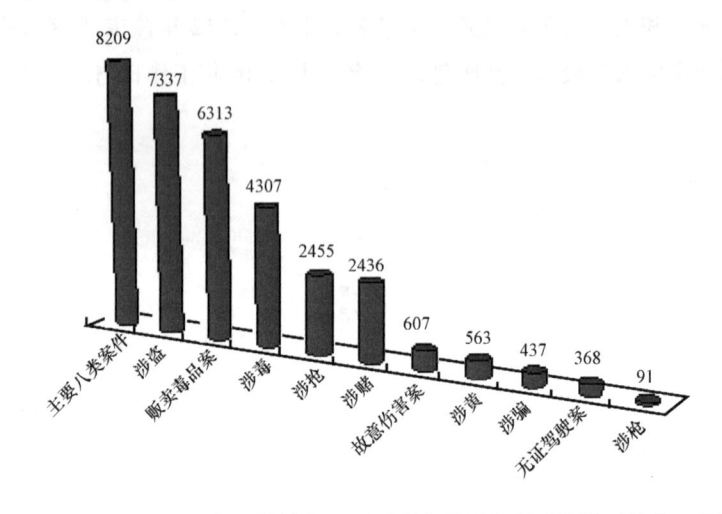

图3.12 2012—2017年3月某市A区吸毒人员涉案类型统计（单位：宗）

在梳理吸毒人员基本信息过程中，可关联发现以下情报信息：部分嫌疑人涉及多宗未破刑事盗窃案件。而这为串并、侦破案件提供了线索。在79996名吸毒人员中，有236名网上追逃人员，根据其居住地址、车辆轨迹、出行轨迹等信息进行数据关联，可辅助开展抓捕。还可以通过对吸毒人员的紧密关系人进行深入挖掘，及时发现可疑人员和其他情况。此次梳理吸毒人员基本信息过程中，便关联发现一家族式盗窃团伙（共6名嫌疑人），其中5名均为涉毒人员。

（3）重点关注人员。在吸毒人员中，有部分人员成瘾严重，即使多次被执行强制戒毒，仍然无法戒除毒瘾，这属于需要重点关注的人员。同时，吸毒人员之间联系紧密，易形成一个关系圈，其中包含吸毒者和贩毒者。通过大数据分析，对于有吸毒经历且曾在某市A区活动，但未在该市被羁押、查管过的吸

---

[1] 主要八类案件，指八大类刑事案件，包括故意杀人、故意伤害致人重伤或者死亡、强奸、抢劫、贩卖毒品、放火、爆炸、投放危险物质。

毒人员，也需及时将其纳入公安机关视线，开展管控关注。对于此类重点关注人员，要通过对其日常住宿、通信、消费、交易等实名制信息数据进行筛选关联，密切追踪其活动轨迹，以便尽早发现可疑情况、及时解决问题。

### 3.6.3.2 战略层面关联思维的作用

（1）关联思维可全面反映地区吸毒人员情况，并客观评价禁毒工作成效。对某市 A 区吸毒人员的基本情况、社会活动情况（出租屋、旅馆、网吧等活动轨迹）、涉案情况及情报线索、潜在重点关注人员等信息进行深入关联和研判，可反映出当时某市 A 区禁毒形势依然严峻、复杂，但是打击整治涉毒违法犯罪的良好效果逐步显现，基本形成良好的禁毒工作格局。

（2）关联思维可为领导决策提供有效的信息服务。通过对某市 A 区涉毒人员信息进行关联分析，可为日后打击整治工作找准方向和重点，提出工作建议，并为领导的决策部署提供情报支撑，在一定程度上推动全局禁毒工作取得更大成效。

（3）关联思维可拓宽情报分析人员分析视野，加强新形势下涉毒人员管控工作。对于以前关注不够的有吸毒史但未被纳入视线的人员、与成瘾严重的吸毒人员频繁接触的潜在人员、吸毒人员中有网约车司机或机动车驾驶员身份的人员等，禁毒大队应在日常的工作中加大分析研判力度，各派出所应重点予以关注。

（4）关联思维能够科学预测社会治安形势，确保情报引导警务，落实禁毒管控。情报关联有利于警务人员对当地的犯罪走势进行客观预测。就某市 A 区来说，该区仍然存在大量未管控的吸毒人员，为了应对社会快速发展所带来的禁毒挑战，各派出所应对辖区内的出租屋、旅馆、网吧等场所加大管控力度，结合情报分析，根据吸毒人员的时空活动规律，精确梳理出辖区的重点场所、时段，有针对性地利用有限的警力开展清查整治工作。

# 第 4 章　情报系统思维

[**本章要点**] 情报系统思维是做好情报分析的关键方法论之一。本章将从什么是系统思维出发，了解系统思维的特征、思维方法以及如何具体运用，对系统思维进行全方位解读，方便情报分析初学者更好地了解和掌握这种思维方式。

## 4.1　系统思维的基本原理

在日常生活中，我们可能会经常听到这些表述：

"做事情最忌讳的就是'头痛医头，脚痛医脚'，要系统地考虑和解决问题。"

"这个事情很复杂，是一个系统性的问题，而不单单是哪一个部门的问题。"

…………

对于公安工作来说，近些年的警务工作越来越趋向于合成作战，而非某一个警种的单打独斗。同时，情报的综合分析与研判在警务工作中的作用愈发凸显。公安情报工作人员根据各警种在日常工作中收集的各类信息，针对特定目标进行有针对性的情报分析，这类分析在精确预防犯罪和打击犯罪以及警务资源综合配置等方面发挥了巨大作用。

以上种种现象表明，无论是在日常生活还是警务工作中，系统思考或者做事的方式都无处不在。可以说，我们的生活由大大小小不同的系统组合构成，而人类生存的空间仅占自然生态系统和社会系统的一小部分。系统是所有抽象事物和具体事物的组合，以及这些事物之间的相互关系。系统思维可以用来审视和分析我们自己及周围的事物，并加以改善。系统思维要求我们将任何事物都看作一个运行的系统。在微观层面，该事物内部运转会对事物本身产生影响；而在宏观层面，该事物的发展也会给其他事物带来一定的变化。从系统的角度出发思考我们所要面临的挑战或要解决的问题，可以找到更完备的解决方案。

系统论方法是理解复杂世界的主要突破口之一。系统论从整个系统、各个子系统以及子系统之间交互关系的角度出发研究世界与组织，极大地影响了我们理解组织的方式，该理论的应用被称为系统分析。系统分析的主要工具之一是系统思维。系统思维是一种帮助人们以广角观察系统的方法，如观察系统中的整体结构、模式和周期，而不是系统中的某一具体事件。这种广阔的视角可以帮助分析人员快速确定系统中出现问题的真正原因，并知道何时用恰当的方法解决这些问题。系统思维产生了用于分析和更改系统的各种原理和工具。

情报分析是一整套完整的流程，如果不具备系统思维，那么各流程之间的衔接将会变得困难重重。因此，优秀的情报分析师一定具备出类拔萃的系统思考能力。

### 4.1.1　什么是系统

试想，如果你负责维持一个自然保护区的运行，保护区里的一切都由你完全掌控。这个自然保护区里有狮子、狼、鹿、兔子等各种动物。如果你为了避免弱小的动物受到生命威胁而选择清除掉大部分的狼和狮子，那么后果必然是鹿和兔子大量繁殖，进而造成大量植被被啃食，最后导致荒漠化。整个自然保护区的生态平衡受到破坏，最终会造成整个自然保护区的消亡。由这个例子引导，我们自然能认识到，要把握系统思维的要旨，首先应当明确系统的重要性。

一般系统论的创始人路德维希·冯·贝塔朗菲（Ludwig von Bertalanffy）认为，系统是一组彼此有关、互相依赖的诸要素经过一系列作用后形成的综合体。[1] 美国学者罗素·艾可夫（Russell L. Ackoff）将系统定义为，两个以上的不限种类的要素，经过互相联系后所构成的不可分割的集合。[2] 通俗地讲，系统就是由若干个不同的小部分构成的有机整体，这些组成部分之间既彼此独立又相互联系，并且各部分有着统一的目的。这些系统中的组成部分是随时变动的，为了维持系统的运行，老旧的部分会不断退出消亡，新的部分会不断补充再生，即便组成系统的部分发生很大变化，只要系统的关联和目的保持不变，系统就将保持原来的本体继续正常运转，如图4.1所示。值得注意的是，非生

---

[1]　L. Bertalanffy, *General System Theory*, New York: George Braziller, 1968.
[2]　R. L. Aekoff, "From Data to Wisdom", *Journal of Applied Systems Analysis*, 1989, pp. 3-9.

态系统尽管通常由非生命物质组成，但也表现出很多生态系统具备的特质。生态系统以及人作为复杂的有机体，有着强大的自然修复、自愈功能，系统会根据自身变化进行改进，并随着周围环境的改变不断自我修复。

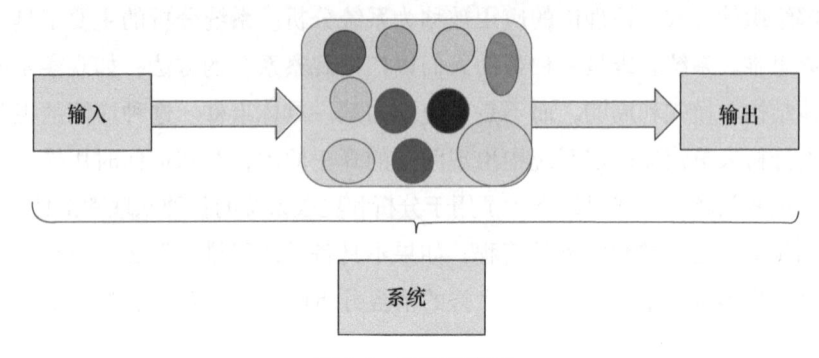

图 4.1　系统示意图

自然系统、人工系统都属于系统，可以说，只要是能看成一个整体的事物，都是一个系统。比如，某公安局、某人际关系、某自然保护区、某个行业、某个城市等。系统的应用范围十分广泛，原因就在于现代社会的整体性、不可分割性。

要判断一个组合是不是系统，不仅仅要看其是否为很多部分的集合，还要看这些组成部分之间是否具有关联性。如果组合在一起的要素彼此之间既没有关联也没有什么价值，那么这种组合就不能称之为系统。比如路边随机停放的几辆自行车，它们相互之间毫无关联，也没有任何统一的目的。由此可以推出，一个系统须具备以下三个条件：

#### 4.1.1.1　要　素

要素是系统的参与者。如在一个自然保护区中，狼、狮子、鹿、兔子以及树木、草场、江河、湖水都是这个生态系统的要素，动物的生老病死、植物的繁盛或衰败等都是自然发生的，只要总体数量保持在大概范围，该系统就可以一直运转。再如，一支篮球队由首发队员、替补队员、教练、经理人等要素构成，各要素各司其职，共同维持球队这一系统的运转。需要明确的是，一些系统的要素自身也可以是一个独立的子系统，比如篮球队中的队员，其自身也是由器官、血液、骨骼等构成的"人"这个生物有机复杂系统。

要素是系统中的主要构成内容，这些构成要素多数都是看得见、摸得着的，但也有某些系统中的构成要素是看不见的，比如公安机关惩治罪恶、保护公民的决心和精神，机关里的制度文化，等等。这种要素虽然无形，却扮演着极为重要的角色，发挥着重要作用。

4.1.1.2 系统目的

沙滩上，被海水冲上来的石头、贝壳、杂物可以构成一个系统吗？很明显不能，原因在于没有一个能把这些要素结合在一起的目的。这种目的不是在系统运行前明确声明的，而是通过对系统的运转观察得到的，因为这种对系统运行所观察的结果往往更为可靠。按照史蒂文·舒斯特（Steven Schuster）的说法："当一个政府声明教育是他们优先考虑的问题，但在新一年的工作计划中却缩减教育预算时，那么很显然教育并不是该政府所重视的主要问题。如果一只猫捉住了一只蜥蜴，然后只是拍着它玩，那么猫捕捉蜥蜴的初衷显然不是要吃掉它。"[1] 因此，我们应该从系统的运转来判断其功能或目的，而不是从我们自己的期望或是系统所宣称的目的出发。

虽然因为共同的目的组合在一起，但子系统也会有其自身的目的，这些目的可能会产生碰撞，影响系统的运转。比如，警务工作中最常遇到的"信息孤岛""数据烟囱"等问题，都是作为子系统的各警种之间的信息共享壁垒造成的。虽然这些警种的目的都是打击犯罪、维护社会稳定，但是因为其系统内容掺杂各自警种的部门利益和彼此的竞争，所以难以完全共享掌握的信息。对系统共同目的达成形成阻碍，是在系统运行时需要解决的重要问题。

4.1.1.3 要素之间存在关联

关联是系统内部进行运作的重要原驱动。零散的要素因为相互之间的关联，带动了整个系统的运转。例如：自然保护区内，狼吃兔子、狮子吃鹿、鹿和兔子吃草，就是要素之间的关联；篮球队里，队员配合将篮球投入篮筐、教练向队员们布置战术，也是要素之间的相互关联。

关联不仅表现为食物链等物质方面的流动，还表现为信息的流动。这种信息上的流动肉眼难以发现，却也占据重要位置。如一名为了社区安全兢兢业业、任劳任怨的"片儿警"，辖区内的居民都十分信任他，那么当辖区内发生案件时，这些居民便会热心地向他提供大量信息，助他破案。相反，如果辖区内警民关系紧张，那么居民或许会抱着"多一事不如少一事"的心态，不主动反映

---

[1] [罗] 史蒂文·舒斯特：《11堂极简系统思维课：怎样成为解决问题的高手》，李江艳译，中国青年出版社2019年版，第45页。

情况，甚至对民警的询问置之不理。

系统的三个条件缺一不可，三者彼此之间相互作用、相互影响，都在系统中扮演着十分重要的角色。系统的目的或功能往往最不起眼，但其实它才是决定系统行为的关键因素。关联是系统内部各要素之间的关系，当关联发生改变时，系统的外在表现通常也会改变。一般来说，要素在系统中显而易见，但它难以给系统带来明显的变化，除非要素改变的同时也改变了其之间的关联或系统目的。系统的三个条件都很重要，因为它们相辅相成，但是改变系统的目的对系统的影响最大。

有一个问题需要说明，系统的运转并不总是一帆风顺的。在经过了或长或短的运行期后，一些系统可能会因要素关联不够或者子系统目标出现分歧而面临衰退的情况。比如，美国新冠疫情期间，每日感染人数还在剧增，可民众为非裔美国男子举行的示威活动并没有注意隔离问题，结果使疫情更加难以控制。同样的情况也会出现在情报工作中，如果针对一起案件的情报分析在事后被证明是错误的，这会严重打击整个情报体系工作人员的积极性，进而出现下次情报研判畏首畏尾的情况，导致情报分析人员情报分析能力的衰退；同时也会影响领导层对于情报部门的信任。这种现象并非个例，当然也有一定的解决方式。我们可以降低系统的既定目标，这样可以恢复要素对于系统的信心，使得系统不断朝好的方向运转，如此一来，增强反馈回路便趋向积极，并鼓励行动者再接再厉实现更好的结果。这种方法虽然并非总能奏效，但至少延长了系统运转的时间。

### 4.1.2 系统思维

系统思维是系统论原理指导下的一种思考方法。阿诺德（Arnold）在其文章中总结了多位知名学者给出的系统思维概念[1]：

系统思维和系统动力学领域的著名领导者巴里·里士满（Barry Richmond），在1987年第一次使用了"系统思维"一词。他认为，随着万物相互依赖性的增强，我们必须学习一种新的思考方法。仅仅让一个要素变得越来越重要还远远不够，我们必须具备共同的语言和框架，以便与网络其他部分的"本地专家"

---

[1] R. D. Arnold & J. P. Wade, "A Definition of Systems Thinking: A Systems Approach", *Procedia Computer Science*, 2015, pp. 669-678.

共享我们的专业知识和经验。我们需要一个系统"交流语言",只有这样,我们才有能力对自己的行为负责。他将系统思维定义为,通过对底层结构形成越来越深刻的理解来对人类行为进行可靠推断的艺术和科学。[1]

该领域的另一位专家彼得·圣吉(Peter M. Senge)将系统思维定义为,注重事物整体的一门学科,更强调事物间相互关系而不是事物本身,更关注事物变化的过程,而不是事先制定的静态框架。这种看法强调了系统思考的直观属性。

阿诺德认为,系统思考是一种认知能力,这种能力帮助人们提高协同分析技能,从而更好地识别和理解系统、预测系统行为,并且对系统在运行过程中出现的错误进行修改以达到预期的效果。这种阐释的优点在于其简单性和实用性。他同时解释了定义中出现的词汇:

(1) 系统:相互关联、相互依存或相互作用的要素的组合。

(2) 协同作用:要素以某种方式结合在一起相互作用产生的总效果大于单个要素的总和。

(3) 分析能力:提供可视化分析、解决复杂问题,并根据可用信息作出明智决策的能力。这些技能包括运用逻辑思维来收集和分析信息的能力以及制订计划的能力。

(4) 识别:识别为特定事物。

(5) 了解:要完全熟悉,清楚地理解系统及各要素的特征、性质或微妙之处。

(6) 预测:作为可推断的后果进行预测。

(7) 设计修改:对计划的详细说明,或者对更改或调整计划的详细解释。

这种定义方式比较新颖,因其兼顾了系统中的要素、关联以及目的或功能三者,综合了文献中最常见和关键的系统思维能力。而里士满与圣吉对系统思维的定义则更多地偏向于系统思维中关于要素的部分。虽然两人的定义更为经典,但是阿诺德的定义更加全面,更容易被不具备系统知识背景的人所接受。

总结下来,系统思维即将无序、零散的一系列问题整理至有序,并从全面

---

[1] Barry J. Richmond, "System Dynamics/Systems Thinking: Let's just Get on with it", *System Dynamics Review*, 1994, pp. 135-157.

的、整体的视角对问题进行分析的一种思维方法。

### 4.1.3 系统思维的成熟度等级

系统思维具有不同级别的成熟度[1]：

级别1：不了解。完全不知道何为系统思维。

级别2：浅层意识。处于这个级别的人，只是初步意识到系统思维方法，但没有真正深入地了解它。人们可能具备一定的系统思维直觉，但并没有形成思维体系。处于这个级别的人或许认为他们具备很强的系统思考能力，但事实却完全不是这样。浅显地了解一点，或者仅仅有系统思维的尝试，并不会帮助他们真正领略到系统思维分析带来的任何优势。处在这个层级的人也难以分辨系统运转水平的高低。大多数使用"系统思维"一词的人都在这个级别或下一个级别，或介于两者之间。

级别3：深层意识。这种类型的人充分了解系统思维原理的关键，并且对系统思维的重要性和潜力有较好的掌握。他们一般是使用系统思维或涉及系统思维的业务人员。他们了解表面上的系统思维，但是并未深层次认识到系统思维的优势所在。他们可以大概阅读一些因果流程图和仿真模型，并在脑海中建立一定的反馈回路，但是他们没有创建优质图表和模型的能力。他们也许知道什么是系统结构以及加强和平衡的反馈回路，但也仅此而已。

级别4：新手。新手对于系统思维有很强烈的意识，并开始思考系统为何以现有的方式运转。他们学习了如何创建因果流程图，并可以通过它们来解决许多简单的社会系统问题。一个优秀的新手能够流利地阅读仿真模型。

级别5：专家。专家比新手前进了一大步，他们已经学会了如何使用系统动力学工具创建原始的仿真模型，这使他们能够解决复杂的社会系统问题。任何组织使用原始方法来解决可持续性问题的时候，都需要至少一名系统思维专家来推动其工作。

---

[1]《系统思考——工具/概念/定义》，2020年5月12日上传，http://www.thwink.org/sustain/glossary/Systems Thinking.htm#Distinction。

## 4.2 系统思维的特征

系统是事物存在的方式，也是系统思维存在的客观依据，而思维与其客体的联系决定了系统思维也具有系统的相关特征。

### 4.2.1 整体性

整体性贯穿于系统思维的整个运行过程，表现为思维的最终成果，是系统思维的基本特征。整体是由部分组成的，整体的属性受到各部分属性的影响，而各部分也必须依托于整体存在，受到整体的支配，故整体与部分之间关系密不可分且相互作用。

在系统思维中，要保持整体性就要把整体作为认识的出发点和最终归宿。首先将研究对象视作一个系统，然后再将其置于一个更大的系统之中思考。这里包括两个方面的含义：一是树立任何研究对象都是一个独立系统的观念。二是在思考的过程中应当把每一个具体的系统放在更大的系统范围内来考察。如进行城市发展规划，就要把城市发展规划作为一个由若干要素构成的系统来考察，不仅要考察商业区、行政区、工业区选址等内容，还要考虑市民反应、环境保护等情况。同时，还要把城市发展规划这个系统纳入跨市甚至跨省的经济圈这一大系统中考察。只有从整体和部分角度分别考虑城市发展规划这个系统问题，才能找到解决问题的有效方法。

具体而言，整体性在系统思维的逻辑进程中是这样体现的：研究人员在对研究对象的整体情况充分理解和把握的基础上，提出整体的目标。为实现整体目标，设定完成目标的条件，并在此基础上创造满足条件的各种方案，最终选择出最优方案。提出整体目标是研究人员进行系统思维出发点；设定完成条件是基于整体目标进行的各要素的系统分析；提出并选择方案是系统思维的最终归宿。由此可见，系统思维把整体作为出发点和归宿，通过对系统要素的分析这个中间环节，再回到系统综合的出发点。

### 4.2.2 结构性

系统的要素和结构对其功能作用的发挥都是非常重要的。要素是系统的基础，因此要素在一定程度上对系统功能起着基础性作用。而结构是指系统要素的结合方式，系统功能是系统结构的外在表现，在要素相同的情况下，结构的优化程度与系统功能有着紧密的关系，甚至起着决定性作用。而且，当系统要素数量不全或者存在质量缺陷时，系统结构的优化可以进行弥补，从而保证系统功能的正常发挥。

系统思维的结构性要求分析人员树立系统结构的观点，从系统的组织结构出发，在具体实践活动中认识和把握系统要素、功能和结构之间的关系，寻找系统的最优结构，从而使系统功能在要素不变的情况下达到最佳。比如，公安机关集成情报、网安、刑侦等各警种工作人员建立合成作战中心，虽然公安机关的组成要素即各个警种人员并未发生变化，但这种方式优化了公安机关的内部结构，使功能出现了"1+1>2"的效果。分析人员在考察系统要素、结构和功能的关系时，应当重点关注系统结构；优化结构时，应找出在系统中起控制作用的中心要素，以该要素为支撑点，考察中心要素与其他要素的关系，进行结构的改造。

### 4.2.3 立体性

系统思维具有开放、立体的特点，其以纵横交错的现代科学知识为思维参照系，分析对象处于参照系的交叉点上。系统思维的立体性具体表现为，在对思维客体进行分析时，既要注意横向上客体与其他对象的联系，也要注意纵向上思维客体的发展变化，从而全面、准确地把握思维对象。

### 4.2.4 动态性

系统的稳定是相对的。任何系统都有自己的生成、发展和灭亡的过程。因此，系统内部要素与要素之间的联系、系统与外部环境之间的联系，都与时间密切相关，会随着时间的不断变化而变化。这种变化主要表现在两个方面：一是系统内部要素的组成结构与所在位置不是一成不变的，而是随时间不断改变的；二是系统都是开放性的，会不断地与周围环境进行物质、能量、信息的交换。因此，所谓的稳定系统，并不是指系统的组成部分与系统本身不会发生变化，而是指系统在动态变化的同时保持内外平衡，以保证其流畅运转。系统的动态性决定了系统思维的动态性。系统的有序和无序、系统结构的稳定与否，只是系统存在和演化的基本状态,并无抽象意义的价值规定。人们可以根据需要,通过创造条件打破系统原本结构,使其进入无序状态,向新的有序结构过渡;也可以通过消除对系统的干扰,保持系统的有序和稳定。系统思维的动态性要求分析人员打破线性单值机械决定论的固有影响,树立非线性的统计决定论思维方法,把系统演化理解为具有多种方向可选择的状态,把事物的发展放在多种可能、多种方法和多种途径的选择上。

### 4.2.5 综合性

任何思维过程都具有一定的综合性,但系统思维的综合性较之于一般思维过程的"机械的综合""线性的综合"要更为高级。因为任何系统都是由内部各个要素为达成一定目的而构成的综合体,因此系统思维的综合性要求对系统的成分、结构、功能等各方面作综合的考察,是从"部分相加等于整体"上升到"整体大于部分相加之和"的综合,它对分析多因素、从变量、多输入、多输出的复杂系统的整体是行之有效的。

## 4.3 系统思维的思考方法

系统思维的目标是解决各类问题,因此仅搭建一个基础框架是不够的,还要通过各种久经考验的思考方法将问题具体化,一一击破,防止不同方面的问题被混为一谈,难以化解。系统思维的思考方法同其特征分类大致相同,是从整体性、结构性、动态性、综合性方向出发。下面将结合情报的分析过程,说明这些思考方法的具体使用。

### 4.3.1 整体性思考方法

前文已经提到,整体性是系统思维较为显著的特征。所以我们在思考某个事物时,要考虑到该事物的方方面面,把事物本身当作一个诸多要素构成的整体,同时将事物放在更大的整体中去思考。这样可以兼顾到事物内部各要素之间的关系以及事物与周围环境发生的各种联系,在这个基础上制定解决问题的战略或方法。

社会分工随着现代社会的发展不断细化,似乎没有一件产品的生产不需要人们的分工协作。很多事情仅凭一人之力难以完成，这样就带来了合作，有了合作就会有相应的分工。在一个组织中，思考如何分工时，领导者不仅要考虑将合适的人分配到合适的岗位上，还要考虑工作成本、效率、配合程度以及政策等外界的影响。如果不将合作看作一个整体，那么在具体实施的过程中就容易出现环节脱节的情况，大大影响合作完成的速度和质量。

在情报工作中，情报部门的领导者也需要扮演相应的角色，要综合协调好情报搜集、分析研判与情报支持决策的关系。情报搜集人员应及时提供情报分析师所需的各类信息、数据，情报分析师在分析出相应结果后应及时呈报给决策者，决策者依据情报报告发布信息或者采取行动，情报的质量要及时反馈给情报部门，以便调节下一个流程的情报搜集和分析研判方向，这样，情报搜集人员在搜集过程中，就可以有针对性地对人员与周边环境进行搜集。这种闭环工作需要领导部门事先设定清楚，并考虑到情报搜集分析过程中可能出现的各类情况，同时要求每一环节的人员都从全局思考问题，而不应当仅仅就事论事。情报内部的闭环流通和外部的信息交换都离不开全局性的整体思考，以下是一些整体性思考的具体方法：

#### 4.3.1.1 MECE 分析方法

MECE 的全称是"Mutually Exclusive Collectively Exhaustive"，即"相互独立并完全穷尽"，由麦肯锡公司发明并率先使用[1]，它既是一种原则，也是一种方法。对于一个大的系统，MECE 的原则就是合理分类，并穷尽分类下所有的可能性，从而实现对于系统各方面的覆盖。

在思考一个较难的问题时，往往很难实现一步到位。因此，需要将问题逐步进行分解，分解后的每一层级相互并不交叉、重复，而是相互独立的。这些层级叠加起来就构成这个问题本身，没有出现遗漏，也就实现了完全穷尽。举一个简单的例子：在做人口普查时，会对人口最后的总量以及各年龄段的人数进行统计，以此来判断我国青壮年劳动力以及老龄化情况。如果我们将人群年龄段分为 0—20 岁、21—50 岁、51 岁及以上，那么就属于符合 MECE 原则；如果我们只是统计劳动力人数和老年人人数，将人群年龄段分成了 0—20 岁、21—60 岁（在许多人口老龄化严重的国家，60 岁以上工作的人非常普遍）以及 55 岁以上（55 岁许多职业即可办理退休，因此归为老龄人口），这样一来，统

---

[1] Barbara Minto, *The Minto Pyramid Principle*, Minto International Inc, 1996.

计的人数在 55—60 岁就出现了重合，不符合 MECE 原则。

MECE 属于一项思考活动，并不是在表达中使用，因此 MECE 的标准就是越"烦琐"越好，因为这样才能确保问题的方方面面没有被遗漏。而在表达中，则应当有所舍弃，使内容涵盖主题大意即可。MECE 同逻辑树（Issue Tree）在一定程度上具有相似性。逻辑树就是将问题进行分层后，列举所有可能的情况，从而更有针对性地解决。将逻辑树的各子项内容合并同类项，即 MECE 分析法。MECE 的树图就是一种将信息以图形方式组织为互斥且集体穷举的类别方法。整个图代表了当前的问题，来自树图起始节点的每个分支都代表一个需要考虑的主要问题，这些主要问题产生的每个分支又代表一个需要考虑的子问题。对于较难解决的问题，其分支的理想情况是 3 个，最多不超过 5 个。如果不能将问题分类为 5 个主要问题，则可以将多余问题归为"其他问题"类别。在实践中，MECE 多通过二分法、过程法、要素法、公式法、矩阵法对内容进行分类，且常以"原则"的身份出现在其他分析方法中，如"头脑风暴"、"波士顿矩阵"以及"5W1H"等。

这里以公安情报工作举例。在公安情报分析工作中，MECE 原则是保证警种各司其职的重要手段。公安机关虽然是一个整体，但是分为多个警务种类，这些警种各自负责自己所在领域的工作。而我们都知道，情报是一个综合体，因此情报工作是需要进行合成作战的。公安机关有一项重要工作是大型会议的安保，这项工作极大程度地考验了公安机关的综合作战能力。假设某市拟召开一个世界性的贸易会，政府要求对全市安全形势进行情报分析和评估，我们应当从哪些方面入手呢？

首先要列举出所有警种，然后对各警种需要关注的问题进行分析。公安机关包括治安警察、禁毒警察、科技警察、户籍警察、交通警察、刑事犯罪侦查警察、经济犯罪侦查警察、警务督察、监所警察等。关于安保的问题，一般只有督察部门、看守所警察以及法医不会参与其中。因此，要分析其他警种中涉及城市安全的有关情况。治安部门需要密切关注治安类案件的发案数量；户籍部门需要重点关注最近外来迁入人员是否有特殊情况，比如是否有集体迁入、是否有来自案件高危地区人员的迁入、是否有频繁转让出租房的现象等（努力穷尽所有与城市安全相关的数据）；交通警察需要关注近期车辆出入本市的情况，对于反常时间出入本市的反常车辆进行重点布控；刑侦部门需要重点关注近期可能造成社会恶劣影响的案件，如持枪抢劫、黑社会犯罪的情况，并积极收集相应情报；网警部门需要重点关注近期涉及本市贸易会的各类言论，做好网络舆情引导工作，并积极为其他警种提供相关网络情报；禁毒警察要关注近期是否有大宗毒品往来于本市，或是否有影响贸易会召开的贩毒团伙；外事警察则要重点关注本市外国人的往来情况，因为本次会议为世界性会议，会有大批外国人前来参会，要做好其中可能有人混入破坏会议召开的准备。

  以上的情况分析依然比较杂乱，但是我们可以将其分为人员和车辆的安全措施两类，并在此基础上进行进一步的归类，具体如图 4.2 所示。

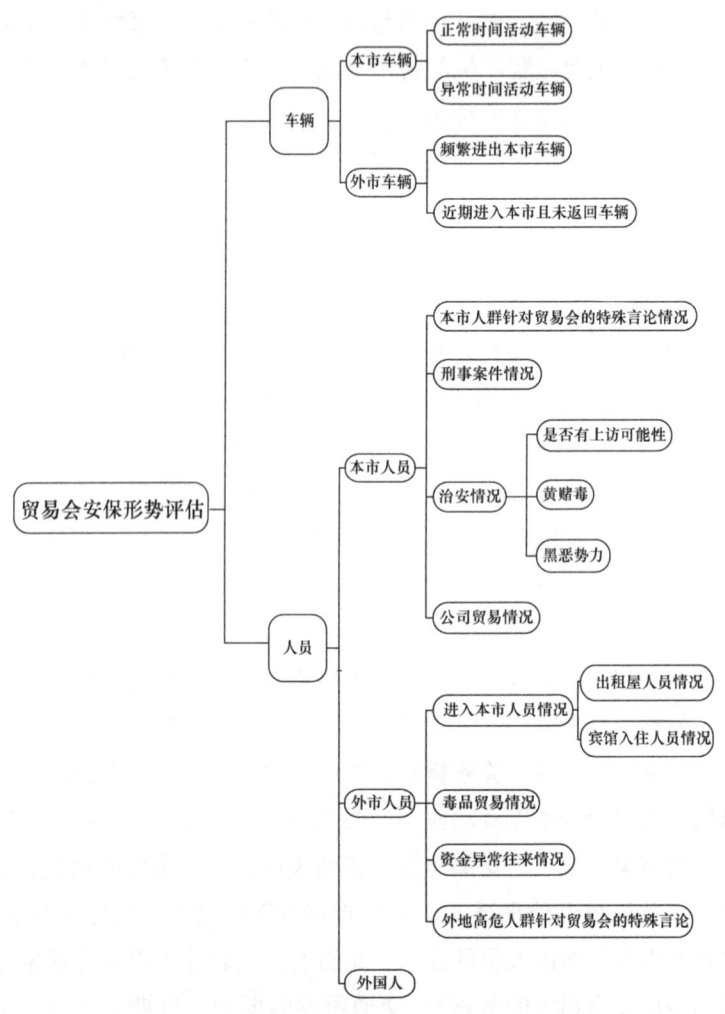

贸易会安保形势评估
- 车辆
  - 本市车辆
    - 正常时间活动车辆
    - 异常时间活动车辆
  - 外市车辆
    - 频繁进出本市车辆
    - 近期进入本市且未返回车辆
- 人员
  - 本市人员
    - 本市人群针对贸易会的特殊言论情况
    - 刑事案件情况
    - 治安情况
      - 是否有上访可能性
      - 黄赌毒
      - 黑恶势力
    - 公司贸易情况
  - 外市人员
    - 进入本市人员情况
      - 出租屋人员情况
      - 宾馆入住人员情况
    - 毒品贸易情况
    - 资金异常往来情况
    - 外地高危人群针对贸易会的特殊言论
  - 外国人

图 4.2 某市贸易会安保形势评估 MECE 分析方法

此例实际上也未能实现全面列举的目的，原因在于公安机关的部分部门可能涉及国家秘密，因此并没有太多公开资料供读者参考。但 MECE 原则的操作步骤基本上就是这样的：

步骤 1：确定范围。思考讨论的问题是什么，想要达到什么目的，范围决定问题的边界。

步骤 2：寻找符合 MECE 分析法的切入点。思考要按什么标准分，考虑项目共同的属性是什么？

步骤 3：查找大的分类后考虑是否可以用 MECE 分析法继续细分。仔细琢磨是不是每一项内容都是独立的、可以清楚区分的事情。

步骤 4：确认有没有遗漏或重复。可以尝试画金字塔结构图查看有没有漏掉什么内容。

#### 4.3.1.2　5W1H 分析方法

5W1H 分析法，又称六何分析法，"5W1H" 是缩写，概括了以下六个问题：什么事？（What）为什么？（Why）什么人？（Who）什么时候？（When）什么地点？（Where）怎么样？（How）这种方法通过询问一组系统的问题，尽可能收集所有必要的数据并草拟现有情况的报告，用以识别问题的性质并精确描述问题背景。这是一种很简单的思考方法，除了管理学人才，也被普通民众广泛接受，被应用于日常的工作、学习和生活中。

5W1H 分析法是由美国政治学家哈罗德·拉斯维尔（Harold Dwight Lasswell）提出的传播学 "5W 分析法"（What，Why，Who，When，Where）发展而来的，后来被广泛应用于企业生产项目管理。在这个分析方法中，最重要的是汇总详尽的问题相关数据。因此，通常使用支持问题最终解决的开放式问题提问，从而有助于查明、阐明和描述问题，更好地了解问题的所有方面，以便提出适当的措施，并应用适当措施改进现有状况。有时这种方法仅被称为"五个 W"，会忽略"How"，认为它不适合该模式，但其依旧在使用。

5W1H 是一个非常有条理的分析方法，它秉承系统思维的理念，将一个复杂的问题，通过对要素的层层剖析和分解后，转化为一个个比较小的问题，分别进行解决。当然，这样做的前提是没有阻断要素之间的关联。5W1H 方法的优势在于它的四个关键特点：第一，简单。无须培训或非本领域专家就能轻松地提出一些问题。第二，系统性。5W1H 法可以使我们每次提出的问题都是全方位的。第三，全面。这种方法不仅全视角获取问题，同时探索全方位解决问题的途径。第四，多功能。这个分析方法可以用于设计新流程，也适用于纠正措施。

通过5W1H方法分析，我们可以明确系统的问题是什么、问题出现在系统的什么位置、系统为什么会出现这些问题、系统何时出现的这些问题、哪些人员导致系统出现这些问题以及如何做才可以解决这些问题，从而对系统进行有针对性的"治疗"。

5W1H方法运用广泛。如：在传播领域，一个高素质的采访者会懂得如何有的放矢地在较短的时间内提出有价值的问题，这就需要使用5W1H方法提前对想要进行采访的问题进行分解；同样，在企业管理中，5W1H方法也可以帮助管理人员更好地意识到企业当前面临的问题，以及究竟从哪里着手才可以解决当下的问题；写报告也是如此，通过5W1H方法，报告人可以很轻松地交代清楚事件发生的情况。5W1H分析法广泛应用于各个领域的主要原因在于其操作简单以及极强的涵盖能力。

下面我们讨论一下5W1H分析法的每个元素：

What：要讨论的究竟是什么问题？讨论的目的是什么？条件是什么？重点是什么？功用是什么？规范是什么？同以前讨论的问题有什么关系？等等。

Why：为什么会出现这个问题？为什么要作这个决定？为什么会选择这个地方？这个事情是否可以避免？如果以后发生了类似问题应当如何处理？等等。

Who：谁来负责这个问题？谁不可能为这个问题买单？谁被忽略了？谁是决策者？这个问题的发生对谁有利，对谁有害？谁还有犯错的嫌疑？等等。

When：需要多久才能解决这个问题？以前是否发生过类似的问题？未来还有可能在什么时间发生此类问题？为什么会在这个时段发生这个问题？等等。

Where：为什么会在这样一个地方（位置）发生这个问题？这个问题会不会在别的地方发生？过去曾经在哪些地方发生过类似的问题？这些地方都有一些什么特点？等等。

How：如何解决这个问题？一般的解决方法以及操作方法是什么？会不会有更合适的操作方法？应当选择什么人员去操作？从整体来看，选择这个方法会不会出现新的纰漏？等等。

通过这样的方式进行情报分析极具针对性。举一例，A市发生一起凶杀案，凶手持刀将被害人杀死后抛尸江边，我们应当如何开展侦查工作？

从What来看，这是一起杀人案件。从Why来看，杀人的动机有多种，如激情杀人、仇杀、情杀、泄愤杀人,具体要通过被害人身上的伤口来判断。从Who来看,如果尸身可以辨认,那么可以通过人脸比对或者寻找失踪人口信息来确定被害人身份;如果尸身难以辨认,就要通过失踪人口信息进行细节比对。被害人身份确定后,要对其社会关系进行排查,看是否有可疑人员存在杀人的可能。从When来看,根据死亡时间推断行凶的时间。抛尸往往是通过车辆进行的,因此要通过监控摸排可疑车辆,尤其是夜间车辆,然后对行车轨迹比较可疑的车辆开展调查。从Where来看,被害人是被杀后被转移到江边进行抛尸的。为什么会选择抛尸到江边呢?因为此处人流量少,被发现的可能性小,且被发现的周期较长,所以根据被害人尸身的腐烂程度确定死亡时间后,要对出入江边的车辆进行排查。通过以上的5W,可以大致得出一个追查的方向,下面就是具体的情报搜集及分析阶段,也就是How。通过调查监控、走访被害人居住地人员、查询被害人话单及社交软件等方式找寻具有嫌疑的人员。

综上所述,5W1H是一个可以帮助人们更明晰地理解和描述情况的出色方法。这种方法有助于分析人员在不割裂整体的情况下查明系统要素出现的问题,并为遇到的问题提供有效的解决方案。

#### 4.3.1.3 5Whys 思考法

5Whys也是一个十分简单但很实用的方法。丰田汽车公司开发并微调了5Whys技术,并将其作为丰田汽车解决问题培训的重要内容。20世纪50年代,丰田生产系统的架构师大野耐一在他的《丰田生产系统:超越大规模生产》一书中将这种方法描述为"丰田科学方法的基础","通过重复'为什么'五次,问题的性质及其解决方案变得清晰起来"。[1] 大野耐一鼓励他的团队研究出现的每个问题,直至找到根本原因。他建议:"观察生产过程时不要先入为主。"[2] 5Whys思考法的关键在于,解决问题的人要尽力避开主观意识或过去经验导致的偏见和逻辑陷阱,从结果入手,利用因果关系链条,穿过不同的抽象层面,对结果进行回溯探究。5Whys思考法与5W1H分析方法不同,5W1H分析方法是对系统要素的分析,5Whys思考法是针对某一问题深入进行探讨,二者存在全面与细节深入的区别。5Whys思考法具体如图4.3所示。

---

[1] T. Ohno, *Toyota Production System: Beyond Large-Scale Production*, CRC Press, 1988, p. 6.

[2] T. Ohno, *Toyota Production System: Beyond Large-Scale Production*, CRC Press, 1988, p. 15.

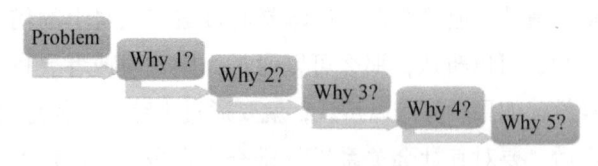

图 4.3  5Whys 思考法

分析人员可以使用 5Whys 方法进行风险源头排除。这是因为 5Whys 法适合在一个方向上不断深入挖掘探究，通常可以迅速引导我们发现问题的根本原因，但在实际上可能有多种原因的情况下容易忽略其他方面的问题。在这种情况下，应采用更广泛的方法，如因果分析与影响分析等可能更有效。因此，只要系统或流程无法正常运行，在尝试采用更有深度的方法之前（当然也是在尝试开发解决方案之前）可以使用 5Whys 法。该工具的简单性也使其具有极大的灵活性，并且 5Whys 法与其他方法和技术（如根本原因分析）可以很好地结合在一起。

该方法使用步骤比较固定，主要分为七步，我们可以结合例子来加以说明：

（1）召集人员。召集对问题细节熟悉的人或者亟待解决问题的人员。此外，还要聘请和该事件不相关的人作为主持人，主持人从旁观者的角度提出问题，反而能有更好的效果，这样整个团队能更专注于确定有效的对策。

（2）定义问题。首先，明确要讨论的问题。每个人对于问题的提问方式可能不一样，想法各有千秋。要想思想一致、确保所有参加讨论的人员商讨的是同一个想解决的问题，最好的办法是以一种大家都认可的、简单明确的陈述描述问题。例如："该犯罪分子为什么会选择 A 地作为犯罪实施地点？""B 车站为什么如此难以管理？"其次，把问题记下来或者放置在投影仪上，并在其周围留出足够的空间，以便为重复的问题"为什么"添加答案。

（3）问第一个"为什么"。询问参加讨论人员为什么会发生此问题，例如："为什么 B 车站最近案件频发？"问"为什么"很简单，但需要认真考虑后才能回答这个问题。经过思索后得出的答案必须是对实际发生的事情的说明，而不是对事情的胡乱猜测，即该回答应当有事实作为依据。这样可以防止"5 个为什么"只能作为演绎推理的过程。如果变成演绎推理，那么在推理的过程中会产生大量的假设、可能，而在追究假设问题时容易造成思维的混乱。例如，可以回答 B 车站案件频发的原因是安保措施做得不到位，同时人流量太大。

参加讨论的人员可能会提出一个十分明显的原因，或者几个合理的理由。将他们的答案记录为简洁的短语（而不是单个单词或冗长的陈述），写在问题陈述的下方或附近位置。短语要具有一定的概括性而不应过于繁杂，例如"外地车流量大"比模糊的"车多"要好。

（4）继续针对上个问题深入提问"为什么"。对于已经在第三步中生成的每个答案，依次询问另外几个"为什么"（可以是四个，也可以是多个），并根据刚刚记录的答案对问题进行流程图的构图。5Whys方法还可以实现多个问题分支的存在。例如，针对刚才的问题，我们就提出了两个分支，即人流量太大和安保措施不到位，那我们就需要对该问题作两个分支的进一步提问。

（5）在合适的时候停止。当询问"为什么"不会再产生有价值的答案时，我们基本就会了解问题产生的根本原因，同时也难以作进一步的研究。在这个时候，具体的解决对策或者对于过程的改进计划基本上也跃然纸上了。如果对于是否已找到真正的根本原因仍持怀疑态度，可以考虑使用更深入的问题解决技术，例如因果分析、根本原因分析等方法作进一步验证。

如果在第三步中确定了存在多个原因，则需要对每个原因的不同问题分支重复这一过程，直至找到每个根源。对于我们在第四步提出的两个分支，可以继续分别提问为什么。

（6）从根本上解决问题。既然已经确定了至少一个根本原因，那么就需要讨论并就可以防止问题再次发生的对策达成共识。例如，针对上述问题提出的根本原因，即未登记人员身份信息、中途人员随意上下车以及安保人员工资低且未经过系统培训等，应提出相应的措施进行整改。

（7）监控所采用的措施。密切监测所采用的对策是否有效消除或最小化了之前的问题。在措施实施的过程中可能需要对其进行反复改进，甚至需要寻求新的措施完全替换原来的措施。如果真的发生了这种情况，最好重复5Whys过程，再次检验我们是否真正找到了问题的根本原因。

### 4.3.2 结构化思考方法

#### 4.3.2.1 结构化思维

人脑处理信息时喜欢有规律的信息，如果一次接收到的信息过多且较为混乱，会使大脑负荷过重，进而在分析问题、提出选择对策时犹豫不决、混沌不明，很难得到最优方案，作出理性选择。如果这种状态持续时间较长，我们的大脑就要罢工，问题并没有解决。而如果我们在面临选择、与人沟通或者解决问题的时候，能够运用一种结构，把所有的碎片信息放入其中，就能大大减轻人脑的负担，更容易地解决问题，这就是所谓的"结构化思维"。

"结构化分析"的起源可以追溯到 20 世纪 80 年代杰克·戴维斯（Jack Davis）率先开始的"替代分析"工作，即用评估替代解释或假设，站在他国的角度更好地理解他国的文化以进行分析。其后，美国中央情报局开始使用替代分析方法追踪政治动荡，预测军事政变。20 世纪 90 年代末，该分析法被广泛使用。2004 年，凯茜·弗森提出将替代分析更名为"结构化分析方法"，罗杰·乔治（Roger Z. George）在此基础上将原有理论整理为诊断方法、逆向方法和想象方法三类。2005 年，"结构化分析方法"作为术语被美国情报界认可并首次使用。[1]

在传统的情报分析中，分析人员由于缺乏对自身思维方式和分析过程的认识，过于依赖直觉和经验，使得分析的过程呈现"黑箱式"不透明的特点，无法有效监控过程、管理变量。[2] 而通过结构化分析方法，可以将分析过程规范化、系统化，还可以外化内部思考过程，使他人可以共享、评判、改进原本的分析过程，避开常见的分析陷阱。[3] 就结构化分析的具体操作层面，小理查兹·J. 霍耶尔（Ricards J. Heuer Jr.）在《情报分析心理学》中通过表格、提纲、树状图、矩阵等若干种工具进行结构化分析，并着重阐述了竞争性假设分析法。[4] 霍耶尔和伦道夫·H. 弗森（Randolph H. Pherson）合著的《情报分析：结构化分析方法》继承发展了霍耶尔所提出的结构化分析的基本内涵，将分析对象分解为若干个部分，按照一定的步骤循序渐进地进行分析，使分析框架可视化。[5] 该书系统阐述了情景与指标、分解与可视化、观点生成、质疑分析、决策支持七大类 55 种分析方法。[6] 萨拉·M. 毕比（Sarah M. Beebe）和弗森在

---

[1] [美] 小理查兹·J. 霍耶尔、伦道夫·弗森：《情报分析：结构化分析方法》，张魁等译，金城出版社 2018 年版。

[2] 陈烨、马晓娟、董庆安：《情报分析中的变量管理——基于结构化分析方法的思考》，载《情报理论与实践》2019 年第 1 期，第 16—21 页。

[3] Pherson, R. J. & Heuer Jr., R., J., "Structured Analytic Techniques: A New Approach to Analysis", in George, R. Z. & Bruce, J. B., *Analyzing Intelligence: National Security Practitioners Perspectives*, Georgetown University Press, 2014, p. 232.

[4] [美] 小理查兹·J. 霍耶尔：《情报分析心理学》，张魁、朱里克译，金城出版社 2015 年版。

[5] [美] 小理查兹·J. 霍耶尔、伦道夫·弗森：《情报分析：结构化的分析方法》，张魁等译，金城出版社 2018 年版。

[6] [美] 小理查兹·J. 霍耶尔、伦道夫·弗森：《情报分析：结构化分析方法》，张魁等译，金城出版社 2018 年版。

《情报分析案例：行动中的结构化分析》中通过对多个情报分析案例的系统设计，展示了结构化分析方法在实际问题中的应用和解决。[1] 按照作者的思路，情报工作中，在案件调查、形成初步分析基础、描述性分析、形成假设、解释评估预测，以及建立模型、质疑、自我批评等环节，都有不同情境下的结构化清单。

相比于国外对结构化分析方法的关注，国内的研究较为单薄，李景龙在《情报分析：理论、方法与案例》一书中通过案例对结构化分析方法进行了专题阐述。[2] 陈烨等在《情报分析中的变量管理——基于结构化分析方法的思考》一文中运用交叉影响矩阵法、指标因子法等对朝核问题变量展开了结构化的分析。[3]

4.3.2.2 结构化思维的重要性

在咨询行业，一个非常成熟的项目经理，每小时咨询费接近人民币 3000 元，但经理对所咨询领域的理解并不多于咨询客户，那是什么让这个行业有如此的高价值？这是因为咨询经理善于使用结构化思维帮助客户解决问题，如我们所熟知的麦肯锡 7S 模型、波士顿矩阵（BCG Matrix）等。具体而言，结构化思维的作用体现在：

（1）帮助分析人员更全面、更系统地思考，将复杂的问题简单化。

（2）方便分析人员与人更好地进行沟通，使其可以准确、有逻辑地表达内心的意思，以使对方准确接收、快速理解。

（3）帮助分析人员建立自身的知识体系，整合互联网时代碎片化、杂乱无序的信息。而且建立起知识体系之后，再接触新的碎片信息，可以迅速地理解。

总的来说，结构化分析对分析人员解决问题、与对方进行沟通、理解学习等益处良多。

4.3.2.3 结构化思维的训练

许多人认为结构化思维是天生的思维方式，无法经过后天习得，但其实结构化思维不仅价值高、值得训练，而且训练习得的可能性也很大。那么，当我

---

[1] Sarah M. Beebe & Randolph H. Pherson, *Cases in Intelligence Analysis: Structured Analytic Techniques in Action*, CQ Press, 2014.

[2] 李景龙：《情报分析：理论、方法与案例》，时事出版社 2017 年版。

[3] 陈烨、马晓娟、董庆安：《情报分析中的变量管理——基于结构化分析方法的思考》，载《情报理论与实践》2019 年第 1 期，第 16—21 页。

们面临难题时，该如何训练自己运用结构化思维呢？下文将主要介绍两种方法：一种是自上而下找结构，另一种是自下而上归纳提炼结构。

（1）自上而下找结构

此种训练方法是先思考建立起一个框架，然后将信息或解决方案放入框架内进行分析，具体如图4.4所示。我们可以通过一个案例来进行演示，例如：如何看待我国奶制品行业当前所处的宏观大环境？如果不利用结构化思维，直接进行思考，可能我们的回答就会类似"最近整体经济大环境不太好，所以应该会下滑"。这种结论看似合理，但缺乏逻辑、比较片面且主观，在进行商业谈判或与他人进行沟通时弱势会十分明显。而我们利用结构化思维方法进行分析时，情况便完全不同。宏观环境分析比较常见的结构是PEST［Political（政治层面）、Economic（经济层面）、Social（社会层面）、Technological（技术层面）］，可以利用这个结构把我们的观点都放进去。比如，在政治层面，近年来由于奶制品贸易"绿色壁垒"的存在，特别是欧美、日本以保护自然环境、生态资源为由多次提高奶制品检验标准，对奶制品严格认证和审批，恶化了奶制品行业的出口环境。接着可以从经济层面、社会层面、技术层面分别分析论述。

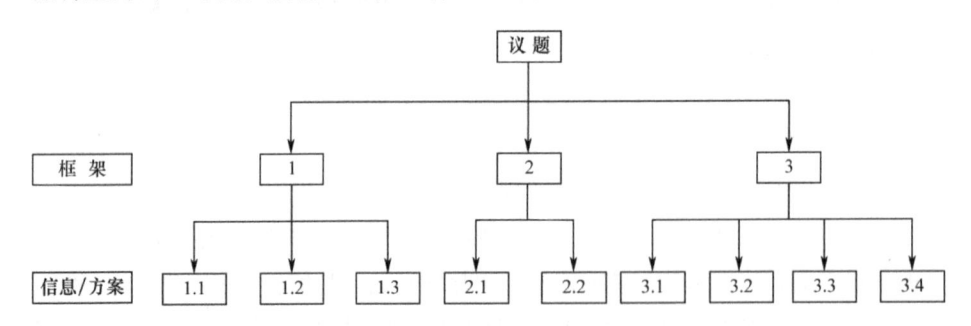

图4.4 结构化方法：自上而下

但是，我们要思考的问题数量多、形式杂，并不是每一个问题都能轻易地找到相应结构，当大脑中缺乏现成的结构时，我们如何进行结构化思考呢？此时就要用到下文介绍的方法，即自下而上归纳提炼结构。

（2）自下而上归纳提炼结构

当面临不知道使用何种结构的问题时，可以采用自下而上的方式按四个步骤归纳总结出问题的结构：

第一步，头脑风暴。首先准备好一张纸，然后将可以想到的关于这个问题的所有碎片化的想法都写到纸上，也可以通过与其他人交流不断扩展思路。

第二步，思维连线。当所有的想法都被写出来的时候，将思维片段中类似的想法进行连线，按所连线的情况对其进行分组。

第三步，提炼结构。通过观察对思维片段的分组，寻找其中的规律，沿着规律再次补充和调整思维片段的分组。这时需要用到 MECE 原则，即相互独立、完全穷尽原则，对思维的分组进行最后的调整，而最终的分组就是这个问题的思考结构。

第四步，补充观点。在确定问题的结构之后，按照结构再补充其他信息，最后完善思路。

下面我们用一个案例来训练一下大家对这种方法的使用：

小刘是一名工科刚毕业的大学生，性格外向，现在来向你咨询就业建议。他已经获得了两个 offer：一个是销售岗位，一个是技术岗位。你将如何给出小王就业建议呢？

第一步，头脑风暴。工科，具备技术知识；刚毕业，没有工作经验；性格外向，擅长与人沟通相处；销售岗位奖金高，技术岗位基本工资高；销售岗位晋升容易，技术岗位更稳定但晋升较慢……

第二步，思维连线。具体如表 4.1 所示：

**表 4.1　小刘就业咨询思维连线**

| 收入相关 | 性格相关 | 知识和经验相关 |
| --- | --- | --- |
| 技术岗位基本工资高，而销售岗位的奖金高 | 小刘性格外向，擅长与人交往，更加适合销售行业 | 小刘工科出身，符合技术岗位的专业要求 |
| 销售岗位比技术岗位晋升更容易，晋升会伴随加薪；技术岗位晋升较慢，且薪资天花板较低 | …… | 小刘刚刚毕业没有工作经验，无论是销售岗位还是技术岗位 |
| …… | …… | 销售的相关知识小刘未接触过 |

第三步，确定结构。根据 MECE 原则，这些分组需要相互独立、完全穷尽。收入、性格、知识和经验三个组别是相互独立的，但是并不能保证这三个分组完全穷尽了，比如沟通能力、科研能力等，还有小刘自己的爱好。经过对结构的扩展，我们可以将分组确定为：收入、性格、能力、知识和经验、爱好。但如此一来，这五个分组就不完全独立了，因为性格与爱好、能力与知识和经验之间的关系十分紧密。我们可以将性格与爱好组合在一起，将能力与知识和经

验组合在一起，变成收入、性格/爱好、能力/知识和经验三个分组。这三组相互独立且完全穷尽，符合 MECE 原则，但似乎并不通顺易理解。通过对这三个分组进一步分析，我们会发现，性格、爱好是在表达是否感兴趣，能力、知识和经验体现的是是否擅长，所以我们可以将结构调整为收入、兴趣、擅长与否。

第四步，补充信息。比如，在收入这一组，除了基本工资、奖金、晋升加薪速度，还应考虑福利的差异等其他方面。最终形成对于小刘的职业选择建议。

#### 4.3.2.4 寻找思维结构的技巧

（1）通过常见结构类型来推导结构

"他山之石，可以攻玉。"当思考问题毫无头绪时，可以依托二维矩阵等常见的思维结构来辅助分析，我们会发现寻找我们所面临问题的思维结构更加容易。下面是一些常见的二维矩阵及其他结构类型：

- 二维矩阵类：任务分析矩阵（紧急性、重要性）、波士顿矩阵（市占率、增长率）、安索夫矩阵（新/老产品、新/老市场）。
- 流程类：产品价值链、客户生命周期。
- 三要素类：3C 战略三角［Corporation（公司）、Customer（顾客）、Competition（竞争对手）］。
- 利益相关方类：波特五力模型（供应商的议价能力、购买者的议价能力、潜在竞争者进入的能力、替代品的替代能力、行业内竞争者现在的竞争能力）。

（2）通过学习知识来积累结构

我们对学习、工作和生活中所积累的知识加以应用，就可以内化为能力，形成我们自己的思维结构。比如，通过阅读管理学书籍了解到马斯洛需求层次理论。但了解到的只是知识，如果在分析问题时可以把马斯洛需求层次理论应用于搭建思维结构，就可以让思维结构更加严谨、沟通更加清晰，进而内化为能力。

所以，我们对日常中学习到的知识不应只满足于了解，而应该有意识地将其转化为自身的能力。以下列举了一些日常的训练方法：

- 积累结构：看书或工作中接触到有意思的理论时，思考出它的三个应用，可以把它记下来随时翻看，并且对所积累的理论进行分类。如价值链类、三要素类等。
- 写文章：运用结构化思维和所积累的结构素材定期写文章，如一周一篇。如果时间来不及，可以只列出文章的结构框架。

- 讲议题：每天利用15—20分钟给自己一个议题，然后利用结构化思维解决问题、论证观点。可以通过写或说的方式将其表达出来，在这一过程中尽量使用所积累的结构素材。

#### 4.3.2.5 情报分析中系统思维的障碍及结构化分析方法

随着现代信息技术的不断进步和人们思维能力的提升，情报分析正在从强调单个分析师的个人能力转变为强调分析团队的共同协作。为了更好地实现这一转变，美国的情报分析专家提出了一系列的结构化分析方法来帮助团队成员进行思考，克服个体分析师先天存在的认知偏见。本小节的主要目标就是介绍其中几个具有代表性的结构化分析方法，它们包含的分析技术将有助于分析人员解决日常的情报问题，如社会发展带来的复杂问题、搜集信息的不完整导致的情报模棱两可，以及人类固有的局限性造成的情报困局等。受国家政策影响，美国情报机构发展较为成熟，因此其成功的经验或失败的教训经常被作为经典案例进行解析，其针对国外恐怖组织和地区恐怖袭击的分析过程也十分值得借鉴。

针对国外的情报分析，最具挑战性的就是了解敌对势力的意图和能力，尤其是当恐怖组织将其领导成员转移或隐藏时。此外，全球化带来的跨国威胁使分析变得更为复杂，一起案件往往会涉及多个参与者（包括非国家实体），这些参与者可以快速适应和转变自己的角色，这可能会降低情报机构对其的风险评级。全球化也增加了结果的多样性。

面对海量的信息，分析人员的分析难度也会成倍地增加。分析团队所面临的最大障碍就是从爆炸式增长的信息中找出相关信息，同时还要处理通过开源情报和秘密手段获取的自相矛盾的数据。此外，团队还必须准确识别出敌对国家或势力用来误导我方情报组织的欺骗性手段。而结构化分析方法作为一种系统的方法，在实施之前就考虑了一系列替代性的方案与结果，因此这种方法可以确保分析人员不会忽略潜在的相关假设和支持信息，从而错过重要的线索，影响最终的情报产品。

人类的认知偏见也是情报分析师考虑使用结构化分析方法的一个重要原因。正如霍耶尔主张的那样，所有人都通过"心理模型"（有时也称为框架或思维定式）来吸收和评估信息。这都是基于经验的假设和期望，涉及一般领域和更具体领域的世界。这些先入为主的思维将极大地影响分析师对于信息的接受程度。

简单来说，认知偏见即人们在处理复杂问题时，为了省时省力，根据以往经验，采取各种简化策略来减轻思考和决策时的思维负担。这样的做法可能会造成错误。

"心理模型"对处理那些数量庞大但是需要人们理解后才能筛选的信息至关重要。但"心理模型"可能导致分析师忽略、拒绝或忘记与他们的假设和期望不符的重要信息。经验丰富的分析师由于其专业知识和过去使用经过时间考验的"心理模型"的成功经验，可能更容易受到思维定式的影响。先入为主非常容易造成分析师一旦感知到他们期望的信息或线索，就形成一种固有的想法，它会无视后面出现的或隐晦或明显的反面线索。与思维定式冲突的信息总是容易被分析师选择性忽略。根据美国政府在其情报分析培训官方教材[1]中所阐述的内容，常见的感知与认知偏见包括以下几个方面：

(1) 感知偏差

期望：我们倾向于感知我们期望得到的信息；对与预先感知不符的想法，需要大量明确的信息来认可。

感知偏差包括两个特性：一是抵抗性。即使面对新的有力证据，固有感知也会本能地抵抗。二是歧义。最初由于信息的纷杂，大量信息相互矛盾，其造成的歧义可能会一直干扰准确的感知，即使在获得更多更好的信息之后也是如此。

(2) 预估结果概率大小时的偏见

可用性：概率估计受一个人对事件的接受程度或是否碰到过相似情况的影响。

锚定：响应对新信息的进一步分析，仅对概率估计进行增量调整。

过度自信：在将确定性感知转化为概率估计时，人们通常会过分自信，特别是如果他们具有丰富的专业知识。

(3) 评估证据时的偏见

一致性：分析师对于从少量一致数据中得出的结论比从大量不一致数据中得出的结论更有信心。

丢失的信息：即使知道该信息可能没有用，也很难很好地判断缺失证据的

---

[1] *A Tradecraft Primer: Structured Analytic Techniques for Improving Intelligence Analysis*, American Psychological Association, 2009.

## 第 4 章 情报系统思维

潜在影响。

信誉不佳的证据：即使支持某种看法的证据被证明可能是错误的，但这种看法也可能不会迅速改变。

（4）感知因果关系上的偏见

理性：事件往往被分析人员视为有序因果模式的一部分。而突发性事件也往往被解读为具有随机性、偶然性，或者是错误发生的。

归因：将他人的行为归因于个人或国家的某种固定性质，并简单地认为他们因此被蒙蔽，而我们自己的行为归因于我们明智地发现了这一情况。

情报分析师必须通过应用结构化分析方法主动评估其思维定式的准确性，这将使预期"心理模型"更加明确，同时也可凸显出其预先假设，防止关键证据被忽视。

结构化分析方法主要在以下方面起到作用：

- 将更多结构化内容注入情报分析中。
- 通过阐明和挑战关键假设使分析论点更加透明。
- 激发更具创造性的"开箱即用"思维。测试替代结果，即便是可能性很小的结果，以查看当前手头上的数据是否可以支持这些结果。
- 识别并确定可以减少意外事件的变化指标，从而尽量确保分析结果不会出现意外。

将通过这些方法得出的发现整合到我们的情报产品中，形成的情报产品还可以通过以下方式为领导层服务：

- 突出可能改变关键评估或预测的潜在变化。
- 识别可能阐明与政策选择相关的风险和成本的关键假设、情报空白和分歧。
- 探索可能需要采取政策行动的替代结果。

下面将着重讲解两种容易理解和使用的技术，即魔鬼代言人和竞争性假设分析（Analysis of Competing Hypotheses，ACH）。希望可以帮助分析人员以及团队更新他们的思维方式。

当然，还有很多更复杂的分析方法，需要更高程度的分析能力、资源投入和时间。许多方法将多种功能进行组合，以期实现结果准确度的最大化。应用这些方法尽管并不能完全保证分析的准确性或判断的准确性，但确实可以提高情报评估的可信度以及产品在决策者眼中的分量。正如霍耶尔在其关于认知偏见的工作中指出的那样,通过改善认知偏见的措施,可以帮助提升分析的准确性。[1]

一是魔鬼代言人。

团队进行工作时,经常由于平衡各方观点难以作出恰当的决定,从而拖累了团队的绩效。实际上,影响团队绩效的关键因素之一就是团队采用的决策过程。但是,许多人并没有使用结构化的方法来解决问题和作出决策的意识,而团队也因缺乏结构性思考进退两难。

冲突对于一个团队来说十分重要,它能帮助团队更为深入地分析当前的问题,使团队中得到普遍认可的想法同其他想法进行碰撞,从而使团队合理作出决策。这是一个简单的过程,被称为"魔鬼代言人"。

魔鬼代言人是一个简单的结构化分析方法,它在适用于挑战关键情报问题的分析共识或看似唯一合理的关键假设时最有效。对于那些决不允许犯错的问题,魔鬼代言人会对已经受到众人认可的主流观点进行严格审查,可以为最终的分析产品多提供一份保障,为使用者增强信心。如果个别分析师对一个得到普遍认可的观点存有疑问,则可以通过主动扮演魔鬼代言人或者由决策者指定一个思维敏捷的分析师对这种观点进行挑战,以检测这一观点是否存在漏洞。

我们也可以创造这样一个环境:分析人员或团队可以在工作过程中对关键判断和主流观点进行回顾与检验,甚至可以重新制作一份独特的分析产品,该产品支持所有与现有主流观点相反的参数和数据。尽管这可能会使分析人员多花费一些时间和精力,但是当一组分析人员针对某个问题已经进行了很长时间的研究时,假设这一组分析人员都有着一定的思维定式,使用魔鬼代言人方法对现有推断进行严格审查是绝对值得的。

(1) 方法价值

分析人员有义务让政策制定者了解他们自己的分析判断在哪些方面可能存在弱点,容易成为不稳定的因素。因此,需要通过以下方式寻找当前分析判断中的弱点,或者通过这种方式证明当前观点的天衣无缝,以增强决策制定者的信心:

- 对主流观点进行推导,以查看在某些假设情况下是否有不成立的可能。
- 识别会破坏主流观点判断的任何错误逻辑或信息。

---

[1] Richards J. Heuer, *Psychology of Intelligence Analysis*, Center for the Study of Intelligence, 1999.

- 提出可替代的假设，这些假设可以解释当前可供分析人员使用的信息。

这种方法的主要价值是检验占据绝对地位的思维定式是否正确，即使是长期关注此问题的业内顶尖分析人员也有可能因为团队影响被动接受某种思维定式而不自知，他们当然地认为主流观点是关于问题唯一合理的方案。这种心态使与主流观点相矛盾的证据没有被给予足够的重视，从而忽视了某种可能。

即使魔鬼代言人提出的驳斥主流观点的新假设被推翻，但至少可以证明：第一，当前的分析思路是合理的；第二，主流观点仍然是最有力的，但是在某些方面需要进一步分析；第三，当前观点在逻辑上和重要证据上的一些缺陷表明，分析思路还有需要完善的地方。

（2）使用程序

- 确定需要小组分析和解决的问题，同时确定关于问题的主流判断和关键假设，列出支持当前分析观点的证据。
- 选择容易被推翻的一个或多个假设（已陈述或未陈述的均可）。
- 审查手中现有的所有信息，保证其是真实有效的，防止信息噪声影响评估的准确性。
- 将可能支持替代假设或与当前主流观点相抵触的证据单独列出，防止被忽略。
- 将当前小组分成两个大小相等的子小组。分配一个小组扮演魔鬼代言人（Devil's Advocate，以下简称"DA 小组"），另一个小组制定一个肯定的建议（Affirmative Recommendation，以下简称"AR 小组"）。
- 指示 AR 小组持有当前主流观点，并要求该小组将观点、假设与相关证据写在白板上。同时，指示 DA 小组将主流观点中容易被推翻的假设列出，并在白板上写明这些假设及相应的数据和事实，为反驳做准备。
- 两个小组展开对话。AR 小组向 DA 小组提出其观点和假设。DA 小组对观点进行批评，试图发现所有与现存观点的事实和数据不相符的地方，并解释为什么应该修改这一观点。
- 小组对话暂停，AR 小组修改其观点以回答批评，DA 小组继续寻找更多有效的批评、建议。
- 重复以上两个步骤，直到两个小组都可以接受当前的观点、假设和证据。

两个小组就建议的解决方案达成共识后，魔鬼代言人过程结束。

二是竞争性假设分析法。

竞争性假设分析法（ACH），最初由霍耶尔在其论著《情报分析心理学》中提出，供情报领域的从业人员使用，也是一种系统的决策方法。

(1) 何时使用

根据霍耶尔的说法，当需要吸收和评估大量数据时，竞争性假设分析被证明是一种非常有效的技术。这种方法对于可相互质疑对方对证据的评估的小型团队而言是很有效的，单个分析人员也可以使用这种方法进行分析。当数据量很大且含有无效信息时，分析人员需要花费大量时间筛选出有用的信息，而开发假设矩阵并将已收集的信息加载到矩阵中，则可以在一天或更短的时间内完成。

(2) 方法价值

ACH可以帮助分析人员克服三个常见的缺点与不足：一是由于数据的不完整性，当前的分析结果看起来是唯一解，实则可能是因为分析人员受到固有印象的影响。二是分析人员很难在项目开始时就提出完整的解释或假设。三是分析人员通常会不遗余力地寻找证据来支持他们偏爱的假设，但对于不支持其假设的证据却选择性忽视。这些缺点与不足可能导致预测不准确。

ACH对于公安机关同样非常适用，它可以帮助情报分析人员解决犯罪分析相关的许多关键问题。霍耶尔在《情报分析心理学》中列出了ACH的几个关键要素，这些要素使其有别于其他形式的分析，该方法也可有效地用于犯罪问题的分析。首先，通过生成一系列可能的替代假设来启动ACH的分析过程。对于给定的问题，ACH不局限于分析人员希望验证的单个可能替代方案，而是以同等方式考虑和探索多个假设。其次，ACH在确定给定假设的可能性时，力求指明并突出那些具有最大"诊断价值"的证据。最后，ACH与传统的分析形式相反，它通过"寻求证据来驳斥假设"，而不是通过寻找证据来验证可能的假设。其重点放在识别"削弱"假设的证据或信息上，而不是支持该假设的证据。

(3) 如何使用

ACH方法要求分析人员明确识别所有合理的替代假设，然后针对每个假设排列证据，而不是一次评估每个假设的合理性。为了创造一个公平的竞争环境，该过程必须：第一，确保在考虑每种假设时，对所有信息和论点进行评估并给予同等的重视或权重。第二，防止分析人员过早排除特定的解释或假设。第三，防止分析人员因为人的天性，而忽略或轻视看似与当前论点不符的信息。

该过程应遵循以下步骤：
- 在持有不同观点的分析人员之间进行头脑风暴，以识别所有可能的假设。
- 列出与所有假设有关的重要证据和论据。
- 制作矩阵，矩阵第一行为各种假设，每条证据置于矩阵左侧第 1 列，通过对比确定每条证据与假设是否一致。
- 优化矩阵并重新考虑假设。有时，分析人员需要添加新的假设并重新检查可用的信息。
- 专注于找出反对假设的证据，而不是想办法证明假设。将每条反对假设的证据列出，以了解证据对每条假设的反对力度。
- 分析假设的结果对一些关键证据的敏感程度，思考如果有一些关键证据是错误的或具有误导性，那么将如何影响结果的有效性。
- 考虑是否有其他证据暂时没有被发现，但是该证据对于假设的成立十分重要。考虑这些潜在的证据是否也有可能是错误的或具有误导性。
- 报告所有结论，并考虑所有假设成立的可能性，包括关键证据较少的假设。
- 识别和监控与整套假设一致和不一致的指标，将其分为两组。针对与假设不一致的指标，思考这些指标在什么方面削弱了假设的可能性。定期验证一致性指标、比对不一致性指标，并随时关注新获得的信息对假设的影响。

为帮助读者更好地理解，这里举一例说明该方法的应用：A 城 B 区最近街头抢劫事件频发，引起了媒体的广泛关注，这给 A 市公安机关带来巨大压力，领导层要求总部情报分析人员找出其中原因。

分析人员的第一步是建立一套合理的假设，并向该地区的警务人员、教育机构人员和街头青年寻求意见。警务人员认为，这些事件本质上较为复杂，主要还是由贫困引起的。当地学校的老师表示，学校内部长期存在欺凌问题，而且不断有关于偷窃的消息。一名长期混迹街边的青年表示，各种散乱的青年帮派可能是造成街头犯罪人数增加的原因。混迹街头的年轻人为了加入某一个帮派，需要单枪匹马地做一些违法的事来证明自己的胆量，为自己争取加入帮派递上"投名状"。

分析人员根据近几个月的抢劫案，总结出以下规律：第一，80% 受害者的年龄在 13—16 岁，非常集中。第二，超过 90% 的案件发生在工作日的固定时段

(15：00—18：00)，且多集中在主要公共交通枢纽周围的街道上。第三，罪犯的年龄特征与受害者的年龄特征非常相似。第四，部分罪犯会在有同伴放风的情况下将被盗的物品归还给受害者。虽然这种情况仅占抢劫案的20%，但可以推断出这部分抢劫者并非为了劫财，而是为了羞辱被抢劫者。

根据以上规律，分析人员提出了三种假设（Hypotheses，以下用 H 表示），即校园霸凌、帮派"投名状"、对财物的欲望，并总结了五条证据（Evidence，以下用 E 表示），制作了一个竞争性假设分析矩阵。对于支持该假设的证据，以"+"表示（记1分）；对于反对该假设的证据，以"-"表示（记-1分）；对于与假设无关或中立的证据，以"0"表示；如果证据强烈证实（反对）了该假设，则所使用符号的数量可以增加一倍。具体结果如表4.2所示。

表 4.2 关于街头抢劫的竞争性假设分析矩阵

| 证据 | H1<br>（校园霸凌） | H2<br>（帮派"投名状"） | H3<br>（对财物的欲望） |
|---|---|---|---|
| E1（被抢劫的多为高中年龄的年轻人） | + | 0 | - |
| E2（抢劫的时间与空间非常集中） | 0 | - | - |
| E3（实施抢劫的人多为高中生年龄） | + | + | 0 |
| E4（在大多数案件中，财物被永久性带走） | 0 | - | ++ |
| E5（部分案件抢劫者的目的是侮辱被抢劫者） | + | + | - |
| 总得分 | 3 | 0 | -1 |

根据矩阵可以看出，分析人员暂时掌握的证据对校园霸凌这一假设的支持力度是最强的。但是，证据绝不仅仅只有这五条，分析人员应当尽力找出更多支持 H2 和 H3 的证据，来反驳 H1 的可能性。如果找出的证据并没能有力地反驳 H1，那么分析人员应当将校园霸凌作为分析的结果递交给领导层。警务部门可以从解决校园霸凌问题入手，尝试能否降低抢劫犯罪率。如果不见效，分析部门需要寻找更多的证据来进行矩阵的再加工。

限于篇幅，这里仅介绍了假设验证的结构化方法，其实在情报分析整个流程中，从数据获取、上手分析、建立模型、解释和评估、预测性分析到质疑、自我批评等环节，处处可以应用结构化方法。

### 4.3.3 动态性思考方法

系统思维是一个架构，除了提供给人们整体和关联地看待事物和问题的视角,还让人们看见了事物和问题渐渐变化的形态。系统思维蕴含了非常广泛的内容,这是其从 20 世纪初到现在不断发展的结果,其跨越了很多看似完全不同的领域,如社会科学、管理学、数学等。正是系统的动态发展,使系统思维变成了现在大家所看到的较为成熟的原理。

现代技术的发展促使当今世界更加复杂多变,对系统思维的认知需要更加迫切。人类已经进入信息爆炸的时代,制造出了多得靠人工无法处理的数据量,而社会分工的不断细化使任何人都无法单独处理问题,必须与他人合作,复杂的程度是空前的。在公共安全领域,到处都是"整体性故障",如网络诈骗、恐怖袭击、跨国犯罪、全球范围的传染病等,这些问题都不只是简单的局部因素造成的。尽管现代社会有技术与人才支撑,但大量的团体组织还是常常垮掉,因为他们无法把组织优势与技术、人才结合在一起,成为一个有机的整体。简单来说,就是他们不具备系统思维能力。

前面论述的整体性和结构化方法,关注问题静态情况下的复杂性,然而现实生活中,针对某一问题采取一定措施,在短期和长期往往会有不同的效果,这就涉及"动态性复杂"。例如,某些企业在分析管理方法时使用大量复杂的预测与分析工具,形成了洋洋洒洒的策略规划报告,但对于经营管理却没有取得很大成效,这是因为其过度关注"细节性复杂"而忽略了"动态性复杂"[1]。如果同样的作为,在系统一部分所引起的效应,与系统中另一部分所产生的效应相差巨大,那么有可能是某一部分具有"动态性复杂"的缘故。当确定万无一失的对策在实施后却产生了完全不同的效果时,说明系统具有动态性复杂特性。

"动态性复杂"对其干预事物的影响,需要经过一个量变的过程,在一段时间内并不明显。传统的分析预测方法难以处理这种动态的复杂。按照步骤组装一台汽车、米其林三星厨师制作一道十分复杂的菜式、小孩子玩儿拼图等,所涉及的都只是"细节性复杂",并非"动态性复杂"。而任何机构必须花费许多人力、物力、财力才能研制出一个新的成果,一个部门方案的制订可能要花费数个星期,培训新人要花费数个月,更不用说发展产品、建立品牌、培养人才之类的事情了,这些过程是持续进行的,其动态复杂性可想而知。

---

[1]《第五项修炼之"系统思维"与"动态性复杂"》,载新浪博客,http://blog.sina.com.cn/s/blog_4ac50c6801000dre.html,2020 年 5 月 18 日访问。

大多数情况下，真正关键之处在于了解系统的"动态性复杂"，而非"细节性复杂"。如何在情报分析与部门预算之间保持平衡，是一个动态的问题。如何配置分析人员、搜集人员、搜集工具与分析技术、训练预算，以产生最有效的分析产品，实现情报分析效益的最优化，也是一个动态的问题。及时预警、降低分析成本，使领导层满意，以取得足够支持，更是个动态的问题。如果过度关注"细节性复杂"，只会分散、消耗分析人员的精力，导致分析人员难以聚焦那些主要的互动关系及其变化形态。对大多数的人来说，系统思维就是"以复杂对付复杂"，他们往往会使用更加复杂的方法来化解复杂的问题。事实上，这和真正的系统思维正好相反。

下面介绍一些动态思考的方法：

#### 4.3.3.1 PDCA 循环与问题解决

PDCA（Plan – Do – Check – Action），有时称为 PDSA（Plan – Do – Study – Action）[1]、"戴明环"或"戴明周期"，由著名的管理顾问威廉·爱德华兹·戴明（William Edwards Deming）博士于 20 世纪 50 年代开发。戴明称其为"休哈特循环"，因为他的模型是基于其导师沃尔特·休哈特（Walter Shewhart）的想法。

戴明创建这种方法期待用它来识别产品未能满足客户期望的原因。因为该种方法得到的解决方案可以帮助需求方提出有关需要更改的假设，然后在连续的反馈循环中对其进行测试。

PDCA / PDSA 是一种迭代的四阶段方法，用于不断改进产品流程或服务以及解决问题。它通过系统计算提出可能解决问题的方案、评估结果并实施已证明可行的解决方案。PDCA 本为一种科学的工作程序，是产品质量控制的一个重要原则，不仅能控制产品生产管理的过程，还能有效控制工作质量和管理质量。其包含四个具体的阶段：

计划：分析已发生的事实，明确需要解决的问题，查询可发掘的机会，提出解决问题的方案假设，并通过讨论确定方案进行测试，使其能实现预期的目标。

---

[1] 戴明使用了计划—测试—研究—行动（PDSA）的概念。他发现，对 Check 的关注更多的是关于变更的实施。戴明的重点是预测改进工作的结果，研究实际结果，并进行比较以修正理论。他强调说，从学习中发展新知识的需求始终以一种理论为指导。

测试：在解决方案正式提出之前，可以小规模地测试可能的解决方案，然后对测试结果进行分析比对。

检查/研究：对测试结果进行检查与研究，衡量其有效性并确定该测试方案是否真的可以投入使用。

执行：如果解决方案可行，立即将其投入正式的使用。随着研究者对问题的不断优化、重新测试和试用潜在解决方案，"检查"和"执行"阶段或许会产生多次迭代，属于正常现象。

那么如何具体使用这一循环呢？遵循以下四个步骤，可以使我们以严格系统的方式解决问题并实施解决方案：

计划阶段：首先需要搞清楚系统出现的问题或我们想要抓住并利用的机会。通过发现问题、进行实时调查、针对问题进行定义、汇集想法、选择和评估、规划，可以指导我们完成信息的探索、问题的讨论和计划的生成等一系列过程。这一阶段，我们应当明确对于最终结果的期望值，以便第三阶段进行检查。

测试阶段：确定潜在的解决方案后，可以通过一个小型试点项目对方案进行测试。这将使我们能够评估所提议的更改是否达到了预期的效果，如果该项目未达到预期的效果，也要最大限度地降低问题对系统中其他部分的影响。例如，可以在一个部门内、一个有限的地理区域内或一个特定的人群中进行这个试验。在运行试验项目时，应当收集数据以验证更改是否有效，收集的数据在下一阶段将起到关键的作用。需要注意的是，在该阶段，Do 表示"尝试"或"测试"，并不意味着"完全实施"。

检查/研究阶段：在此阶段，需要根据在计划阶段明确的期望值来分析试点项目的结果，以评估该方案是否奏效。如果未能取得满意效果，则需要返回计划阶段。如果认为还算成功，将继续进行执行阶段。

我们可能会尝试很多的备选方案，然后重复测试和检查阶段。不要勉强自己接受一个不尽如人意的解决方案，只有当我们对测试的结果真正满意时，才能进入最后阶段。

执行阶段：这是我们实施解决方案的阶段。但需要明确的是，PDCA 是一个循环的过程，这意味着我们改进的流程或产品将成为新的基准，我们需要继续寻找更完美的替代方案，以提高工作效率。

PDCA 在使用时，具有三个特点：首先是循环的周而复始。PDCA 的四个阶段不是运行一次就终结，而是不断地进行循环。问题经历了一次循环后可能只得到了部分解决，并未被根本解决，或者又出现了新的情况，所以需要进行下一个乃至数个循环，如图4.5所示。

图4.5 周而复始的PDCA循环

其次是大循环带小循环。一个有组织的整体运行体系与其内部各子体系的关系，是整体运行带动子体系运行的有机逻辑组合体。例如，在进行情报分析工作时，情报机构就某一案件处于计划阶段，但对于计划阶段来说，其又分为提出假设、搜集相关情报信息、设定问题可能方案等阶段，检查方案并予以完善后，才可以将这一方案放在大循环中进行循环，具体如图4.6所示。

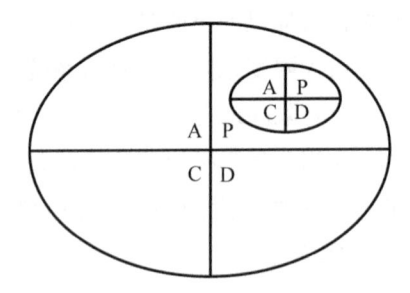

图4.6 PDCA的大循环带小循环

最后是螺旋式上升。PDCA的循环并不是水平循环，而是处于不断上升的状态，通过不断解决问题，提出的解决方案也愈发有效。

为了增强情报分析流程的流畅性，防止遗漏重要可能，进一步完善解决方案，情报分析机构通常会采用PDCA方法来最大限度地减少错误并优化结果。循环一旦开始，情报分析机构可以重复执行同一PDCA周期。通过计划，将与问题有关的所有可能性进行收集，制订多种方案，提出多个假设；通过测试，将方案迭代放入问题中，看是否能达到阶段性目的；通过检查/研究，查看某一情报线索对案情是否有价值；执行阶段，实施经过检测的方案，这样能最大限度地提高研判方案的成功率。

#### 4.3.3.2 时间矩阵

情报分析人员的时间十分紧张,其应当将精力更多地放在需要做的事情上,而不是已经完成的事情上。在一个案件中,分析人员可能会有大量需要做的工作,针对这些需要做的任务和项目,如果没有明确的重要性等级,可能会使其难以集中精力并高效完成工作。而明确重要性等级是一个复杂的过程,涉及权衡成本与价值之间的关系,一旦优先级搞错,可能会导致重要证据被破坏,影响分析准确性。因此,需要有一个清晰的流程来整理这些任务或项目,并确定应该优先考虑哪些任务或项目,这样可以提高工作效率。我们需要引入研究排序优先级的技术,即时间矩阵,也可以称其为"优先级排序矩阵"。

优先级排序矩阵是业务流程分析工具,通常与其他业务流程管理[1]软件或六西格玛技术配合使用,常通过特定标准比较选择并确定优先级。它可以应用于任何从简单到复杂的项目或任务,或者是针对任何个人及大型组织。优先级排序矩阵为利益相关者提供了一个解决争议的可靠流程,并确定优先需要关注的重点。项目优先级的确定,通过促进成员达成共识来消除不合理的激励措施和隐藏的议程。根据用于评估优先级标准的复杂性以及这些特定标准的定义,优先级排序矩阵可以采用多种形式。

优先级排序矩阵有许多好处。为了支持结构化的决策方案,优先级排序矩阵可以在四个方面帮助决策者:第一,当有多个因素影响决策时,分解并确定复杂问题的优先级;第二,客观明确地排列这些问题的优先级;第三,确定最关键的重点领域;第四,为讨论决定哪些内容最重要奠定思想基础。

下面我们将先从简单的入手,学习优先级排序矩阵(5个步骤)。这种矩阵非常适合优先处理小型业务任务,并且是一个十分可靠的过程分析矩阵,可确保以最有效的方式处理事务清单。

步骤1:列出要完成的任务。虽然在前面的工作中可能已经完成了此项操作,但是任何优先级排序矩阵的第一步都是列出所有任务或要进行优先级排序的任务。

步骤2:列出每一项任务不执行的后果。问问自己,不执行每项任务可能会产生什么后果,或者更通俗的说法是,不优先考虑哪个选项。

---

[1] 业务流程管理(Business Process Management,BPM),是一套达成企业各种业务环节整合的全面管理模式。

步骤3：按照任务的重要性进行分类。考虑上一步中列出的所有后果，将任务分为两类：高重要性和低重要性。

步骤4：按照紧急程度对两类任务分别分组。完成第三步后，针对所有"高重要性"和"低重要性"选项，将它们分别分为"高紧急度"和"低紧急度"子类别。这样一来，所有的任务就被分成了四个组别。

步骤5：分配数字值。将数字值1到4分配给每个选项，数字越小优先级越高。高重要性和高紧急度是1，高重要性和低紧急度是2，低重要性和高紧急度是3，低重要性和低紧急度是4。这种快速、简单的方法可以帮助我们消除外界的干扰，并迅速从大量繁杂线索中理出头绪。

举例来说，如何在一起入室杀人案件中对嫌疑人进行侦查呢？有哪些工作需要优先进行，又有哪些工作是暂时可以搁置的呢？

第一步，确定好案发后需要做的所有工作。这里列举出以下几项：第一项，对犯罪现场进行勘查；第二项，调取案发地附近案发临近时间所有的监控视频；第三项，走访附近的街坊邻居、街边店铺工作者、清洁工等所有可能的目击人员；第四项，调查死者身份，同步调查死者社会关系；第五项，对死者生前话单、银行卡、微信等社交软件进行查询；第六项，就犯罪现场附近的基站，根据案发时间碰撞比对嫌疑人号码。

第二步，确定相应的后果，即如果不执行这项任务，可能会产生什么后果。如果不快速执行第一项，犯罪现场遗留的犯罪痕迹可能会随着时间流逝遭到破坏，无论是人为原因还是自然原因都是很致命的；对于第二项，查看视频工作量较大，需耗费大量时间及人力，如若不尽早查看，后期可能会为了赶进度而漏掉重要信息；第三项，如果不及时走访，附近的人可能会渐渐淡忘此事；第四项，如果不能确定死者身份，不厘清死者的社会关系，可能会影响侦查方向；第五项，同样，如果不查清楚死者生前社交与账目信息，可能会影响后续侦查；第六项，如果不及时查看基站信息，数据可能会被电话公司删除。

第三步，确定任务重要性。经过对比，我们认为第一项、第五项十分重要，之后是第二项、第三项、第四项，最后是第六项。这是根据付出与收入比来进行衡量的。

第四步，确定任务的紧急性。紧急的包括第一项、第二项、第三项，不算特别紧急的包括第四项、第五项、第六项。

第五步，分配数字值。根据以上分析，我们将任务划归为四个类别：得分为1，也就是最重要且最紧急的任务是第一项；得分为2，十分重要但不算特别紧急的是第四项与第五项；得分为3，较为紧急但不算特别重要的任务为第二项与第三项；得分为4，不算重要也不算十分紧急的是第六项。根据评分，可以画出一个2×2矩阵（如图4.7所示），该矩阵可以很好地反映出当前急需去做什么。

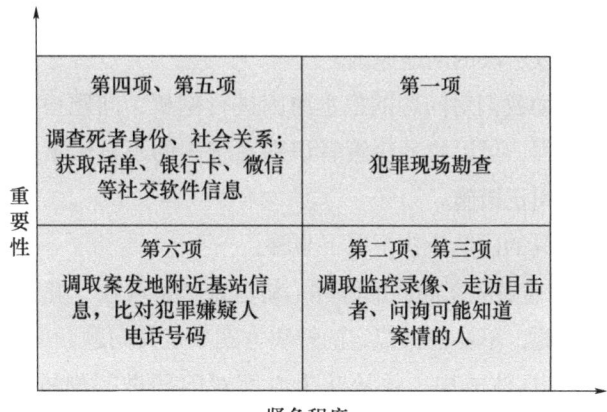

| 重要性 | 第四项、第五项<br>调查死者身份、社会关系；获取话单、银行卡、微信等社交软件信息 | 第一项<br>犯罪现场勘查 |
|---|---|---|
|  | 第六项<br>调取案发地附近基站信息，比对犯罪嫌疑人电话号码 | 第二项、第三项<br>调取监控录像、走访目击者、问询可能知道案情的人 |

紧急程度

图4.7 某入室杀人案时间矩阵分析

需要注意的是，虽然已经确定了这个矩阵，但是事物瞬息万变，随着时间的流逝，每项任务的重要程度和紧急程度都可能会发生改变。因此，在其发生明显变化后，还需根据新情况及时调整矩阵，这也体现了系统思维的动态性特征。

### 4.3.4 综合性思考方法

综合性思考方法要求分析人员根据纵横交错的关系，从各个方面对分析对象进行整体上综合把握。不同于被划分为前后单向两个环节即"分析—综合"的传统分析程序，综合性思考方法是一种双向思维，按照"综合—分析—综合"进行，各个步骤之间存在反馈。其将"综合"作为逻辑起点，从整体出发，以"综合"作为贯穿思维逻辑过程的原则，再通过"小综合"进而实现"总体综合"。整个过程中分析和综合互相渗透、动态同步进行，使分析人员站在全局的高度来认识和处理矛盾，达到目标的最优化。下面以鱼骨图为例展现综合性思维过程。

鱼骨图，学术名为"因果图"，可以帮助分析人员集思广益，尽可能找出产生问题的所有原因，并将原因进行分类，以便深入解决问题。鱼骨图是查看因果关系的直观方法。与其他可以用来集思广益地分析问题原因的工具（例如"5Whys"）相比，它是一种更具结构化的方法，要解决的问题会很直接地反映在"鱼头"部位，可能的原因在各种原因类别下较小的"骨头"上列出。鱼骨图可以梳理系统运行的各类因素，帮助团队考虑到之前没有想到的因素，从而有助于明确一直难以解决的问题原因。

鱼骨图可以帮助我们对问题的根本原因进行剖析，问题根本原因分析是一个结构化的团队过程，可以协助决策者识别系统中的不良因素或计划受阻的根本原因，帮助制定纠正措施。

使用鱼骨图工具的团队应执行以下步骤：

- 讨论问题并通过关于问题的陈述，将讨论结果写在"鱼头"上。尽可能清楚明确地表述问题，不要根据拟定的解决方案来定义问题。
- 讨论问题的具体方向，并从几个方面对问题进行剖析，作为"鱼骨"（从鱼的脊背发散出去的骨头）。主要方面通常包括地理因素、人员因素、规则与政策方面的限定因素以及时间因素等。
- 讨论引起问题的所有可能原因，多问几个"为什么会这样"。给出每个想法后，组织人员将问题划归到相应类别的分支（鱼骨的小分支）。某一原因如果涉及多个类别，则可以写在多个地方。
- 再次问"为什么会这样"，关于每个原因，编写引起原因分支的子原因。
- 继续问"为什么"，追究更深层次的原因，并根据相关原因或类别继续组织问题的摆放位置。这将帮助团队识别并解决根本原因，以防止将来出现问题的反复。

图4.8是以抢劫案频发为例的鱼骨图初步示例，其中显示了部分要考虑的原因类别以及具体原因。

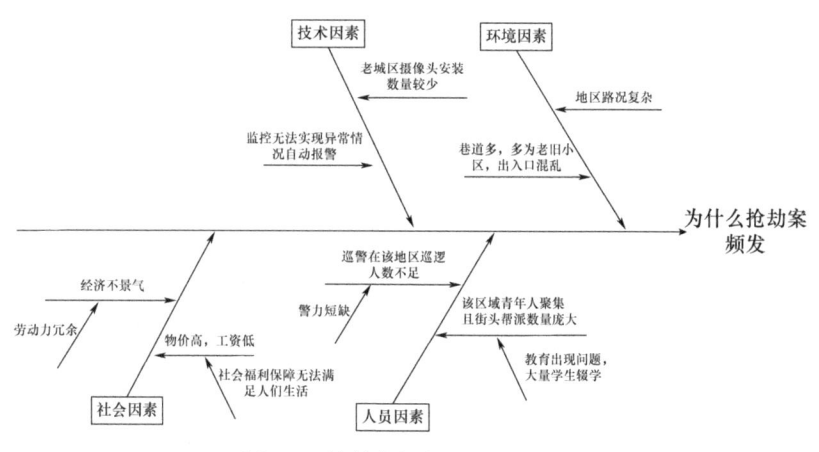

图 4.8　抢劫案频发的鱼骨图分析

## 4.4　战略情报中的系统思维

对犯罪规律、犯罪模式进行研究，形成的有关一个国家或地区趋势性的情报分析，我们称之为战略情报。战略情报是情报的一种，可以将其看作情报的"高端产品"或"精华"。战略情报是一个国家情报体系的塔尖，是各类情报的综合、提炼、升华。在美国，战略情报的主要责任单位是具有半独立地位的中央情报局，服务对象是联邦政府高层决策人员，关注的目标是国家安全。[1]

战略情报是根植于美国情报实践的一个情报术语，是针对组织高层所做的情报工作。它旨在帮助管理层了解组织当前面临的威胁，关注哪些是对组织的潜在威胁，并采取相应的措施应对这些威胁。战略情报是具有前瞻性思维的情报方式，其工作原理在于根据过去的相似行为以及对组织能力的评估来预测组织未来面临的情况以及组织的行为。有效的战略情报需要具有深厚功底的分析人员，他们具备相关的战略知识储备，而且愿意主动了解并适应对手与环境的变化。战略情报是有关国家稳定安全的全局性情报，是制定战略规划、部署战略方案的依据，其往往事关全局，涉及长远的政治、经济趋势。战略情报本身就是一个系统，其中的每个部分无时无刻不在与其他部分进行交互。战略在

---

[1]《战略情报分析——基本定义与基本特征》，载"郑瀚 Andrew"博客园，https://www.cn-blogs.com/LittleHann/p/12579217.html。

《牛津词典》中被定义为"精心规划以创造优势或达到预期目的的艺术或技巧"[1]。战略情报通过不断地思考，为领导者配备了为组织创造更美好未来必不可少的概念工具。

　　研究战略情报，四项能力必不可少：第一，前瞻性。这是预测未来组织面临威胁或获取机会的能力。前瞻性要求分析人员必须能够敏锐地根据相关因素指标意识到组织将面临的威胁或机遇。事实上，没有人可以预测未来，但是有远见的人可以感知当前组织的优点与缺陷并制订相应的发展计划。第二，愿景，指规划、设计组织系统以生产客户所需要的产品和服务，并不断改进流程、产品和服务的能力。愿景往往是对未来的美好设想，拥有美好设想的组织才会有继续发展以实现美好愿景的可能性。这种战略构想往往会帮助组织通过系统设计、人员调整来更好地达成目标。第三，合作，指创造更具生产力的关系的能力，例如与能力互补的同事组成团队。发展和维持富有成效的合作关系的能力是领导者建立高效领导团队的基本素质。第四，参与、激励。领导者与为了实现愿景不断提高产品和生产力的人合作，需要不断激发其对工作和组织贡献的内在动力。

　　系统是有目的的元素的集合，需要根据元素与元素之间相互作用的程度来不断进行完善。领导层对于系统至关重要，因为只有领导层可以帮助整个系统建立统一的奋斗目标，这一目标值得系统中每个成员付出精力和激情。借助系统思维方式，领导层可以从整体上审视组织和个人，以此种思维方式思考，更有可能具备前瞻性的眼光和开放的态度。

## 4.5　小　结

　　本章强调以系统思维进行情报分析工作，对系统思维的概念、特征以及系统思维分析工具进行了介绍。该思维方式强调从战略上而非战术上对敌对方进行分析。通过对系统思维的学习，可以帮助分析人员掌握全局性、综合性的思考方式。系统思维包含了大量分析工具，其使用门槛各不相同，无论是情报新手还是具备分析经验的人员都可以采用不同工具进行思考，以达到分析目的。总而言之，系统思维是分析人员必须具备的思维方式。

---

[1]　AS. Hornby & AP. Coure, *Oxford Advanced Learner's Dictronaly*, Oxford Univeisity Press, 1995, p. 1616.

# 第 5 章 情报批判思维

[**本章要点**] 情报分析是情报工作的重要环节,在情报分析过程中,情报分析人员作为思维主体,其认识片面性、思维定式以及先入为主的既定立场都会在很大程度上影响情报分析的公正性与客观性。同时,情报分析常常使用的归纳推理与演绎推理在实战中由于种种因素的限制,并不一定能够达到需求预估的高质量水平。因此,为了实现分析人员思考的自我校准和推理论证,必须引入批判思维作为思考工具。本章将阐释批判思维原理,详细剖析其在情报分析中能够发挥的作用,同时介绍批判思维的核心技能及常规标准,通过案例分析,帮助情报分析人员在工作过程中养成批判思维习惯,善于运用批判思维,确保情报分析尽可能少产生认知方面的失误。

## 5.1 批判思维

### 5.1.1 批判思维的内涵

批判思维(Critical Thinking)的概念起源于以科学方法为基础的"反省性思维",随后又拓展到了系统解决问题的技能、逻辑探究和推理方法、思考方式与态度以及问题解决的各个方面。它是对人们自身思维模式和习惯的批判,目的是通过反思来提升个人的思维效率。[1] 批判思维又叫论证思维。此外,其作为一种思维技能,也被 19 世纪著名的美国教育家约翰·杜威(John Dewey)称为"反省性思维",是指能动、持续和仔细地思考任何假定的判断,洞悉支持判

---

[1] 武宏志:《批判性思维:多视角定义及其共识》,载《延安大学学报(社会科学版)》2012 年第 1 期,第 5—14 页。

断的理由以及判断进而指向的结论。[1] 美国学者罗伯特·恩尼斯（Robert Ennis）认为，批判思维是"为决定坚持某种判断而进行的合理的、反省的思维"[2]。我们可以作如下推断：批判思维将思维本身作为研究对象，是目的性很强的自我校准，对深信不疑的判断作出合理的解释。[3] 当我们对分析结果进行考量时，要对支持分析推理的各种证据信息、论证方法以及支持语境给予详细说明，进行科学评估，准确论证。

批判思维是从批判的视角，对主观认识进行反思和评判的一种认识活动。它通过提出假设、质疑假设、列举情况、分析问题等，考察情报分析人员的思维，从而进一步拓展情报分析人员对信息的认知，提升情报分析结果的准确度。从认知心理学视角来阐释，批判思维指的是人对于事实的分析以及形成主观想法后，对想法进行反思与驳斥，对驳斥进行辩护与再反思，与先前想法比较之后得出推断与评价，对评价进行论证与提炼，以形成较强的解决问题的能力。这是一种以有效信息和精确分析为基础，分析、评估与理解事件，解决问题，并作出决策的主动的、系统的认知策略。

所以，批判思维可以被定义为：为了使人们的理解明晰化和深化而对自己和他人的思考加以全面审查的主动的、有意识的、有组织的认识过程。[4] 简言之，就是对思考的思考。

批判思维是一个主动思考的过程，它能够使情报分析人员以更清晰、更全面的视角看待接收到的信息，对事件和人形成理性的认识，面对问题时能够作出更加理智的选择。这里其实包含两个层次的内涵：一是对自己以及他人的既有思维和观点进行批判性考察，对现有的认知保持客观的质疑。二是辩证地对待自己对各种事物的主观认识态度，客观地了解周围世界，摒弃对主观认识和感受的过分依赖。只有这样，批判思维才能作为一种独特的思维方式长期而独立地存在于人们的认识领域，使分析人员在情报分析实践中尽最大可能避免认知不足带来的情报失误。

批判思维的理论基础，是包括形式逻辑和非形式逻辑在内的"广义"逻辑，

---

[1] 杜祖贻：《杜威论教育与民主主义》，陈汉生、洪光磊译，人民教育出版社2003年版，第45—48页。
[2] 杜祖贻：《杜威论教育与民主主义》，陈汉生、洪光磊译，人民教育出版社2003年版，第48页。
[3] R. Paul & L. Elder, *The Miniature Guide to Critical Thinking Concepts and Tools*, 4th ed, Dillon Beach. CA: The Foundation for Critical Thinking, 2004, pp. 10-12.
[4] 高金虎：《试论批判性思维在情报分析中的应用》，载《情报杂志》2013年第9期，第1—5页。

而且其更多地展现出了与非形式逻辑的一致性。批判思维对逻辑论证的关注是多角度和批判性的，它不限于逻辑，还涉及逻辑之外的伦理学、认识论和辩证法。批判思维是辩证思维形成的必要条件，是辩证思维形成的必经环节，是辩证思维的推理过程，是对事物的分析与综述。批判思维的哲学基础，是证伪主义和唯物辩证法，因为这两者都强调批判精神，强调要自我反思。[1]

批判思维与传统思维在一定意义上是相对应的。通俗来说，可以将传统思维视为一种海绵式思维，它的运转方式是：人们吸收有关外部世界的信息越多，对外部世界的理解能力就越强。这种思维模式的特点在于，人们需要尽其所能吸收外部信息，在这一过程中，人们是被动地全盘接受来自外部世界的知识和信息。在这样的思维模式主导下，人们更容易接受和了解新信息，但难以进行主动的评价和鉴别。而批判思维则是以提出问题为首，从问题出发，以了解问题真相为目标，保证在解决问题的过程中不会偏离目标。同时，批判思维还引导人们在了解问题之后形成提出问题的意识，从而形成"批判—提问式策略"（Critical Questioning Strategy），以探索式的发问来主动引导自己的思维，实现有目的、有方法地搜集、加工、分析处理情报。我们可以从以下三个方面更好地理解批判思维与传统思维的不同之处：

首先，将关注的重点由形式转变为内容。批判思维从一开始就不是以分析的形式进行展现，而是将重心从推理论证的形式转移到了推理论证的内容，直接以推理论证的内容来展现人们思考时运用推理论证的规律。它的思维模式不是在一定的框架下思考，而是根据具体内容提出批判性问题，进行批判性思考，并制定一系列标准和方法。

其次，将对逻辑的关注由有效性向合理性转变。批判思维对推理和论证的评判仅从是否合理这一角度出发，并列出推理和论证是否合理的具体评价标准，比如认识和表达是否清楚、明白，所作出的判断、解释或说明是否一致，理由或依据是否可靠、可信，理由或依据与结论是否相关，理由或依据以及背景知识等是否充分、是否足以得出结论，等等。

最后，从逻辑的确定转向不确定。这是因为即使面对相同的前提，人们对面临的各种问题也可能得出不同甚至相反的结论。在许多推论中，前提是不确定的，推论的过程和结论也不确定。正是因为如此，"正确答案"使人们的思维

---

[1] 武宏志：《何谓"批判性思维"?》，载《青海师专学报·教育科学》2004年第4期，第1—4页。

简单化,甚至强迫性地限制人们的思维。批判思维从不确定出发,启发、引导人们提出自己的问题并努力寻找答案,拓展形成了广阔的思考空间。[1]

因此,批判思维有助于摆脱以往逻辑研究方法和观念的束缚,开辟推理论证的新空间,将理论与应用完全结合起来,提供一种可普遍使用的分析评价和更合理地进行推理论证的工具。

**5.1.2 批判思维的精神气质特征**

国际公认的批判思维权威、美国批判思维国家高层理事会主席理查德·保罗(Richard Paul)博士曾指出,一个人具有批判精神气质和批判技能是批判思维能力不可或缺的两个方面,有了批判精神的养成,在分析实践中才会有批判技能的实施,批判精神气质特征是实施思维技能的前提保证。[2]

批判思维是关于思维的思维,它以改进思维质量、得出正确结论为目的,因此,它对思考者提出了非常高的要求。理查德·保罗指出,一个具有批判思维的人应该具备如下品质:独立思考、不偏不倚、具有谦逊的求知情操、不轻易下结论、勇于挑战既有标准、坚持不设双重标准、崇尚理性思维、怀有强烈的求知欲、不断探求形形色色的情绪背后存在的观点,以及探索林林总总的观点所反映的情绪。[3]

从更广泛的角度来看,批判思维的作用更多地在于提高思维质量。批判思维具有质疑、内省、分析等综合特点,追求、探索真理,具有开放性思维和系统性思维的倾向,而且能够使人内省地分析和综合现有结论,这有助于人们在日常生活中思考和解决琐碎的问题,也有利于促进科学研究的发展。具有批判思维的情报分析人员的精神气质特征包括质疑精神、问题意识、平等意识等,结合情报分析实际,可以更好地认识这些本质特征。

**5.1.2.1 质疑精神**

批判思维是反思的倾向和技巧。[4] 质疑指的是不盲从于权威的一种精神。

---

[1] 吴坚:《批判性思维:逻辑的革命》,载《北京理工大学学报(社会科学版)》2007年第5期,第29—32页。

[2] Richard W. Paul & Gerald M. Nosich, *A Model for the Natitnal Assessment of Higher Onder Thinking*, Foundation for Crtical Thinkihg, n. d.

[3] Richard W. Paul & Gerald M. Nosich, *A Model for the National Asessesnte of Higher Order Thinking*, Foundation for Crtical Thinkihg, n. d.

[4] 王克喜:《非形式逻辑与批判性思维》,线装书局2007年版,第3—4页。

有了独立思考，才能对自己的思维能力进行审视。这种精神也被称为科学精神、批判精神。它的基本特征是：任何目前得出的科学结论都有可能在未来被推翻，通过科学方法获得的知识并不一定都没有错误。这与卡尔·波普尔（Karl Popper）的观点是一致的。波普尔认为，科学必然包含错误，因此需要接受检验。这恰恰是科学的优点和它的力量所在，恰恰是科学之所以成为科学的本质特征，而不是科学的缺点，科学探索的过程是不断试错、纠错的过程[1]。法国学者埃德加·莫兰（Edgar Morin）指出："什么是科学的进步？就是消除错误、消除错误，再消除错误。真理是在不断地消除虚假的信念和错误的过程中取得进展的，人们永远不能确定已经找到了真理。"[2]

尽管质疑本身并不一定意味着正确性和真实性的提高，但它可能是改变错误观念的机遇，也可能是从错误转向正确的开始。在科学研究过程中，积极的否定通常比消极的肯定更有助于人们对问题的本质和规律进行更为深刻的了解。在问题意识和知识积累基础上，形成积极否定的态度，正是质疑精神的实质所在。

"质疑"是批判思维的核心，但其并不是无差别地怀疑一切，为否定而否定，而是在接受新事物或新知识时反映出不确定和重新思考，是认识上的飞跃，是对盲从观念的"主观觉醒"。特别值得关注的是，当人们对一件事情或知识存有疑问时，对其的注意力将更集中，思维角度也将更深入。一些疑问通过思考得到肯定和认可，而另一些疑问则通过思考得到深化，进而通过批判实现创新。只有通过质疑，才能克服陈规定型观念和意识形态的障碍。这正是笛卡尔（Descartes）所说的"追求真理，我们必须一生中尽可能多地怀疑一切"的深刻含义。质疑精神反映了人的主观意识的独立性，不完全接受所谓的权威理论和知识的意识，以及思维的敏感性。

对于情报分析，质疑的精神非常重要。从实质上来说，情报分析是对手与对手之间的意识对抗。对方的隐瞒和欺骗将阻碍、延迟甚至误导情报分析人员对情报的敏感程度。因此，在情报分析的实践中，一些国家的"公开声明"总是混淆视听，情报分析人员有时需要反向理解声明的内容；一些"线人"故意破坏信息、避重就轻，而且很多"线人"的侦查能力无法满足情报搜集的需求。

---

[1] 阎学通、孙学峰：《国际关系研究实用方法》（第2版），人民出版社2007年版，第33页。
[2] 孙小礼主编：《科学方法中的十大关系》，学林出版社2004年版，第283页。

在对不熟悉的目标进行观察时，这种能力不足将会格外凸显，因此能得到的信息更加令人怀疑。如果情报分析人员确信所得到的信息，则会轻易落入对方的陷阱。此外，情报分析本质上是一个思维的运转过程，其第一步就是构建思维模型。在思维模型的构建过程中，过去的经验和决策者对事件的期望将产生很大影响。因此，我们认为，思维模型不是客观的产物，而是主观思维运动的结果。然而，这样的思维模型通常会被认作最终的判断结果，尤其是当这一判断来自决策者或权威人物时，或判断能够得到大量材料支持时。当它们被当成评判其他情报材料的准绳时，便常常会造成情报分析的失误。因此，对主流观点和权威观点提出必要的质疑，是提高情报分析准确性的不二法门。一些情报研究人员主张，情报分析机构和人员应进行"结构化的自我批评"，来发现并改善情报分析中值得推敲的环节。所有参与情报分析的成员都应该戴上假想的"黑帽子"，以别人的视角尽可能地批判自己的观点，而不是找证据支持它。他们必须从反对的角度回答一系列问题：情报来源是否确定可靠，分析程序是否安全正确，关键前提、证据诊断是否符合逻辑，是否存在异常证据、信息鸿沟等问题，文化知识的可用性如何，以及是否存在潜在欺骗特征，等等。

#### 5.1.2.2 问题意识

所有高质量的思考都始于提出问题。爱因斯坦曾经讲过："提出新的问题，从新的视角去看旧的问题，新的可能性，需要创造性的想象力，这是推动科学真正进步的标志。而解决一个问题也许只是一个实验上或数学上的技术。因此，与解决一个问题相比，提出一个问题往往更为关键。"[1] 提出问题是解决问题的良好开端，只有合理地质疑了，才会提出问题并引发人们思考。可见，"问题"是情报分析的起点和归宿，情报分析的过程就是不断"提出问题—分析问题—解决问题"的过程。

那么何为问题意识？到目前为止，学界还没有一个明确、规范的定义。目前，学者多从教育学意义上来理解问题意识，认为"问题意识指的是人们在认识活动中，常常意识到一些难以解决的实际问题和理论问题，并产生一种怀疑、困惑、焦虑、探索的心理状态"[2]。问题意识大致包括四个环节，即发现问题、

---

[1] [美] A. 爱因斯坦、[波兰] L. 英费尔德：《物理学的进化》，周肇威译，上海科学技术出版社1962年版，第57页。

[2] 姚本先：《问题意识与创新精神》，载《北京宣武红旗业余大学学报》2002年第2期，第18—19页。

提出问题、解决问题和验证问题,这也是完整的问题意识体系的四个组成方面。其中,发现并提出问题是核心,是决定情报分析工作是否具有意义的关键环节。

提出高质量的问题需要大量的知识积累、深度的思考和充足的想象力。人们只有基于一定量的知识积累才能质疑,并提出真实有用的问题。

受中国传统文化以及现代应试教育体制影响,我国情报人员的问题意识相对比较淡薄。相对于思考问题这个复杂的过程而言,动动手指通过网络获取自己想要了解的信息和答案往往是更多人的选择。这种快餐式学习看似能提高学习效率和拓展人们认识事物的广度,但会限制人们获取知识的深度,甚至使人变得难以辨别是非,人云亦云。所以,培养问题意识很重要的前提是独立思考,只有独立思考才能发现问题。

批判思维是一个以提出问题并作出解释来进行论证的思维方法,从提问开始,就包含有关概念、判断、推理及论证四个方面。

问题意识与批判思维是相辅相成的,能够提出问题并善于提出问题是批判思维的起点,而对某一问题的批判性思考又会激发灵感,产生新的问题,二者之间没有明确的界限。问题意识的强化离不开批判思维。有学者认为,批判思维就是质疑已得出的结论,善于通过其他角度、非常规的方式去考虑和分析问题,并得出完全不同的新结论。[1] 因此,如果说批判思维具有创新意义的话,那么其正是在问题意识之中与创新发生关联。就像有人指出的:"反省、质疑、有根据地判断的批判性思维,是提出问题、进行创新的关键,只有对现存的一切持审视、反思的态度,从'定论'、'真理'、'既定事实'中发现不合理之处,大胆地想象、探索,才有可能突破思维定势、提出有价值的问题,才有可能创新。"[2]

### 5.1.2.3 平等意识

批判思维是人与人之间、人与自己的思维之间进行的交锋、互补和互动。它既包含个人观点的输出,也包含对他人观点的输入。批判的过程是一个对分析目标重新认识的过程,但批判本身也是一种有限的理性,也有不可避免的缺陷和限制。因此,批判思维必须具有宽容精神和平等沟通的精神。宽容意味着

---

[1] 钱颖一:《批判性思维决定创新能力》,载《现代国企研究》2011年第11期,第7页。
[2] 袁广林:《大学何以培养创新人才:批判性思维的视角》,载《高校教育管理》2012年第5期,第51页。

允许不同意见的存在和提出。聪明的人常常会有自负的心理。经验丰富的研究人员会自然而然地认为，他们比研究领域内的其他专家有更好的见解。但有时，他们过于专注研究本身，常常会忽视实践当中存在的问题。因此，宽容的精神、开放的情报工作氛围对竞争性情报分析至关重要。情报分析是一种主观性的产物，而不同的人具有不同的价值观、不同的思维视角，对问题的看法不可能完全一致。因此，这样的判断必须接受验证。这就要求分析人员具有接受批判的"雅量"。允许不同观点的存在，倾听不同的意见，进行理性交流，十分重要。大量的情报失误案例表明，一个封闭的情报系统，不可能容纳不同意见的存在；一个缺乏民主作风的领导人，不可能听得进不同意见。这正是情报失误发生的原因。[1]

#### 5.1.2.4 理性分析和探索的精神

批判的过程是筛选的过程，是将最初的怀疑提高为理性判断的过程。在这个过程中，需要有深厚的知识背景、智慧和严谨的态度，还要有一种对真理或真相执着追求的精神，只有综合这些方面要素，才能产生真正的质疑，以区分是非、合理与不合理。只有当一个人对追求真理或真相充满热情时，他才能探索自己的认知行为，才会接受其他人的质疑，或者质疑某些流行的"合理"观点。

情报工作的目的实际就是探索敌人的情况，并探明真相，即从事实中寻求真相。如何从事实中寻求真相？最重要的一点是探索真理的精神。在分析情报信息、处理情报数据时，情报人员要做到时时询问自己：当前事件是否存在异常情况？在疑似常态的情况下，是否会隐匿一些异常的暗流？当前所拥有的情报信息是否能准确反映情况？有无情报缺失情况？为何会出现情报缺失？是敌人反侦察措施的结果吗？当前所拥有的情报信息，是不是敌人故意放出的烟幕弹？公认"不可能发生"的事情，是不是就真的一定不会发生？通过反复询问这些问题，情报人员将无法满足于现有的情报信息，并将跟踪新的线索，质疑他们自己的判断并发现异常的新迹象。

#### 5.1.2.5 评价能力

批判是判断论证是否合理有效的一种认知活动，因此可将其视为一种思维工具。虽然它并不是直接引导实操的科学知识或技能，但是在面对诸如"做什

---

[1] 高金虎、张魁：《情报分析方法论》，金城出版社 2017 年版，第 172 页。

么"和"相信什么"等问题时，批判思维能够帮助人们作出合理的决定、进行独立的思考，并提高人们的评价能力。这种评价能力彰显于观点的形成、情报资料的甄别、情报分析过程等各个阶段。

#### 5.1.2.6 创新精神

从某种程度上讲，具备批判思维的人创新力强。因为经过审慎思考，要么使原有方案得到进一步确认和肯定，得到稳妥方案；要么否定原有方案。否定并不意味着终结，而是寻求更好的替代方案，由此创新就有了可能。

审慎地思考就是评价的过程，但并非批判的最终目的。评价的目的是：基于对客体的属性、本质和规律的认识，思维主体把自身所需的内在尺度作用于客体，对主体和客体之间的价值关系进行再分析，进而发现问题，然后进行理性严谨分析。丰富想象和深刻判断，要深入事物内部寻求问题产生的原因和机理，并努力寻求改进的可能性和可行的方法，在找到令人信服的根据和理念的同时，也就创造性地解决了问题。[1] 对旧方案的否定必须有新的替代方案的产生，更好的替代方案就是创新。

#### 5.1.2.7 换位思考能力

换位思考指的是能设身处地模仿对方的思维，准确地重构对手的观点，重复其推理过程，并以与自己思考方式不同的前提、假设和观点进行理性的论证，从而真正地了解对手的行为。这样可以避免先入为主，带有自身的某种偏见看待问题。与换位思考相对的是镜像思考，即所有思考都以自我为中心，这种思考方式无法正确理解对手的思想、感情和分析过程。情报分析过程中，应当从不同角度有意识地观察问题，例如首先从自己的角度分析问题，然后从另一方的角度查看问题。应当全面考虑对方的立场，了解另一方决策者对其战略环境的理解、掌握另一方决策者的战略困境、了解另一方决策者可能会用以摆脱困境的筹码。只有在此前提下，情报机构才能真正了解敌人的决策行为。

霍耶尔指出，情报分析人员一定要准确把握外国领导人的价值观和设想，乃至其可能产生的误判和误解，如此才能从外国领导人的视角分析其所面对的各种可能。只有这样深入的认识和剖析，分析人员对外国领导人当前以及未来的决策所作出的解释和预测才能避免沦为没有充分证据支持的臆测。外国领导

---

[1] 张晓芒:《批判性思维及其精神》,载《重庆工学院学报（社会科学版）》2007 年第 6 期,第 64—69 页。

人的行为看起来经常是"不符合其最高利益"或不理智的,此类结论往往意味着分析人员将自己的价值观和概念框架硬套在了外国领导人和社会之上,而没有真正理解他们眼中的情境逻辑。[1]

美国情报界倡导的"红队"分析(Red Team,实际上即蓝军分析)是挑战镜像思维的一种做法。红队由富有经验、训练有素的专家组成,这些专家从对手或第三方角度出发,基于作战环境充分寻求各种行动方案和计划,参与敌我双方行动方案的推演。在演练过程中,检测己方行动方案和计划的漏洞,协助指挥官及其参谋人员明晰敌方情况,形象地反映作战环境相关方面的重要工具,进而最终达到优化决策的目的。

美国参谋长联席会议曾指出:"情报分析人员必须想尽一切办法了解敌人的思维过程,同时应培养并不断增强从敌人视角出发进行思考的能力。联合部队指挥官应要求联合参谋部情报处对所有建议的行动从以下视角进行评估:敌人会怎样看待此类行动?敌人会作出何种反应?""与敌换位思考的能力源自充分了解敌手的目标、动机、战略、意图、能力、行动方式、弱点以及价值观和得失观。此外,联合参谋部情报处还必须了解作战环境中敌人、中立方和非战斗人员的文化、宗教、教派、种族、社会规范、传统习俗、语言和历史。在推演各类行动方案和确定敌方高价值目标的过程中,情报分析人员站在敌人的角度进行思考并作出反应的能力具有特殊的价值。由训练有素的人员组建的有组织或专业的'红队',可以确保为军事演习提供称职的敌人。"[2]

红队所采用的方法和工具、队伍本身的素质和经验,以及他们作出的所有努力,决定了情报分析产品的质量。如果没有真正了解对手的文化和历史、思维过程和思维方法,就无法真正站到对手的立场上进行思考,得出的结论也很可能是无价值的。

## 5.2 批判思维在情报分析中的作用

将批判思维运用在情报分析中,就是对情报分析中推理应用的证据性信息、推理方法、假设作出评估和修正的思维过程,也是情报分析人员用元认知监视、

---

[1] Richards J. Heuer, *Psychology of Intelligence Analysis*, Central Intelligence Agency, 1999, p. 22.
[2] Joint Publication 2-0, Joint Intelligence(22 June 2007), Chapter 1-27.

控制整个大脑信息加工,作反思性的考察,不断进行自我反思,给出批判性评价,从而达到监控和保证情报分析高质量的高级思维过程。

在情报分析过程中,情报分析人员将接收到的信息通过自己的思维模式进行加工,并以此来构建其对现实的主观认知。而思维模式的不同决定了情报分析人员主观认知与客观现实之间的差异。因此,改变与完善情报分析人员的思维模式,是有效提高和改善情报分析工作效率与水平的重要方法之一。

在实证主义与行为主义方法论的影响下,传统的情报思维模式具有其局限性:第一,其将演绎法、归纳法等基本的逻辑方法作为分析工具,片面强调观点证实;第二,传统的情报思维模式坚信情报分析与学术研究为同一性质,过分强调情报分析的科学性,从而忽视了情报分析的艺术性;第三,过分强调情报资料的客观性是传统情报思维模式的另一个局限,致使情报资料的欺骗性、模糊性和不完整性被忽视;第四,传统的情报思维模式认为情报的缺失与空白是情报分析人员情报搜集能力不足导致的,忽视了反情报搜集机构的行动、敌方的行为举止;第五,传统的情报思维模式认为情报的判断是客观的,没有意识到在判断过程中的诸多因素,如敌方欺骗、上级期望、思维定式等发挥的关键影响作用[1],这些因素极易导致情报分析陷入"唯一的""科学的"方向。

打破传统情报思维模式的局限,需要情报分析人员借助于自然科学、哲学与心理学的成果,着眼于具体的分析对象,从而帮助情报分析人员注意到其直觉意识上的弱点,提出新角度的思考与思维方式,避免以主观的眼光认识信息。同时,情报分析人员需要将情报分析的整个过程视为一个整体,以宏观的视角建立情报分析的组织和管理办法,以总揽全局的方式重新组织和构建情报分析的整体流程。基于这样的要求,批判思维能够提供一个精辟、独特且具有实际操作意义的视角,为情报分析人员减少认识错误、挑战先入为主意识、重测关键假定,从而保证所有观点进入分析视野,以提高情报分析的精确度与可信度,得到真正能够满足决策者需要的情报分析结果。

批判思维是一种独立、主动的思维,它既是对人类思维的全面审查,也是一种具有强烈说服力的批判;它既可以作为反思活动独立存在,也可以作为一种贯穿整个思维过程的新型思维形式。这些特质造就了批判思维对于情报分析的独特意义:它既可以作为一个单独的审查式的思维过程,对情报分析过程和

---

[1] 周西平:《公安情报失误的认知心理分析》,载《图书馆学研究》2012 年第 21 期,第 5—7 页。

结论进行事后再分析或事后评价，也可以审视自己或他人的情报分析过程，形成更为严谨的结论。[1]

批判思维在情报分析中的运用比较复杂，情报分析人员应当从整个情报分析如何开展更为有效的角度来审视情报分析中的方法、流程和组织原则等。换言之，批判思维"是情报分析人员就如何完成分析工作而形成的对分析方法的评估[2]"。因此，批判思维提供的更多的是关于情报分析的认识和如何改进的思考与办法，是"有关方法的方法"，具有方法论的属性。

### 5.2.1 批判思维在情报收集环节的作用

批判思维非常注重思维过程中所使用的思维结构，以提高思维的品质。[3] 这种思维结构需要综合考虑：待解决的问题；思考的目的；已掌握的材料；对材料的阐释及由此而来的推论；在阐释与作出推论过程中隐含的理念与作出的假设，其意义与后果；其他可能存在的另类观点。分析人员可以借助这一套思维机制确保思维的严谨，将整个思维过程外化，并考虑替代选择，以避免判断失误。我们可以结合情报分析来进一步理解批判思维的思维结构。

#### 5.2.1.1 便于分析人员根据目的选择收集情报的方向

通常情况下，情报用户提出的问题需求和指导原则对分析人员几乎没有任何指导意义，且可能具有误导性，既浪费分析人员的资源，又无法满足情报需求。一位资深的政策用户曾评论道："有时候，情报分析人员认为是不重要的非常重要，而他们认为重要的却并不重要。"[4] 所以，分析人员首先需要明确用户是谁，了解用户所提出的问题、进行情报分析的原因是什么、需要什么样的情报产品、何时提交分析结果等。基于此，情报分析人员要运用自己的专业技能，结合自己对该问题的理解，将问题分解，使之成为能够解决的子问题，从而正确回复决策者所提出的问题。这是结构化论证（Structured Argumentation）

---

[1] 周西平：《情报分析中批判思维的运用》，载《图书馆学研究》2014 年第 9 期，第 15—19 页。
[2] David T. Moore, *Critical Thinking and Intelligence Analysis*, National Defense Intelligence College, 2007, pp. 57-58.
[3] David T. Moore, *Critical Thinking and Intelligence Analysis*, National Defense Intelligence College, 2007, p. 27.
[4] David T. Moore, *Critical Thinking and Intelligence Analysis*, National Defense Intelligence College, 2007, p. 12.

过程的第一步。[1]

5.2.1.2 根据批判思维挖掘的问题来收集情报

批判思维本质上是一个质疑的过程，思考者针对各个环节提出不同的问题，并逐渐产生对问题的新观点。科学始于对问题的探索，探索发现的前提是问题的形成，如果没有疑问，也就没有发现。质疑本身就是一种批判形式。没有提出恰当的问题是实际造成很多情报失误的原因。批判思维能够帮助分析人员理顺问题的解决思路，正确认识需要解决的困难与问题，同时找到有效的解决途径。

### 5.2.2 批判思维在情报分析环节的作用

一般情报分析人员接触到问题之后，往往并不关注解题的思维过程，而是迅速在大脑中形成解决问题的思路，寻求答案。而具有批判思维的情报分析人员关注分析推理的思维过程，不断质疑分析的各个小环节，目标是形成最佳或最少失误的方案。

5.2.2.1 帮助建立指导情报分析的清晰思维结构模式

情报分析是对情报现象的解释。针对同一个情报现象，不同的思维主体会得出不同的解释。由于思维定式的影响，分析人员很难看到不同的图景，并且很容易将逐渐获得的新信息合并到其先前印象中。因此，分析人员应挑战自己的假设，并通过情境思维、逆向思维和其他方法来预设不同观点的存在。情报分析人员应该问：情报分析中是否有先入之见？这些预设的立场是否合理？对当前情况有不同的解释吗？在这种思维结构的指导下，分析人员可以重新考虑过去情报分析的组织和过程。在批判思维的指导下，分析人员形成了质疑、平等对待、创新等精神和意识，形成了可追溯的思维和分析方式，有利于评价和审查情报方案，提高情报分析的质量。从认知心理学角度来说，我们不可能避免思维定式，因为这是我们认识世界的基本模式。如果没有简化的思维模式，我们就无法应对涌入感官的大量刺激，也无法对自己要分析的大量数据进行处理。美国学者戴维·舒姆（David Schum）说："如果不做任何假定或猜想，福

---

[1] David T. Moore, *Critical Thinking and Intelligence Analysis*, National Defense Intelligence College, 2007, p. 25.

尔摩斯可能永远也不能确定从哪里开始寻找线索。"[1] 对情报分析人员而言，压制一切个人观点或先入之见，完全基于实际情况进行"客观"思考，无疑是一种徒劳之举。认识到这一点，有助于我们从另一个视角来看待和思考思维模式，采取相应的措施，避免成为思维模式的俘虏。学会运用一种"好"的思维模式来进行分析，就要考虑各种可能性的思维模式。情报分析人员不仅要考虑可能与他们的心理期望相符的假设，还要考虑那些实际发生可能性较低的假设（只要有适当的条件和机会，这些假设仍然可以发生），从而使各种假设可以相互竞争，以免使某些假设占主导地位。这意味着在情报分析过程中，有必要给出各种可能性和假设以充分暴露环境，并使各种可能性和假设获得公平对待的机会。只有这样，我们才能更好地避免在分析过程中屈服于自身的认知限制，并排除那些我们认为"不可能"但在分析开始和实施过程中确实存在的可能性。

5.2.2.2 帮助挖掘问题潜在的含义与实际后果

在描述了基本情况之后，分析人员需要对情况作出基本判断：根据目前掌握的基本情况，这意味着什么？会发生什么？如果这些事件发生，将会产生什么后果？其中，最关键的是不良情况分析。分析人员不仅必须向决策者表明哪种可能性最有可能发生，而且还必须表明哪种可能性发生概率最小，一旦发生将会产生什么后果。[2]

5.2.2.3 帮助评估情报资料的价值

分析人员对分析环节和问题作出判断的基础是情报资料，为了找出情报资料之间的内在联系，分析人员要研究大量的情报资料。因此，分析人员必须全面、准确地评估情报资料，制定恰当的搜集策略，找到情报空白并从中得出推论。对情报资料进行评估，则需要评估情报的来源，确定其自身是否有接触此证据的渠道。如关于伊拉克可能存在大规模杀伤性武器这一结论，源自美国情报界的《国家情报评估》，其关键依据来自一位代号为"曲线球"的伊拉克化学工程师，但该情报是不可靠的，因为其超出了分析人员接触这种信息的范围。评估情报资料时，需要特别留意专家意见和数字统计。专家意见常常被当作分析判断的工具，但专家意见很难保持绝对客观。有研究显示，在预测方面，一

---

[1] [美] 特伦斯·安德森、戴维·舒姆、威廉·特文宁：《证据分析》（第2版），张保生等译，中国人民大学出版社2012年版，第267页。

[2] Richards J. Heuer, *Psychology of Intelligence Analysis*, Central Intelligence Agency, 1999, p. 22.

个简单的统计模型都比专家意见更为准确。[1] 统计数据与此相类似,尤其是平均数,比如分析一个国家的军事实力,仅依据其军费支出这一项,并不足以说明一切问题。

#### 5.2.2.4 帮助采取适当措施保证每种可能性得到公平对待

为了避免形成倾向性的结论,批判思维要求在分析过程中采取切实的措施来确保每个证据、每种假设都能得到公平对待。这也是竞争性分析(Competitive Analysis,包括竞争性假设分析、竞争性团队分析)、替代分析(Alternative Analysis)等结构化分析方法被广泛应用的原因所在。

#### 5.2.2.5 帮助发掘推论中隐含的理念和前提

想法,即分析人员在推论和解释过程中使用的"概念"或"假设"。它是提出假设的前提,通常被认为是正确的。霍耶尔指出:"情报分析人员构建自己认定的现实是基于感官提供的信息,然而,感官输入的信息要经历复杂的思维过程,正是这种思维过程决定了哪些信息会受到重视,如何对它们进行组织以及赋予它们怎样的意义。人们所感知的内容、感知的信息难易程度以及处理已获取信息的方式都会受到先前经验、文化价值观、教育背景、自身角色需求、组织规则以及信息的具体细节等的强烈影响。"[2]

概念或思想构成思维模式的基础,并且是智能分析的起点和前提。例如:在古巴导弹危机中,使谢尔曼·肯特(Sherman Kent)作出苏联无法将进攻性武器带入古巴评估的概念是理性行为者假说,即苏联决策者是理性行为者。在赎罪日战争之前,以色列认为阿拉伯国家无法发动战争的原因是其背后的想法,即"战争是理性的,只有胜利的战争才能达到政治目的"。因此,在情报分析中,分析人员分析问题时应考虑清楚所使用的理论、定义、法则、规则和模型。特别需要注意的是,想法可能是隐含的,没有明确提出,但是客观上确实指引了分析人员。而一旦关键先决条件出错,他们得出的假设就一定是错误的。因此,在进行假设时,分析人员需要特别注意那些表达不清楚的想法。

#### 5.2.2.6 帮助进行情报分析的推论与解释

推论和解释是指可以从现有资料中得出什么结论。批判思维利用评估和论证推理这一思维环节,通过质疑、否定原有推理,假设过程,确保情报分析人

---

[1] Rob Johnson, *Analytic Culture in the U. S. Intelligence Community*, Central Intelligence Agency, 2005, p. 64.
[2] Richards J. Heuer, *Psychology of Intelligence Analysis*, Central Intelligence Agency, 1999, p. 22.

员基于正确有效的证据信息进行推理，使情报分析主体的推理过程尽可能穷尽全面的假设。批判思维着眼于消除推理和假设的不确定性、不可靠性，找到替代方案，使推理的前提和结论在更高的思维层次上得到肯定，达到破而后立的思维超越，目的是使情报分析人员提高分析水平，减少情报分析失误，最终作出明智的决断和形成最稳妥的情报方案。推理和假设是情报分析的核心，信息判断是情报分析的起点。正确的推理和判断建立在准确的信息判断基础上，信息数据真实可靠，推理和假设才有价值。因此，在情报分析中主要从信息判断、假设评估和推理论证三个方面来运用批判思维。

分析人员不仅应为情报用户提供判断，以帮助他们理解问题的实质，还应评估情报资料以确定其重要性、可靠性和准确性。因此，情报分析人员不能简单地对情报现象进行描述，而需要解释情报数据。情报人员的结论应该比所涉及的信息资料更为广泛。对材料进行推论和解释是为了能够得出详尽且全面的结论。推论是指从现有证据中得出结果，而解释是基于现有证据来解释情况。

这里应该指出，所谓的推论和解释并不是客观事实，而是对时事发展的假设看法。假设也称假说。科学假设基于科学事实，并以科学理论为前提。假设对所研究的问题进行了推测性的解释和初步的回答，包括猜测事物的本质和规律。理性思维的这种重要形式是科学理解过程中必不可少的环节。[1]但是，由于主观因素，在情报分析过程中，假设不一定反映客观事物的本质。因此，假设是智能分析的起点，而不是智能分析的结果，我们必须高度警惕其正确性。

### 5.2.2.7 帮助分析人员多角度思考问题

从镜像思维的局限性来看，情报分析人员虽然喜欢站在对手的立场考虑问题，但所谓"对手的角度"其实同样是基于分析人员自己的认知在思考问题。换言之，这是一种"虚幻的对手的角度"。在逻辑思维之下，类比的方法经常会陷入镜像思维的陷阱。如在分析印度核试验的情报时，美国情报人员和决策者认为，由于印度在 1974 年已经进行过核试验，没有人对印度的核能力表示怀疑，印度只要不明目张胆地制造核武器或者再次进行核试验，就不会遭到国际社会的谴责和制裁。美国认为，印度没有必要破坏这种良好局面，冒险进行核试验，核试验对印度来说是一场灾难。因此，尽管印度人民党扬言，为了确保国家安全、领土完整和印度的统一，其将采取必要措施和所有可能的行动，将

---

〔1〕 何向东主编：《逻辑学教程》，高等教育出版社 1999 年版，第 202 页。

重新评估核政策,争取获得核武器[1],但美国情报机构和决策者依然认为,印度人民党的思维方式与美国一样,其之所以这样讲,是为了争取印度教选民的支持,一旦人民党上台,出于组织联合政府的目的,他们也必将在对外政策上走温和路线。但事实并非如此。因此,情报分析应该引进多视角思考,在分析团队中引进了解对象国文化的专家,尽可能客观地从对手的立场出发思考问题。

### 5.2.3 批判思维在情报产品评估环节的作用

情报分析是情报分析人员从未知事实中学习并预测未来趋势的过程。在此过程中,思考是分析人员了解客观世界的工具。批判思维使分析人员能够获得新的认知模型和方法。在掌握并理解了自身认知能力和逻辑思维方法的局限性,采取适当的措施和步骤进一步科学化和合理化分析过程,得到相应的情报结论之后,情报分析人员需要对情报产品进行价值的评估。在这一过程中,批判思维发挥的作用也不容忽视。

#### 5.2.3.1 避免情报分析人员仓促作出结论

在面对分析任务时,总是要处理大量情报资料和快速作出结论之间的矛盾,无论是对单个分析人员还是对特定分析团队来说,都是一个棘手的问题。但根据认知心理学可知,认知过程产生的"锚定"作用,正是因为我们对某个分析问题过早得出结论。而通常情况下,情报分析一开始面对的都是较为模糊或之前已经形成结论的前期分析成果,如果此时就作出结论,那么其他可能性就会被忽略,容易导致之后的信息被错误地"甄选"。

由于最初的认知会影响对客观情况的理解,因此通常会存在一种情况,即与初始判断不一致的信息不会使分析人员改变看法。许多分散的情报中积累的信息将被视为完整的信息,在时间等因素的压力下,分析人员可能会选择比较自信的先入之见,而不是按照科学程序作出判断。而批判思维不仅可以避免分析过程中不必要的预先结论,还可以将证据评估、情报空白评估、假设评估等各个不同的环节联系起来,以避免在单一环节中进行思考,从而过早得出结论。

---

[1] 张文木:《印度的大国战略与南亚地缘政治格局》,载《战略与管理》2002 年第 4 期,第 85—90 页。

#### 5.2.3.2 促进分析过程的可视化与可回溯性的实现

批判思维强调认知过程，要求隐性思维过程在分析中尽可能可视化，严格遵循分析流程，提供清晰的逻辑思路，允许不同的分析人员回顾分析过程，以便发现其中不合理或不科学的步骤，并通过交流、讨论和验证不断改进。这实际上体现了在分析过程中对元认知的关注，也就是说，不仅将认知结果用作检测智能分析成败的标准，还将认知过程用作检测智能分析的标准，以便分析人员更好地了解其在分析过程中存在的偏见，而不是仅仅使用"最可能"、"最可能被接受"或"最合理"的假设作为自己的判断。

#### 5.2.3.3 推进实现情报分析全过程自检

使用批判思维检查情报分析过程可以采取对关键问题进行辩证判断的方法。例如，面对某个情报分析主题，可以形成以下基本关键问题：目前已经掌握了什么情况？根据这些已掌握的情况以及自己的经验和认知，形成了什么样的假设？可对所获得的数据、已经形成的假设以及分析过程的其他方面提出什么样的问题？这些问题有何意义？尤其是分析目标采取的行动以及未来可能采取的行动有何基本逻辑、基本目标和预期结果？证据是什么？对于上述问题，是否还有其他与该主题相关的信息值得研究？可以在哪种情况下回答这些问题？哪些与这些问题背道而驰？判断的标准是什么？这种标准的前提是什么？它完全适用于当前情况和假设吗？……

#### 5.2.3.4 对既往的情报分析案例进行回顾、反思与总结

利用批判思维，可以对既往情报分析案例进行回顾反思，进而提出改进意见。理查德·保罗就从问题出发，对古巴导弹危机中的情报分析进行了批判性的反思：(1) 关于"已知道的是什么"，早在危机爆发前，美国情报机构就已经掌握了较多苏联向古巴运送武器装备的信息，其中既有技术手段获取的信息，也有通过间谍和古巴流亡者获得的信息，但这些信息并没有得到情报机构的重视。(2) 关于"假设是什么"，自始至终，美国情报机构和决策者的主流假设只有一个，即苏联不会在如此靠近美国的地方部署战略武器以挑起事端。但其实根据已掌握的信息，完全可以形成相反的或者是怀疑性的假设。(3) 关于"能够提出什么问题"，可以提出诸如"苏联一定会部署导弹吗？""还会不会有其他可能？""在古巴部署导弹对苏联有什么好处？"等问题。(4) 关于"问题说明了什么"，可以形成"苏联是否会在其他地区部署""苏联部署时认为可以改变核态势"等情境。(5) 关于"证据是什么"，可以看到，在"苏联正在古

巴部署导弹"的假设中，有许多证据支持，比如"鄂木斯克"号货轮吃水线很浅等，而针对"苏联不会在古巴部署导弹"这一假设也存在许多证伪性证据。（6）关于"评判标准"，可以看到，美国主流情报分析的评判标准是既定的假设和对苏联的逻辑惯性认识，而且在分析过程中没有形成竞争性分析。[1]

如果在古巴导弹危机期间，美国情报界能够在批判思维的指导下开展分析工作，那么就有可能避免此次导弹危机。

## 5.3 批判思维的核心技能

理查德·保罗博士指出："批判思维作为分析和评估思维的过程，是为了提高思维能力。"他用26项思维技能来概括批判思维，具体如表5.1所示。

表5.1 批判思维26项思维技能

| 宏观技能 | 微观技能 |
| --- | --- |
| 精练概念化的观点，避免简单化 | 对比思想与现实行动间的差距 |
| 比较相似情景，将思想作用于新情况 | 使用批判性词汇来考量自己的思维 |
| 提出信念、论点或理论 | 发现显著相似性和差异性 |
| 阐明问题、结论或信念 | 分析评价假设 |
| 厘清重要词组的概念、意义 | 区分有关和无关事实 |
| 为评价制定准则，明确价值和标准 | 作出合理的推断、预测或解释 |
| 评价信息来源可信度 | 提供原因、证据和事实 |
| 深度拷问，提出并探索问题的症结 | 辨识相互矛盾的观点 |
| 分析或评价论点、信念或理论 | 探索思想和行动的含义以及后果 |
| 归纳、评估解决方法 |  |
| 分析、评价行为或政策 |  |
| 批判性地阅读，阐明并评论文章思想 |  |
| 批判性地听取谈话对方的思想 |  |
| 将跨学科的思想联系起来 |  |
| 采用苏格拉底式讨论方法，对观点进行质疑 |  |
| 采用对话式推理，比较观点或理论 |  |
| 采用辩证推理，评价观点或理论 |  |

---

[1] 孔翔兰、牛澜锦：《用批判性思维分析古巴导弹危机》，载《社科纵横》2012年第5期，第136页。

保罗博士认为，批判思维的 26 个分项技能每项都有指导性原则及具体的表现形式和获得途径，培训者可以此为依据设计课堂教学，帮助学习者获得各分项技能。如果从单纯的技能角度来看，批判思维技能主要包含解释、分析、评价、推论、说明和自我调节六种类型。[1]

### 5.3.1 解 释

"解释"是指用来描述事件、阐释成因的认知技能。"解释"是理解并表达各种经验、情况、数据、事件、判断、惯例、规则、程序或准则。解释主要包含分类和阐明两个功能，例如：如何识别问题并客观准确地描述事情？如何在文本中区分主要思路和从属思路？是通过已有知识进行分类，还是用自己的语言、符号、图表、图形来解释知识点？如何确定事件的主题、目的或意义？

批判思维的第一步是识别情况、发现问题以及分析其相关因素，进一步确定可能受到影响的人员、群体等因素之后，再继续深入研究问题，寻找解决问题的方案。遇到任何突发状况或者新情况，都要停下来盘点一下目前的事态状况：谁在做什么？发生这种情况的原因是什么？最终结果是什么？如果是很糟的结果，如何做才能加以改变？

### 5.3.2 分 析

"分析"指的是用来识别事件之间关联目的的认知技能，包括检查观点、识别论证和分析论证等，如确定描述概念、陈述问题及原因，依据信念、经验表达预期判断或观点。专家们研究想法、发现问题，并将问题分解成更小的问题分别进行分析，从而全面理解问题的复杂性。例如：怎样确定两种解决特定问题方法之间的异同？如何分辨警情通报中重要的警情信息，并找出导致这种警情的主要原因？如何确定未陈述的其他假设？表示主要结论的方式以及支持或批评该结论的理由有哪些？在情报分析报告中，句子或段落之间、段落主要目的之间的关系如何？……通过分析技能，我们可以更好地理解问题的关键，并找到解决问题的有效策略。

---

[1] 高金虎、张魁：《情报分析方法论》，金城出版社 2017 年版，第 170 页。

## 5.3.3 评 价

"评价"是指评估陈述的可信度和逻辑强度。有学者对"评价"的定义是:"评估陈述的可信度,陈述是对一个人的感知、经验、情况、判断、信念或观点的描述;并评估陈述、描述、问题和表达之间推断关系的逻辑强度。"[1] 例如,判断一个作者的信誉、确定信息来源的可靠性、判断两个陈述是否相互矛盾、判断现有证据是否支持另一个结论等。专家们提出的一个例子是"认识到某人成为某个事件的可靠证人",我们首先"根据假设情况判断论点的逻辑强度",如果此人是可靠证人,必须"判断给定论点是否相关或适用或对当前情况有影响","相关或适用,我们判断结论是确定性的"[2]。在比较一个问题的论点时,关键需要有独立的研究能力,有独立的研究能力,才能找到真实可靠的事实和数据来源进行独立验证和评估。

## 5.3.4 推 论

"推论"是指识别、获得得出合理结论的必需要素,并从中推导出结果,即"确定并确保得出合理结论所需的要素,形成初步猜想和假设,依据相关信息进一步推断出更高认知阶段的事件陈述、完备数据、充分证据、全新观点、未来趋势"[3]。要熟练地掌握批判思维,还需要拥有一项重要技能,即根据当前所拥有的信息来推断和得出结论的能力。信息并不会总是直接表达含义,结论通常需要通过评估已知信息,并根据原始数据才能得出。

通过推论,可以在评估方案时推断和发现信息所蕴含的潜在结果,但现实中并非所有推论都是正确的。作为推理的功能之一,它是一种查询证据,推测替代方案和得出结论的方法。它包括质证、推测可能性和得出结论三个子认知技能[4]。例如,推测某人言语表达的真实含义,或者从阅读中明白作者的意图。又如,根据特定情况预测下一步将要发生的事情,或者将相关思想的综合

---

[1] Peter A. Facione, *Critical Thinking: A Statement of Expert Consensus for Purposes of Educational Assessment and Instruction*, American Philosophical Association, 1990, p. 25.

[2] Peter A. Facione, *Critical Thinking: A Statement of Expert Consensus for Purposes of Educational Assessment and Instruction*, American Philosophical Association, 1990, p. 25.

[3] Peter A. Facione, "Critical Thinking: What it is and Why it Counts", *Insight Assessment*, No. 1, 2007, pp. 1-23.

[4] 高金虎、张魁:《情报分析方法论》,金城出版社 2017 年版,第 170 页。

表述整理加工为某种一致的观点。推论是一种有根据的猜测，可以通过在下结论之前有意识地努力收集尽可能多的信息来提高推论的正确率。

以上四种技能就是人们进行思考及判断的基本流程。但究竟怎样才能在日常工作生活中自如地运用批判思维，改善自我观点的展示呢？除了解释、分析、评价和推论，更高级的批判思维还有两个突出的特点，即"说明"和"自我调节"。这两个特点可以帮助我们解释自己的想法或者解释我们得到的结论，除此之外，还可运用到改善现有观点方面。

### 5.3.5 说　明

"说明"指的是在陈述推理结果后，基于结果所依据的证据、概念、方法、标准、背景等方面的思考，来证明推理的正确性。"说明"的流程包括陈述结果、正面推理和实现论证。专家们将"说明"定义为：能够以令人信服和连贯的方式呈现推理的结果。这意味着"说明"需要让人全面地对整个推理过程进行浏览：首先，陈述并证明推理在证据、概念、方法、标准方面均有考虑；其次，完整地描述方法和得出结果，证明程序的合理性，以合理的理由对自己持有的观点进行解释或者论证，并提出充分且合理的论点。"说明"也可以通过构建图表来显示结论，表达对一些重要而复杂的事情的当前想法。

"说明"是陈述研究结果并描述取得这些结果所使用的方法。诉诸已确立的标准以显示某一判决的合理性。通过设计思维导图，准确地表示概念或想法之间的从属关系，列出在得出最终结论时所考虑的因素。

### 5.3.6　自我调节

"自我调节"是指人们自觉地对自己的认知活动加以管理，并以这些认知活动来推导结果。从某种意义上说，"自我调节"适用于自身思考的一种自我校准。分析者能自觉地审视自己的认知活动、这些活动中使用的要素及其所产生的结果，尤其重要的是通过应用分析技能并对自己的推论判断进行评估、提问、确认或纠正自己的推理或结论。因此，有些人将其称为"元认知"调节。这种观点认为，人的一次性思考为元认知，对其进行监测并加以调整意味着将思维提升到另一个层次。自我调节就像数学上的递归函数一样，它可以适用于所有事物，包括自身。

自我调节的作用可概括为以下三点：一是能够检视和更正自己提供的解释。二是可以检查并更正自己所得出的推论。三是可以审查并重新给出自己的解释。类似于对自己说："我做得怎样？我错过了什么重要的事情吗？我再仔细审查一下。"自我调节的两个子技能是自我检查和自我纠正。例如：审慎地考虑个人偏见对有争议的问题可能产生的影响；在听别人陈述时检查一下自己，确保自己在客观情况下理解对方的真实想法和自己的想法；审视自我对收集到的信息的理解或理解的程度；提醒自己将自己的观点和假设与他人的观点区分开；通过重新考量和计算来仔细检查自己；根据材料的类型和研判目的来改变信息分析的方法；通过对案件事实的进一步分析，重新定位自己的解释或判断，并根据在其中发现的错误来修正自己的结论。

综上所述，批判思维的核心技巧，可以总结为表5.2：

**表 5.2　批判思维的核心技巧**

| 技能 | 专家共识说明 | 子技能 |
| --- | --- | --- |
| 解释 | 理解并表达各种经验、情况、数据、事件、判断、惯例、规则、程序或准则 | 分类、关键词解析、阐明含义 |
| 分析 | 确定描述概念、陈述问题及原因，依据信念、经验表达预期判断或观点，用来识别事件之间关联目的的认知技能 | 检查论点、确定论点、确定原因和主张 |
| 评价 | 评估陈述的可信度，陈述是对一个人的感知、经验、情况、判断、信念或观点的描述；并评估陈述、描述、问题和表达之间推断关系的逻辑强度 | 评估主张的可信度、评估使用归纳或演绎推理提出的论点质量 |
| 推论 | 确定并确保得出合理结论所需的要素，形成初步猜想和假设，依据相关信息进一步推断出更高认知阶段的事件陈述、完备数据、充分证据、全新观点、未来趋势 | 查询证据、猜想选择、得出逻辑上有效或合理的结论 |
| 说明 | 根据结果所依据的证据、概念、方法、标准、背景和情境方面的陈述和理由，以令人信服的论据来表达自己的推理 | 陈述结果、证明程序、正当理由 |
| 自我调节 | 自觉地审视自己的认知活动、这些活动中使用的要素及其所产生的结果，尤其是通过应用分析技能并对自己的推论判断进行评估、提问、确认或纠正自己的推理或结论 | 自我审视、自我纠正 |

不断地自省与自问是激发批判思维能力的最佳方法之一。根据批判思维的核心技巧，笔者选取了几个有针对性的问题作为例子，总结如表5.3所示：

表 5.3 激发批判思维能力的问题

| 技能 | 激发批判思维能力的问题 |
|---|---|
| 解释 | • 这是什么意思？<br>• 发生了什么？<br>• 我们应该如何理解（例如，他或她所说的话）？<br>• 对此进行特征分类的最佳方法是什么？<br>• 在上下文中，通过说/这样做意味着什么？ |
| 分析 | • 我们该如何理解（经验、感觉或陈述）？<br>• 请再次说明你提出的理由<br>• 你的结论是什么/你主张的是什么？<br>• 为什么你会这么想？<br>• pro 和 con 的参数是什么？<br>• 我们必须作出什么样的假设才能接受这一结论？ |
| 评价 | • 该声明的可信度如何？<br>• 为什么我们认为可以信任此人的主张？<br>• 这些参数有多可靠？<br>• 我们有正确的事实吗？<br>• 我们对所掌握的情况是否自信？ |
| 推论 | • 你所说的依据是什么？<br>• 鉴于目前所知，我们可以得出什么结论？<br>• 鉴于到目前为止我们所知道的，我们可以排除什么？<br>• 这个证据意味着什么？<br>• 如果我们放弃/接受这一假设，情况将如何变化？<br>• 我们需要什么其他信息来解决此问题？<br>• 如果我们相信这些事情，其对我们的后续工作意味着什么？<br>• 这样做的后果是什么？<br>• 我们还没有探索什么替代品？<br>• 让我们考虑每个选项，并查看在何处使用<br>• 是否存在我们可以并且应该预见的任何不良后果？ |
| 说明 | • 调查的具体发现/结果是什么？<br>• 你如何进行该分析？<br>• 你是如何得出这种解释的？<br>• 为什么你认为这是正确的答案/解决方案？<br>• 你将如何解释作出此特定决定的原因？ |

续表

| 技能 | 激发批判思维能力的问题 |
|---|---|
| 自我调节 | • 我们在此问题上的立场仍然很模糊，可以更精确吗？<br>• 我们的方法足够好吗？我们如何遵循它？<br>• 我们是否有办法调和这两个明显冲突的结论？<br>• 我们的证据足够真实吗？<br>• 在提交之前，我们还缺少什么？<br>• 在作出任何最终决定之前，我们应当重新审视哪些部分？ |

## 5.4 批判思维的标准

充分了解了批判思维的基本原理和核心技能之后，在情报分析实践中，我们依据什么来判断是否达到批判思维的高度了呢？批判思维是一个提出疑问、搜集证据、分析推理并得出结论的过程，一般可以通过九大标准来对其加以衡量，现陈述如下：

### 5.4.1 清晰性

在陈述事实、表达某种观点的时候，首先必须保证表达的清晰、准确，避免出现重复、观点不明或表述不清的情况。要多从倾听者的角度考虑问题，尽量使受众能清晰、准确地接收所表达的观点和事实。表达清晰仅仅是开启了批判思维的大门。有关清晰性，我们要提示如下问题：

- 是否能够详细描述所持观点？
- 是否能举例说明？
- 能进一步举例说明吗？

比如，讲解一个抽象概念，应使用听者理解和生活中常见的包含此概念的场景和事件说明，而不宜再使用抽象的词句进行解释。在情报分析报告中，通常用具体图表来体现清晰性，一张科学的图表比语言表述更加简洁和精确，方便决策者快速、准确地获取报告中的信息。

### 5.4.2 正确、真实性

清晰的观点并不一定是正确且真实的。无论是表达自己的观点，还是听取他人的观点，或者是观察研究某一现象时，在保证清晰的基础上，还要以"正确、真实"作为重要的衡量标准。对观点的表述不仅要科学、准确，还要有真实、可靠的证据材料作为支撑。在论证过程中，即使包含了前提和结论，也必须认真检查前提的准确性和对结论的支持性。推理所依据的基础信息和数据的正确、真实性是最后得出正确推论和科学决策的前提。情报分析的大量工作都是在验证收集到的信息是否真实可靠。我们时刻需要提醒自己，对观点和现象要有自己的思考，并对其提出合理质疑：

- 这个观点是真实的吗？
- 这个观点有依据吗？
- 证据可靠吗？
- 如何检验观点的真实性？
- 怎样证明观点的真实性？

随着互联网、物联网的发展，各种信息呈爆炸式增长，但是真实有效的信息很有限。情报产品形成的过程大多是整合信息、去粗取精、去伪存真的过程。如果信息不准确、真实，那么就无法进行有效推理，也无法得出可靠的情报分析结论。

### 5.4.3 精确性

"精确"指的是更具体、更详细、包含更多细节的观点或事实。"清晰"和"正确、真实"的表述并不一定是"精确"的。当我们描述事实或阐述观点时，只有足够精确，才可以使他人更加系统、全面和详尽地了解我们所表达的事实或观点。在听取他人观点的时候，也要多以"精确性"来检测对方对观点的表达和事实描述的解释是否足够充分。情报结论必须建立在大量精确数据基础上，如果都是描述性语言，无法成为决策依据。所以在情报分析过程中，情报人员要多追问自己：

- 结论是否可以再明确一些？
- 能否给结论增添更多细节？
- 结论可以再精准一点吗？

现代信息技术越来越发达，信息、数据多到人们无从选择。但是，面临具体决策时，真实可靠的信息、数据非常难得。情报搜集来的信息、数据有真有假，但是经过分析研判之后，必须筛选出真实、准确的信息和数据，这样情报分析报告才切实可靠。比如，决策者需要近半年的某类犯罪形势分析，如果最后的分析报告缺乏翔实、具体的数据，显然工作未能完成。信息时代的情报工作已经大大改进传统的公安工作效能，真切地体现为数据赋能，我们可以实现精确打击、精准配置警务资源、为社区民众提供精准服务。

### 5.4.4 相关性

"相关性"标准，需要我们找到事实、观点与结论之间的直接或间接关联。情报是支持决策的有价值的信息和数据，情报收集到的信息如果与具体决策毫不相关，那么收集来的信息再清晰、正确真实、精确也毫无意义。找寻联系则意味着沟通交流，高质量的沟通和高效率的交流才符合"相关性"这一标准。时常以"相关性"衡量自己的情报收集与研判过程，可以减少时间和精力的浪费，也能够提高个人的专注度和思维的敏捷性，使论证的过程更加清晰、更具有逻辑性和说服力。在论证过程中，要时常以这样的标准自我检验：

- 观点与要解决的问题有何关联？
- 观点和结论如何帮助我们解决目前的问题？

### 5.4.5 深 度

"深度"标准要求情报人员具备洞察力，敢于思考追寻事情背后的深层因素，对客观事实、表面现象、基本观点、相关问题等进行深入分析与调研，以探寻事件的本质，并依据结论灵活变通、合理应对。缺乏深度的思考，使人容易得出浅显的观点，作出错误的决定。只有对案件和人物背景、影响因素进行深入研究，才能实现情报分析的智慧洞察。所以，我们需要常常问自己：

- 我是不是把问题想得太简单了？
- 这个问题是否还能深入分析？
- 是什么因素让这个问题变得难以解决？

### 5.4.6 广 度

批判思维的"广度"指的是相关思考者从一个前提探寻出更多可能的相关结论，或依据一个结论，回溯查找出更多的相关前提。"广度"要求拓宽思考的层次维度，发掘问题和现象的侧面，从更多角度解释和剖析问题，同时还要注意避免主观偏见，从而探寻出更合理、更全面、更具说服力的结论。为达到批判思维的"广度"，我们需要常常追问自己：

- 是否需要从更多的角度观察问题？
- 是否需要考虑其他观点？

### 5.4.7 逻辑性

前面讲到的批判思维的清晰性、正确真实性、精确性、相关性、深度和广度六个标准与"逻辑性"标准均具有密切联系。达不到任意一个标准都是缺乏逻辑性的体现。逻辑性标准以前述六个标准为前提，"富有逻辑性"是一个更高阶和更综合的标准。批判思维又称为论证思维，论证表达或者方案合乎逻辑是最基本的要求。要做到合乎逻辑，需要经常思考以下几个问题：

- 推理与结论是有意义的吗？
- 问题与结论具有前后关联性吗？
- 论证过程是否能经得起推敲？

"逻辑"是西方文明的核心，讲求客观存在与发展规律。东方文明中与逻辑相对应的词是"道"，所谓"道法自然"，讲求整个宇宙的根本属性。在思维层面，我们要格外注意是否会因逻辑性的缺乏而判断失误。

### 5.4.8 重要性

由于论证过程有时会过于烦琐，需要对论证过程进行优化和精简，这就引出了批判思维中的"重要性"标准。重要性，通常体现在决策需要解决的问题的迫切性、紧要性以及问题的社会影响等方面。无论是在日常生活学习过程中，还是在情报分析的流程中，很多人会出现无法抓住重点的问题。海量的信息、众多的观点、繁杂的问题，没有重点就会被牵着鼻子走，或者被不重要的东西限制了眼界，忽略了最重要的部分。"重要性"这一标准要求我们避免琐碎信息的干扰，避免面面俱到或把有限的精力浪费在细枝末节。在大量的事实和观点面前，我们要厘清主次关系，善于抓住重点，要经常提醒自己：

- 所研究的问题是当前的重要问题吗？
- 所研究的观点是问题的中心点吗？
- 所关注的事实是信息的重要部分吗？

### 5.4.9 公正性

"公正"是批判思维的基础和前提,也是最为复杂和较难把握的标准。符合公正性标准的方案才具有价值。"公正"要求我们按照一定的规则和标准进行思考,同等对待不同的事实、观点和问题,避免主观偏见;要求我们理性思考,避免既定立场,避免先入为主,避免出现"双重标准""多重标准"或者歧视的现象。过分的自信或自卑,或将事实扭曲夸大、避重就轻,都是"不公正"的表现。为了体现公正性,就需要多加自我反省:

- 我提出观点时是否已经有既定立场?
- 是否能站在他人立场理解他人观点(即是否具有同理心)?
- 我的原则和标准是否与大众的原则和标准一致且正确?

## 5.5 批判思维的训练

### 5.5.1 日常批判思维的训练

批判思维在日常生活中必不可少,是帮助人们打破思维定式、解决棘手问题的重要思维模式。日常生活中的批判思维可以通过自查与自检的方式进行培养。

#### 5.5.1.1 批判思维心态自评

我们可以通过自评来检验自己是否具有批判思维的基本心态,如表 5.4 所示,对每个问题回答"是"或"否"。

表 5.4 批判思维心态自评表

| |
|---|
| 1. 是否足够勇敢地反思一些长久尚未解决的、涉及价值观的问题? |
| 2. 是否回避了上述这些问题? |
| 3. 是否对与我持不同观点和想法的人表示了宽容? |
| 4. 是否以自己固有的观点寻找支撑,而不是通过寻求信息来重塑自己的观点? |
| 5. 是否尝试超前思考并预期各种选择的后果? |
| 6. 是否会嘲笑别人的信仰、价值观或观点和想法? |

续表

| 7. 是否认真分析了自己决策的可预见结果？ |
|---|
| 8. 是否操纵了信息以使之能够满足自己的推断？ |
| 9. 是否鼓励同龄人不要轻易放弃自己的观点和想法？ |
| 10. 是否忽略了自己的选择可能带来的不利后果？ |
| 11. 是否已经建立了对问题深思熟虑的系统性方法？ |
| 12. 是否直接陷入了问题解决的旋涡中，而非先思考应当如何解决问题？ |
| 13. 在提出具有挑战性的问题之后，是否可以通过思考和研究来回答或解决它？ |
| 14. 是否在解决问题时不愿意自己思考，而想要通过别人轻易地获取答案？ |
| 15. 阅读报告、报纸、书籍，观看新闻和纪录片，是否为了学习新知识？ |
| 16. 是否因不投入精力学习新知识，直接造成严重后果？ |
| 17. 是否能在更改决定、重新思考的过程中展现出强大的决心？ |
| 18. 是否以拒绝改变决定来展示自己的意志坚定？ |
| 19. 是否会在作决定时考虑环境和具体情况的变化？ |
| 20. 是否会因自己的信仰、受教育背景等因素拒绝考虑一些问题的立场？ |

对于奇数编号项目的每个"是"和偶数编号项目的每个"否"，都给自己打5分。如果你的总分达到70分或以上，则表示你关于批判思维的评价总体上是积极的；50分或更低的分数表示你对批判思维产生反感或敌意；介于50分到70分之间表明，你对批判思维表现出矛盾的情绪。

#### 5.5.1.2 批判思维的构建

其他评价工具则更加完善，例如"加利福尼亚批判思维倾向量表"（California Critical Thinking Disposition Inventory），它给出了7种批判思维习惯建立的基本方法。接下来，我们将讲述7种入门方法，帮助大家进行日常基本的批判思维构建。

（1）提出基本问题

斯蒂芬·杜布纳（Stephen J. Dubner）曾说："世界是复杂的，但并非每个问题都需要一个复杂的解决方案。"对问题的解释越复杂，越容易导致在解决最初问题时迷失方向，以致南辕北辙。为了避免这种情况的发生，我们必须剖析复杂问题中涵盖的基本问题，基本问题的提出可以主要从以下四个方面入手：

- 哪些信息是已知的？
- 信息是如何得到的？

- 如何证明、反证，再证明、批判？
- 是否有被忽略的信息？

解决一个复杂问题之所以会让人惊讶，并不是因为过程的艰辛或者步骤的繁杂，而是用最普通的方法就能够达成目的，所以化繁为简是解决问题的首选。

（2）质疑基本假设

当提出假设时，要将其当作错误结论进行质疑与分析。思考问题时，同样应当遵循这个原则。对自己的假设深信不疑就容易掉入思维的陷阱，找不到问题的突破口。人类历史上伟大的革新者，都是依靠对问题质疑的态度，提出不同的看法，以此打开了新世界的大门。从牛顿到爱因斯坦，无不是站在巨人的肩膀上。质疑假设是创新的源泉，但我们并不需要像爱因斯坦一样期望改变世界，单纯对问题持有质疑态度就会使我们受益匪浅。

（3）关注思维的过程

人类思维的力量是惊人的，但当我们试图批判性地思考时，思维反应速度和惯有的思维模式可能会成为一个缺点。我们的大脑自然地使用启发式（心理捷径）来解释我们周围发生的事情，批判性思考者在思考时会注意规避认知偏见和个人偏见，合理把控自己的个人因素，对问题作出看似"客观"的决定或解决方案。每个人在思考时都会或多或少地带有个人偏见，意识到这个问题才有可能形成批判思维。

（4）尝试反向思维

反向思考是解决问题的重要方式之一，例如 A 引起 B，但是如果 B 引起 A 呢？一个典型的例子就是"先有鸡，还是先有蛋"。一开始，很明显鸡必须先存在，毕竟鸡生蛋。但你很快会意识到，鸡一定是从某个地方来的。既然小鸡是从蛋里孵化出来的，那么应该是蛋先存在。即使事实证明情况并非如此，但是这样的思维方式会让你找到解决问题的方法。

（5）评估现有证据

牛顿曾说："如果我看得比别人更远些，那是因为我站在巨人的肩膀上。"解决问题时，应多查看在同一领域其他专家提出的解决方法。如果有人已经为你的问题奠定了基础，则你无须再从头开始解决问题。同时，评估已存在的信息也是非常重要的，否则在错误的基础上就只能得出错误的结论。如何评估我们所掌握的证据，具体可以从以下三个方面切入：

- 谁收集了这些证据？
- 他们是如何收集的？
- 为什么这些证据能够证明结论？

（6）独立思考

不要仅停留在阅读和了解他人的结论中，以致忽略自己独立思考的能力，独立思考会成为我们最强大的武器。关于爱因斯坦的论文[1]，斯诺（Snow）指出："爱因斯坦似乎是在没有听取他人意见的情况下，纯粹依靠自己的思考得出了结论。出乎意料的是，这一著名方程确实是这样得出的。"[2] 当然，过于自信不可取，但要认识到自己的独立思考在解决问题时是至关重要的。一味地重复别人的工作，最终只会迷失自我，丧失独立思考的能力和提出问题、解决问题的主见。

（7）认识到人们并不总是使用批判思维

琳达·埃尔德（Linda Elder）和理查德·保罗曾说："任何类型的批判性思维在任何个体中都不是普遍的，每个人都会受到一些不守纪律或不理智的想法的影响。"[3] 批判思维只是一种思维的方式和解决问题的途径。简而言之，批判思维是一种工具。当遇到问题时，我们才会使用这种工具，并非对生活中所有的事情都要通过批判思维解决。重要的是，我们在这种思维的帮助下能够规避失误，突破困境，及时解决问题。什么样的人才善于运用批判思维呢？专家们形容这种人具有"批判精神"。具有批判精神并不意味着总是对事物持消极态度和批评态度，专家们在积极的意义上使用了隐喻性的批判精神，他们将批判思维的标准归结为"探索好奇心、敏锐的头脑、对理性的热心奉献以及对可靠信息的渴望"。

---

[1] 1905年6月，爱因斯坦发表《论动体的电动力学》（Elektrodynamik bewegter Körper）一文，首次提出了狭义相对论基本原理，并提出了两个基本公理，即"光速不变原理"和"相对性原理"。1905年9月，爱因斯坦发表《物体的惯性同它所含的能量有关吗？》（Ist die Trägheit eines Körpers von seinem Energieinhalt abhängig?），认为"物体的质量可以度量其能量"。随后，爱因斯坦推导出了公式 $E = mc^2$。

[2] C. P. Snow, *The Two Cultuers and the Scientific Revolution*, Cambridge University Press, 1961, p. 73.

[3] [美]理查德·保罗、琳达·埃尔德：《批判性思维工具》，侯玉波等译，机械工业出版社2013年版，第74页。

### 5.5.2 培养问题意识

在论证逻辑推理的各个环节，我们通常会提出以下一些问题：

#### 5.5.2.1 有关概念的批判性问题

概念是逻辑思维的最小单位，它是人们对事物属性认识的一种描述。在沟通交流时，为了辨别双方所说的是否为同一事物，可以依照日常交流中经常使用的概念范围提出以下问题来判断：

（1）是否混淆了普遍概念与单独概念？
（2）是否混淆了集合概念与非集合概念？
（3）是否误用了概念？同一个概念在不同的语境中是否有不同的含义？
（4）如何分辨概念所使用的语境？
（5）是否混淆属种关系的概念？
（6）是否并列使用交叉关系的概念？
（7）是否混淆矛盾关系与反对关系的概念？
（8）概念的内涵和外延是否一致？
（9）是否存在不当概括？

- 定义项的外延与被定义项的外延是否一致？
- 定义项是否包含被定义项？
- 定义是否清晰？
- 是否以比喻代定义？
- 认定概念的标准是否统一？[1]

#### 5.5.2.2 有关判断的批判性问题

人们在沟通交流、表达思想时，为了明确双方的判断均为有效判断，可以提出以下问题：

（1）判断是否正确？
（2）判断是否明确？
（3）是否会出现歧义？
（4）是否会出现以偏概全的现象？

---

[1] 高金虎：《试论批判性思维在情报分析中的应用》，载《情报杂志》2013年第9期，第1—5页。

(5) 是否选择了逻辑恰当的连接词？

(6) 是否区分了逻辑语言与自然语言的使用？

(7) 是否出现了概念的混淆？

#### 5.5.2.3 有关推理的批判性问题

推理是一种从已知信息推导未知信息、扩充知识储备的重要思维形式，其前提与结论要有逻辑联系。为了判断推理是否有效，可以从以下几个方面查看推理是否符合逻辑：

(1) 判断形成后对原本的推理路径是否有实质性的影响？

(2) 在推理过程中是否省略了三段论中的大前提？

(3) 在推理过程中是否使用了正确的三段论推理模式？

(4) 在现实交流中，沟通是否有其存在的逻辑性意义？

(5) 条件推理中，两个事物之间是否具有真正的因果关系？

(6) 条件推理中是否强加了因果关系？

(7) 条件推理中是否混淆了原因？

(8) 数字的比例关系是否符合逻辑？

(9) 对归纳推理的结论是否能提出反例证伪？

(10) 列举的归纳推理是否简单有效？

(11) 推理所统计的样本是否具有代表性？

(12) 类比推理中，两个类比的事物有无相异性或相关性？

#### 5.5.2.4 有关论证的批判性问题

为确保在沟通交流时前后一致、论证有说服力，需要概念明确、判断恰当、推理有逻辑性。一个有效的论证以真实、充足的论据，经过有效的论证方法导向论题。所以，可以提出以下问题来评价论证过程：

(1) 是否偷换论题？

(2) 是否混淆论题？

(3) 论题是否真实？

(4) 论据与论题是否相关？

(5) 理由是什么？理由是否成立？理由对结论有多强的证明力？

(6) 论证是否自相矛盾？

(7) 论证方法可行不可行？

(8) 论证的意图是什么？

### 5.5.3 质疑的方法

批判思维最核心的环节就是质疑，通过质疑对原有方案不断提出问题，原有方案被质疑后依然没问题，就得到肯定和认同，形成稳妥的方案。如果经过质疑原有方案有问题，则需要修正问题，使原有方案得到改善、实现创新。例如，在情报分析中，C、B、A 分别代表不同方案，一开始形成 C 方案时，我们想方设法去除 C，目标是产生更好的替代方案 B，之后再进一步找出 B 方案的问题，直至最后形成无可挑剔的、最有价值的 A 方案，质疑结束。具体如表 5.5 所示。

表5.5 质疑方法应用

| 方案 | 目标 |
| --- | --- |
| C | 考察必要性<br>能否去除此想法，在去除此想法的情况下做事？我们真的需要这个想法吗？ |
| B | 考察做事的原因<br>这些原因是否依然有效？我们可以不根据这些原因来做事吗？ |
| A | 考察做事的方法<br>是否存在其他的替代方案？ |

### 5.5.4 情报分析批判思维的训练

情报分析始于对信息的判断，情报产品是在信息判断基础上形成的。信息判断是指对信息能否满足以及能在多大程度上满足决策者需求所作出的判断，主要断定分析人员要解决的问题所涉及的信息来源的可靠性和信息本身的可信性。信息判断同时涉及信息主体和信息客体，容易造成信息判断结论的不确定性，所以需要进行批判性思考。

#### 5.5.4.1 评估海量信息

西方警务通用的"信息评估海事量表"（如表 5.6 所示），从信息来源的可靠性和信息本身的可信性两个方面来进行信息判断，对我们来说非常具有借鉴意义。当一条信息被标识为 1A 等级时，表示其价值极高；相反，4D 等级的信息就难以作为推理依据了。

表 5.6　信息评估海事量表[1]

| 来源的可靠性<br>(RELIABILITY OF THE SOURCE) | 信息的可信性<br>(CREDIBILITY OF INFORMATION) |
| --- | --- |
| A：完全可靠（Completely reliable） | 1：通过其他渠道已经得到证实（Confirmed by other source） |
| B：通常可靠（Usually reliable） | 2：很可能真实（Probably true） |
| C：还算可靠（Fairly reliable） | 3：可能真实（Possibly true） |
| D：通常不可靠（Not usually reliable） | 4：值得怀疑（Doubtful） |
| E：不可靠（Unreliable） | 5：不太可能真实（Improbable） |
| F：无法判断（Reliability cannot be judged） | 6：无法判断（Truth cannot be judged） |

#### 5.5.4.2　提出疑问

要善于在信息判断过程中提出疑问，具体要问这样一些问题：信息来自哪里？是权威机构还是坊间流传？是客观事实还是某人的观点？如果是某人观点，是否带有偏见、含有情感因素？生活中是否存在类似的刻板印象？语义有无倾向性？代表了什么样的价值系统？如果是事实，怎样证实？有没有确定的人或事物？如果有，与当下问题解决的相关性如何？总之，信息判断要在客观事实基础上进行，而衡量信息判断正误的标准，就是看它是否符合准确性、客观性、权威性、时效性、适用性。

2003 年发生的浙江张氏叔侄奸杀案之所以是冤案，原因就在于侦查人员在定案过程中对证据信息缺乏基本的质疑。2006 年 4 月中旬，央视社会与法频道《第一线》栏目对此案进行了报道。节目展现了侦查人员在侦破"5·18 奸杀案"时，如何在没有任何物证的情况下，仅通过"突审"让张氏叔侄交代"强奸抛尸"犯罪事实，获取"无懈可击"的证据。通过刑讯逼供而不是依据客观事实论证，对案件所作的判断注定是错误的。

#### 5.5.4.3　评估假设

美国著名的情报分析专家谢尔曼·肯特（Sherman Kent）提出了情报分析金字塔[2]，他认为情报分析是在搜集到充足信息的基础上，通过缜密推理、谨

---

[1] 参见澳大利亚联邦警察培训内部资料。
[2] Sherman Kent, "Estimates and Influence", in Steury & Donald, P., ed., *Sherman Kent and the Board of National Estimates*, CIA: The Center for the Study of Intelligence, 1994, http://www.cia.gov/cia/publications/Kent. Papers/index html.

慎假设得到正确结论的。假设是信息不充分时的猜测，缺乏假设的分析只能叫作信息整理。信息再多也不是情报，正确的假设才使得信息跨越转变成情报。

运用批判思维论证情报分析中的假设，情报分析人员需要对假设各个环节不断提出疑问。首先，要解释清楚分析者提出的假设，包括假设中含有的信息以及怎样识别这些信息，如假设提出的背景、假设包含哪些合理证据、证据的可信程度和来源可靠程度、是否有其他被忽略证据等。其次，要对假设形成的看法有所保留，留有再选择的空间。最后，从正反两方面评估这些假设形成的背景和表达方式，弄清楚哪些人坚持这些证据、哪些人反对这些证据、各自立场如何，并对他们支持或反对的观点作深刻的分析。

哲学家查提尔（Emile Chartier）曾说："当你只有一个主意时，这个主意就太危险了。"[1] 同样的道理，在情报分析中，当分析人员只有一种假设时，这种假设也是具有很大风险的。因此，霍耶尔提出了竞争性假设分析法，即情报分析中我们需要论证的通常是在情报假设群中某些假设的价值。

假设的证实或证伪靠的是证据，那些可靠性强、相关性高的信息就是最有利的证据，有证据支持的假设便是有证假设，没有证据支持的假设就成了无证假设。批判思维的运用，就是要提醒情报分析人员不能仅从表面上重视有证假设而忽略无证假设，因为无证也许只是暂时现象，随着进一步的信息搜集和有证假设的论证，无证假设也有转化成有证假设的可能。只有已经被证据否定的假设（证否假设）才是可排除的假设。

在2003年发生的浙江张氏叔侄奸杀冤案中，预审员在"命案必破"的压力下，缺乏对假设各环节的评估，先入为主地认定张氏叔侄二人就是嫌疑人，只寻找能证明他们有罪的证据（去气象部门了解案发当晚的天气，以判断是否雨大到无法听到尸体被抛入水沟的声音），明显忽略了能证明张氏叔侄二人不是犯罪嫌疑人的三大证据：（1）死者指甲缝里留有与张氏叔侄二人无关的DNA；（2）死者体内无精斑留痕；（3）车上未见丝毫强奸死者的痕迹。办案人员执着地从其他角度很牵强地证明张氏叔侄二人有罪，所以其结论在10年后被推翻了。

#### 5.5.4.4 评估分析过程

论证推理需要符合规则。培养情报分析人员良好的批判思维素质，使其更

---

[1][法]阿兰：《幸福散论》，李磊译，湖南人民出版社2021年版，第85页。

好地掌握批判性认知技能，要遵循一定标准。应主要从思路清晰、推理精准、相关性强、达到一定深度和广度、逻辑严谨、具备重要性和公正性等层面对推理的科学性进行论证和评价，进而形成更科学、有效的推理。

在上述案例中，预审员经过"突审"，得到的是张氏叔侄二人前后矛盾的口供，明显违背演绎推理的规则。侄子说他是在汽车的前排实施了强奸行为，叔叔是在汽车的后排，当时将被害人的上衣和裤子全脱了。而叔叔则说实施强奸时，他们三人都在汽车前排，且只脱了裤子，并没有脱上衣。两名嫌疑人口供的差异说明了证据证明力的薄弱，而办案人员仍然以此证明张氏叔侄是共同罪犯。

情报分析是由表及里、由此及彼的过程，应用归纳推理和类比推理比较多，这两种推理都基于客观现实。当今社会正面临转型，矛盾纷呈、乱象丛生且瞬息万变，而每次的分析任务又是在信息残缺、时间紧迫的情况下完成的，所以推理结论很难保证无误。在情报分析的过程中，应该运用批判思维多质疑，增加重新评估的环节，以保证情报方案的稳妥性。具体推理命题的评估方法如下：

例如迹象推理，其基本原理是，在某些情况下，A 与 B 具有关联属性，当 A 为真时，B 通常是真的，所以如果某种类似情况下 A 为真实信息，则 B 也为真实信息。[1] 迹象推理为类比推理的一种，办案人员在张氏叔侄案中，使用的就是迹象推理。

评估迹象推理是否正确，要反问两个问题：（1）推理前提中的迹象和推理结论之间的相互关联强度如何？（2）有没有其他性质的事件能更加可靠地解释被观察到的事物或现象？办案人员在"命案必破"的压力下，丝毫没有质疑张氏叔侄二人与被害人王某之死的关联，而是一味地认定张氏叔侄就是强奸杀人犯，被害人指甲缝中有非张氏叔侄二人 DNA 残留物明明可以证明他们的无辜，却被忽视了。

下面再举两个其他归纳和类比推理的例子，简单设定质疑命题进行评估。

（1）例证推理，指由个案到个案、由部分到部分的推理，可以从以下几个方面评估：

● 具体实例的命题事实上是否为真？

---

[1] 武宏志、周建武主编：《批判性思维——论证逻辑视角》（修订版），中国人民大学出版社 2010 年版，第 145 页。

- 实例是否支持结论中的一般性命题？
- 实例是否属于结论涉及范围内的典型情况？
- 结论的可靠性如何？

（2）从因到果推理，可以围绕以下几个问题展开评估：

- 有因果联系的命题本身是真的吗？
- 是否有证明因果联系的证据？
- 如果有，这些证据能够证明其因果联系存在吗？
- 造成这种结果的原因是否唯一？

减少情报失误，不断提高情报分析水平，是情报工作追求的永恒目标。进一步将批判思维与情报分析相融合，使批判思维成为提升分析水准的重要因素，还有许多工作要做。分析人员要养成批判思考的好习惯，逐渐掌握批判思维技能。此外，还要从制度以及技术上保障批判思维的合理运用。这都需要理论和实战两方面的不断探索，以确保情报分析质量的提高。[1]

---

[1] 周西平：《情报分析中批判思维的运用》，载《图书馆学研究》2014年第9期，第15—19页。

# 第 6 章　情报创新思维

[**本章要点**] 情报创新思维是情报工作保持与时俱进的手段，本章主要介绍了情报创新思维的基本原理。创新思维方法是一个方法体系，由发散、立体、组合、逆向、灵感、联想、想象以及收敛等思维方法构成，了解创新思维的特点，掌握其要点，坚持科学的创新思维训练，从而保障高品质情报产品持续供给。

## 6.1　创新思维

### 6.1.1　创新思维与情报创新思维

技术是思维创新的最主要驱动力。随着大数据、云计算、物联网等新智能技术不断涌现，有专家大胆推断，新技术将引发社会巨变，人们的工作环境、学习环境、生存环境随之都可能发生系列改变。进化论学者达尔文曾说，幸存下来的物种不是最强大的物种，而是最能适应环境变化的物种。如果人的思维还停留在过去时代，那么人将很难适应变化了的新环境，更无法保证产生好的社会效益。当下，情报工作面对的是各种新技术条件下的海量数据，一味秉持传统价值观或者保守思维方法必将在新技术面前迷失方向，更谈不上保持持续的核心竞争力，所以创新思维是情报工作适应技术变革的唯一出路。

创新思维作为一种高级思维活动，是对认识主体原有思维方式的突破，具有开拓性，能够拓展认识主体新的认知领域，使认识主体产生新的认识成果。创新思维始于新的想法。事实上，我们每天都会产生新的想法，因为世界时刻在变化，我们也在不断地修正和改变对世界的看法。创新想法有时会在某种具体情况下偶然产生，所以有人认为创新是一种偶然现象。但事实是，创新人员一般带有很强的创新意图，并认识到了创新的价值，进而才去从事创新活动。换句话说，他们早有创新意识、突破自我的欲望，创新思维已经深植他们的头脑，成为他们头脑中的意念。强烈的创新意念支撑着认识主体发现独特的、他人无法发现的东西。常言道："心想事成。""心想"是前提，只有具备"心想"的意念，才会产生"事成"的结果。创新思维的开启就始于创新的意念，没有创新的意念，就不会付诸行动，产生创新结果。所以，经历无数次挫折、长期探索、刻苦钻研是大多创新成果产生的必要前提。通常，只有付出了艰苦的脑力劳动，创新的想法才会涌现，才能有创新成果的产生。

创新思维的可贵之处在于，能使人跳出原有知识的限制，打破现有方法的束缚。以这种思维方式解决问题时，人能转换不同角度、不同侧面、不同层次思考。其思维路径是发散、开放的，能使人从多种途径探索问题的解决方案，进而使解决问题的方法有多重选择。创新思维与本书第5章所论述的批判思维的九个标准相互印证。

情报创新思维是指在公共安全需要的推动下，情报分析人员以获得的数据和已有的知识为基础，创新运用各种思维形式或思考方式，警惕思维定式的负面影响，对各种数据和信息进行不断关联、比对与组合，分析得出解决问题的最优方案，或者对各种数据和信息进行系统综合，同时借助于灵感、直觉等创造出新方法、新理念、新观点，从而突破情报分析活动进展的思维活动。情报创新思维方法是从情报创新活动中总结、提炼、概括出来的，具有方向引导性。

情报分析基于逻辑推理并综合运用多种方法。逻辑推理运用的是线性逻辑思维，具有单向、程序化的特点，分析人员很难摆脱思维定式的影响。情报分析对象是社会生活中的人和事，社会环境变幻莫测且包罗万象，很多事情具有非理性一面，单向逻辑思维经常使情报分析陷入僵局，而创新思维则可以使分析人员在僵局中找到出路。

情报分析活动中，创新思维不仅可以不断拓展分析人员的认知边界、提高分析人员的认知水平，还可以为情报分析活动打开新的局面。此外，创新思维的成功运用又可以产生反馈效果，进一步激励情报人员进行创新思维活动。

## 6.1.2 创新思维的特征

### 6.1.2.1 变通性

创新思维的变通性主要表现在思维本身具有多变、灵活、跳跃的特点。美国弗吉尼亚州莱斯顿城的特殊儿童委员会（Council for Exceptional Children, Reston, Virginia, USA）认为，流利性、灵活性、独创性和精细化是定义和评估创造力的主要认知过程。[1] 创新思维活动由多种思维参与、碰撞，能够全方位从不同角度发现和思考问题，我们以思维跳跃、思维重组为例展现创新思维的变通性。

（1）思维跳跃

创新思维是跳跃的，能够跨越观察事物原有的角度和维度限制，迅速完成思维从一个矩阵到另一个不同规则控制的矩阵的转移，其较为明显的感性表现是豁然开朗，由此实现思维的变通与突破。创新思维的多种思维方式都蕴含跳跃性：在立体思维中，多方向对事物进行思考，并在多种方向中不断跳跃与联系，更全面、更透彻地了解事物本质；在发散思维中，思考线路由某一点向外全方位辐射，尽可能得到多种结果，扩大、优化选择空间，并在多种可能结果中来回跳跃与比对，得到最优结果；在逆向思维中，思维跳跃则更加明显，当在某个方向停滞不前时，跳跃至相反方向思考，即跳出事物现有"可见度"限制，探究突破问题的新途径。

（2）思维重组

创新思维是综合运用多种思维的结果，思维重组即把已有的信息、数据、经验、研究结果等元素进行拆分再重新组合，在综合的基础上开启新思路，达到创新的目标。重组过程体现了创新思维的灵活性、独创性。斯滕伯格（Sternberg）提出创新思维的三个过程：有选择性编码、有选择性组合、进行选择性比较。[2] 其中，有选择性组合是指以一种全新的方式对事件相关的要素进行重组，这就要求以重组的方式赋予情报产品新的内涵，产生新的构想，形成事物新的结构，而绝非仅将已有要素进行简单拼凑、重新排列产生结果。

#### 6.1.2.2 突破性与跨越性

创新思维追求以与众不同的方法解决问题，打破以往常规思维的界限，以超常规甚至反常规的方法和角度思考问题，从而产生独到的、有价值的思维成果。创新思维的本质在于，将创新的感性愿望提升到理性的探究阶段，实现由

---

[1] Leandro S. Almeida, Lola Prieto Prieto & Mercedes Ferrando, et al., "Torrance Test of Creative Thinking: The Question of its Construct Validity", *Thinking Skills and Creativity* 3, 2008, pp. 53-58.

[2] 张丽华、白学军：《创造性思维研究概述》，载《教育科学》2006年第5期，第86—89页。

感性到理性认识活动的飞跃。

认识主体在分析问题、解决问题时，常规思考习惯总是会自觉或不自觉地驱使大脑沿着以往所熟悉的方向和路径去思考，这种熟悉的方向和路径就是"思维定式"。思维定式可以帮助认识主体快速解决大部分的常规性问题，但是如果情境和具体条件发生了变化，那么思维定式就可能成为认识主体解决问题的羁绊。而创新思维可以打破这种"心理固着效果"形成的"思维栓塞"，突破传统的思考习惯和处理问题的模式，以新的思路来分析和解决面对的问题，进而实现认识与研究的突破和创新，这就是创新思维的突破性、跨越性。

创新思维的运用目的就是让人们具有"新的眼光"，克服思维定式，突破旧有技术系统的阻碍。这一目的正是通过创新思维的突破性、跨越性来实现的，这种突破与跨越体现为时空、思考方式、思考方向的不断转换。对一些看似很困难的问题投以"新的眼光"，站到更高的位置从不同的视角来看待，就会获得新颖的创见。

#### 6.1.2.3 综合性

创新思维的综合性体现在它是多种思维方式互相碰撞、不断优化组合的综合运用。无论是沃拉斯（Wallas）提出的四阶段创新思维模式（准备、孵化、启发和验证），还是周昌忠提出的五阶段模式（积累、搜集、酝酿、领悟、检验），抑或奥斯本（Osborn）提出的七阶段模式（决定方向、搜集、分析、产生构思、酝酿、综合、证明），都表明创新思维是一个多种思维系统化辩证运动的过程。[1]

（1）创新思维是多种思维的综合运用

一方面，创新思维是在已有成果的基础上产生的。认识主体将搜集到的信息、数据与积累的经验、研究结果相结合，并对其进行加工，综合运用发散思维、立体思维、逆向思维等多种思维方式，产生新的观念、新的判断、新的方法和新的理论，运用智慧交杂优势，发挥收敛思维的统摄作用，形成"由综合而创造"的认识过程，体现了对已有思考成果赋能的升华。[2] 另一方面，由于创新思维的新颖性与开拓性，当遭遇新事物、解决新问题，没有已有的研究成

---

[1] 张丽华、白学军：《创造性思维研究概述》，载《教育科学》2006 年第 5 期，第 86—89 页。

[2] 陶国富、王祥兴主编：《大学生创新心理——新世纪大学生心理研究》，立信会计出版社 2006 年版，第 346 页。

果与经验时,创新思维会推动认识主体运用一般科学规律和多种思维方式,独创地发现规律,实现创造想象与现实问题的有机结合,开拓人类认知的新领域。

(2) 创新思维是理性思维与感性思维的辩证统一

创新思维既包含理性的逻辑思维,又包含感性的非逻辑思维,是这二者的辩证统一。逻辑思维是创新思维的基础思维,它强调运用严谨的概念、规律、推理等,理性推演事物的性质与关联。创新思维依靠感性思维实现突破,借助联想、想象、直觉、灵感等实现思维上"质"的飞跃。创新思维的发散思维解决的是深入本质的多条路径问题,而创新思维的收敛思维,即逻辑思维,解决的是深入本质的唯一目的问题。创新思维的发展过程应当是"初级思考—发散、逆向、立体—收敛",从感性到理性辩证运动过程。理性的逻辑思维与感性的非逻辑思维两者互为前提,理性与感性、逻辑思维与非逻辑思维互相补充、互相渗透、互相作用。严谨的逻辑思维能够可靠地把握事物的规律,但难以较好地适应社会不断变化发展的需要。感性的非逻辑思维以顿悟的方式找到解决问题的突破口,有助于高效率、创造性地解决问题。

## 6.2 创新思维的方法体系

创新思维由一系列思维方式组成,其中包含了发散、逆向、联想、组合、立体、灵感、想象、收敛等思维方法。发散思维是创新思维的基础,其着重点是从某一个原点开始,尝试从各种不同的途径去思考,探究多种可能。认知心理学专家认为,发散思维是创新思维主要的特征之一,是判断认识主体是否具备创新能力的重要标志。逆向思维是指,当常规思路无法解决问题时,尝试从相反方向寻找问题解决的方法,就是逆转思维方向,以对立的思路探寻解决问题的答案形式。联想思维是一种把已知信息、数据与具体思考对象关联起来,从它们相关联系中发现创新点的思维形式。组合思维是一种先分解,再合并思考对象,然后获得一种全新认识结果的思维方式。立体思维是指跳出原来单维度空间的局限,从全面、立体角度思考问题的思维方式。灵感思维是创新的源头,指思维主体受到外界事物的启发,瞬间找到解决问题突破口的心理过程。想象思维是指围绕联想到的事物展开想象,产生新的形象,同时想象思考所获得的结果又可以促发新的联想。联想思维与想象思维都属于形象思维范畴。收敛思维是指在解决问题的过程中,尽可能把收集到的数据、信息线索及解决问题的可能性引向理性，最终获取最优方案和最好的解决办法。与发散思维相反，收敛思维能够从所得的多种可能中产生理性逻辑结论，其着重点是产生更高阶段的独特新颖又符合逻辑的认识结果。

在情报分析实践活动中，当情报分析一筹莫展时，发散思维作为一种扩散状态的思考模式，可以指导分析人员从不同途径探寻问题多种潜在可能的答案。发散思维在创新情报分析中起基础作用，为情报方案的创新提供广泛通道。公安情报实战部门的专家认为，发散思维是情报人员重要的素质之一，是衡量其是否具有创新技能的主要标志之一。逆向思维是反向思考问题的方法，在情报分析中常被用来检验已有假设与真实情况的符合程度，比如情报分析部门专门安排分析人员寻找证据，故意和现行观点唱反调，或者由分析者扮演敌方角色，按敌方的思路和行为模式来思考，以形成针对性很强的打击敌方情报方案。联想是情报人员运用概念的语义外延、事物属性的衍生等来激发思维创新的一种方法。联想思维也是创新情报分析的基础，公安情报分析人员只有具备很强的联想能力才能实现更多的信息碰撞。面对诸多复杂系统，能否将碎片化、零散的信息关联成有价值的情报，取决于充分的信息碰撞及分析人员的联想能力。组合思维是一种先分解思考对象，再将其重新合并的思维方式。实战中，情报分析人员不可能凭空产生创新想法，对原有的各种案件要素进行分解再重新合并后，反而可能会有新的收获。立体思维是突破点、面、线等低维空间局限，在空间上从全方位发散去思考问题的思维方式。空间并非仅指完整意义上物理空间。立体思维要求情报分析人员透过静态信息看到事件的动态走势与趋势，如从案发小环境扩展到大的社会环境来考虑问题，形成情报方案。灵感思维是情报分析人员打破思考僵局，产生创新方案的源头。它借助于想象思维产生新的能量。想象思维是认识主体的大脑形象化地对已有的记忆表象重新加工、重新组合的思维活动。原有的记忆表象会深层固化思维模式，僵化的惯性思维会使分析人员产生智能障碍。人脑借助想象思维的具体表象进行加工操作，可以有效消除这种智能障碍，使分析人员就长期困扰的问题，受到相应的启发，突然顿悟得到解决答案。想象在创新情报分析中起到主干作用，是创造力的源泉。收敛思维在情报分析的过程中表现为，分析人员根据已有的数据、信息和经验，尽可能对诸多假设和方案进行推理、演化，使思维回归理性逻辑层面，最终选出一个最优的方案。在情报方案形成过程中，创新性思考多表现为非理性、无边界地探寻多种可能，最终经过收敛思维确定一种风险相对较小、较为稳妥的更优情报方案。

创新思维并不是一种单一的思维方法，而是由发散、逆向、联想、组合、立体、灵感、想象、收敛等思维方法构成，是一个层次丰富、功能完备的综合思维方法体系。发散思维是创新思维的基础；灵感思维是人创新活动的源泉；联想和想象为灵感插上翅膀，是创造思维的主干；而立体思维、逆向思维、组合思维等就为创新源泉的流淌提供了广阔的通道；收敛思维最后筛选、综合、集中多种方案的精华，实现对创新方案系统、全面的考察，寻求最优创新方案的产生。这几种思维方式协同合作、综合运行，才可能称得上是一个圆满的创新过程。

## 6.3　创新思维的具体方法

### 6.3.1　发散思维方法

发散思维又称为"多向思维"、"扩散思维"或者"求异思维"，情报分析陷入瓶颈时发散思维具有优势，常规状态时期收敛思维具有优势，一个高水平的情报分析师要在发散思维和收敛思维之间保持必要的张力。1950年，美国心理学家吉尔福特（J. P. Guilford）发表题为"创造力"的演讲，首次提出了"发散思维"的概念，引起广泛重视，促进了创新思维的研究发展。具体到情报工作实践，发散思维指情报分析人员在情报分析活动中因陷入认识误区而一筹莫展时，启动一种扩散状态的思考模式，使思维呈现多维发散状态，尝试从不同层面探寻问题多种潜在可能的解决方案。具有发散思维的分析人员可以很容易摆脱思维定式的束缚，在侦查与调研时，往往善于从多角度、多层面、多方位通过联想与想象拓展思路，而不会将眼光局限于事物本身，他们通常能够发现易被别人忽略的事物与规律。发散思维在创新情报分析中起基础作用，为情报方案的创新提供思路。

公安实战部门的专家认为，发散思维能力是情报人员重要的素质之一，是创新思维的重要方法，是衡量认识主体是否具有创造力的主要标志之一。发散思维的核心性作用在于激发灵感、提供动力，创新思维的技巧性方法大多都与发散思维有着密切联系。其保障性作用体现在，为随后的收敛思维过程提供尽可能多的备选方案，虽然不可能要求每一个备选方案都正确、具有高价值，但是必须有数量上的保证。

#### 6.3.1.1 发散思维的发散角度

运用发散思维首先要确定一个原点,即确定向外辐射的源头,从辐射原点出发向四周扩散思考。下面是具体的几种发散角度:

(1) 从案件结构发散,如时间空间结构、要素结构等,利用该结构设想出破获案件的各种可能性。

(2) 从事件或物件功能发散,以某个活动、事件或者物品的功能为起点,全方位发散,设想出获得某功能的各种可能性以及该功能可能导致的结果。

(3) 从物品本身发散,如以犯罪现场获取的物品的材料、形态(如颜色、形状、声音、味道、明暗等)等为起点,全方位发散,由此设想出利用它的多种方式以及与某种形态相关联的各种可能性。

(4) 从因果关系发散,如:以案件的结果作为起点进行发散,推测造成这种结果的各种可能原因;或以某类案件的起因为发散点,以此推测可能发生的各种不同结果。

#### 6.3.1.2 发散思维的应用方法

(1) 六顶帽子思考方法[1]

在解决问题作决策时,每个人都有自己的思考特点,即使受过专业训练的分析人员也是如此。如果是天生乐观派,那么可能较少考虑潜在的不利因素。如果是保守谨慎的人,他们具有规避风险的习惯,则可能会错失一些转瞬即逝的机会。对自己应对问题的思考方式时刻保持警觉,并能客观地转换不同的角度对问题进行调查研究,往往会取得意想不到的创新效果。下面我们来介绍一下发散思维中著名的六顶帽子思考方法。

"六顶思考帽"是一种团队思考工具,用六种不同颜色代表不同的思考方向。进行思考活动时,每个参与思考游戏的人一次只戴一种颜色帽子,大家共同遵守游戏规则,充分挖掘不同的思考方向。这可以帮助分析人员从不同的角度审视问题,思考活动结束后可以确保得到最优方案。这种思考方法在欧美得到广泛应用,反响很好。

白帽子代表信息、数据,要求客观,不对信息、数据价值进行判断。佩戴者应尽可能查找与项目或问题相关的、经过验证的事实信息、数据,然后查看

---

[1] [英]爱德华·德·波诺:《六顶思考帽》,冯扬译,北京科学技术出版社2004年版。

这些信息、数据，分析并学习过去的经验，发现自身掌握知识的不足，并尝试弥补这些不足。

红帽子代表情绪、非理性方向，在这个方向要专注于直觉和情感，分析者需要考虑别人如何在情感上作出反应。该方向一反传统摒弃情绪的做法，而是在思考中给予其一定地位，认可直觉与情感因素在思考和决策中起着非常重要的作用，绝不可忽略。

黑帽子要求佩戴的人具备批判精神，即分析人员要能识别方案的潜在风险因素。佩戴者享有不受约束地表达批判或怀疑的机会，这可以帮助组织机构避免许多错误，防止组织对计划的过度乐观。通过"黑帽子"，我们或许可以发现计划中的弱点和潜在风险，使组织机构可以及时调整应对方案，防止酿成大错。

黄帽子代表积极乐观方向。佩戴者应关注潜在积极要素，并寻求相应具体可行措施，保证积极方案的实施。面对困难与挑战，该方向有助于分析人员保持坚持不懈的精神动力，探寻战胜困难的办法。

绿帽子代表创新方向。佩戴者应探索各种可能性、计划的替代方案或新思路。创造力并非天生，可以通过训练得到加强。该方向为思考者提供了无限创造性思考的空间。

蓝帽子代表思考活动的组织者。佩戴者负责制订思考方案总目标并控制其他颜色帽子使用的顺序与方法，制定游戏规则，决定方案的取舍。

六顶帽子思考法可以使分析人员了解从其他角度考虑问题的意义。比如从情感、风险管理的角度想问题，不考虑这些观点，分析人员可能会忽视人们对某项计划的抵制情绪，也无从感知潜在的风险。只有感知到风险并积极有效规避，才可以找到合理的、相对较稳妥的解决方案或结果。

(2) 头脑风暴法[1]

头脑风暴是指思考者聚在一起，就一个问题各抒己见、思想碰撞的一种方法。该方法采取不受约束的小组讨论形式，目的是产生新思路和新观念，是一种被广泛使用的激发新思维的方法。头脑风暴可以帮助分析人员集思广益、博采众长，尽可能多地搜集有关问题的假设，防止漏掉可能的线索。

头脑风暴最大的优势在于集思广益，即组织者将一群分析人员集中起来，共同讨论他们所面临的情报障碍，使思考过程中的创造力最大化。在此过程中，

---

[1] 华中一：《头脑风暴》，复旦大学出版社 1992 年版。

分析人员可以进行更彻底的思考或"跳出框框"，只要在项目初期阶段或关键点花费少量的时间，即可通过观点的集成和碰撞来更好地解决面临的挑战。这种讨论方式容易刺激项目中的某个或部分成员基于头脑风暴会议其他成员的假设提出新的想法，使决策者对一个或多个问题有更加全面的了解，考虑更多新的可能性，从而防止围绕单个假设过早达成共识。

在实践中，单个分析人员往往也可以提出大量假设，甚至比小组讨论后产生的假设更为丰富，但是个人的能力毕竟有限，独自思考无法从他人的观点中受益，也就难以充分激发个人的思想潜能。此外，如果没有他人想法的钳制，没有群体之间的相互影响，个人也会难以摆脱自己的认知偏见。

在实施头脑风暴时，需要遵循一些简单的规则：

- 不要质疑其他参与人员的想法，无论其想法听起来多么的天马行空、不合常理。
- 找出产生奇异想法的参与人员产生该想法的原因，这可能会引出主题与假设之间"隐藏"的联系。
- 给参与人员足够的时间进行头脑风暴，讨论的规则应使参与人员感到放松，创造一个可以让参与人员能够充分展现其知识储备和想象力的环境，通过这种方式来激发高质量的创意。
- 至少要有一位主持人，主持人应与参与人员具备不同的教育背景、文化技术知识或思维方式，但要对讨论主题有一定的了解。

对于头脑风暴，经验丰富的情报工作从业者持有以下观点：

第一，要忽视讨论成员的职位，实现"思想民主"。专家和主管的想法当然更具高价值的可能，但头脑风暴过程中绝不允许专家等依仗资历中断小组其他成员的讨论。在实践中，应将职位或资历较高的人分成一组，年轻人或该领域的新手分成一组，彼此分开进行讨论。因为在头脑风暴中，一些较具创意的想法通常来自能够以崭新的眼光看待问题的年轻人，或者并非该领域专家的新手。

第二，要摒弃所谓"正确"的思维定式。新思维最大的障碍之一就是分析人员固有的分析思路，大部分分析人员都不会轻易改变。因此，参与人员不必将想法纳入"我们一直这样做"的框架，而应大胆地、有选择地忽视一部分证据和知情假设。通过这种方式，参与人员或能提出一些看似奇怪但合理的想法，这些想法可能基于历史经验或直觉，而不是现存的信息。主持人可以故意提出与公认分析截然不同的问题的思考答案，或冷门的问题思考方式，来刺激这一过程中新思维的产生。

第三，不要在别人提出想法时说"不起作用"或"不可能发生"之类的结论性语言。高效的头脑风暴始于想法的可能性，而不是事件的具体操作或对新观点的初始排斥。参与人员应当提出尽可能多的想法供大家讨论。当然，有些时候大家可能会质疑一些想法，并对其进行可操作性测试，通过测试判断其究竟是"无用的噪声"还是极具创意的假设。但这是之后阶段发生的，而不是在思维发散期间。

第四，思维发散的阶段不要超过 90 分钟。当然，这并没有硬性规定，但是以往的实践表明，参与人员自讨论会的 60 分钟后，思维想法开始枯竭，不断重复自己已经提出过的假设，会议的娱乐性开始取代思维的碰撞，过多的时间对于想法的提出已经意义不大。

第五，以可见的方式记录想法。很多人会在头脑风暴会议上做笔记供自己查看，这是很好的方式，使头脑风暴会议的参与者可以基于讨论不断更正想法。

如何使用这一方法，需要分为不同的两个阶段：

发散阶段：

- 向所有参与者分发即时贴和笔。参与人数控制在 10 人到 12 人。
- 提出核心讨论话题，在白板上用一两句话总结。
- 请每组以关键词写下问题的答案。
- 将所有即时贴贴在白板上，供所有人查看。要同等对待所有想法。
- 上述过程是不间断进行的，直到所有人不再提出新的创意。这时仍有可能会出现一些新的观点与想法，但是需要分析人员思考一段时间。大概会停顿几分钟，主持人不要打破这个沉默的过程。
- 在停顿了两三次后，结束头脑风暴的收集创意阶段。

融合阶段：

- 将参与者分为不同的小组。根据假设的共同点或相似概念，每个小组对即时贴进行重新排列，禁止跨小组交流。相似的假设可能会被不断调整位置，可以放置一些完全重复的即时贴，方便多个小组使用。
- 安排好顺序后，每个小组选择几个能代表其组内想法的词或短语。
- 找出那些与其他小组完全不同的假设，这些假设可能是"噪声"，也可能是有价值的新想法。
- 根据提出想法的价值来评估小组的成就。

- 主持人组织参与者选择一个或两个最值得关注的领域，最后列出选票情况。
- 根据表决结果设定头脑风暴组的工作重点，进行下一步分析。

### 6.3.2 立体思维方法

立体思维是指突破原来常规点、线、面的限制，全方位思考问题的思维方式，也就是转换维度"立起来思考"问题，又被称为"多元思维"或"多维型思维"。利用大数据技术分析一个事件，真正体现了立体思维的真髓。互联网、物联网等技术的发展使人们能够快速获取某个事件或人全方位的数据，为立体思考提供了更好的平台。

人们习以为常的思维方式是平面思维，即人的各种思维线条在平面上聚散交错，从平面角度考虑问题。平面思维会导致某些思维误区，但换成立体思维，就可以避免这些误区。以立体思维思考问题通常有三个层面的突破：一是物理空间层面。立体思维能跳出事物本身的限制，充分考虑事物存在的空间，并从更高、更全面的角度观察、思考问题。二是时间层面。任何事物都无法脱离时间形式而存在，从时间的维度思考问题，我们可以史为鉴，今昔对比，展望未来。三是万物互联。现代技术已经使地球变成了"地球村"，国家之间、机构之间、人与人之间的依存程度越来越高，完全孤立的事物几乎不可能存在。情报分析就是在事件、人物之间千丝万缕的关联中展开，洞悉事件和人物的本质，从而拓宽创新之路。

纵横思维法是立体思维的一种，即从纵向与横向不同层面思考问题，或对思考对象进行思维加工。换句话说，情报分析人员在分析情报过程中，要擅长时空纵横多方位思考有哪些时空因素、哪些其他可能性、哪些可行的办法等，从而减少风险、尽量避免差错。例如，面对一个嫌疑人，侦查人员一方面要调查他从过去到现在的种种行为表现，另一方面也要从信仰、财务、品行、网络轨迹、人际往来等多方面考查他。从纵向与横向两个层面把握人物和事件就会比较全面和深刻，这种方法在情报分析中多有应用，并且可以细化衍生出多种组合方法，比如SWOT分析法和PEST分析法的组合应用。

### 6.3.3 组合思维方法

组合思维是指经过想象创新，使不相关的事物建立连接，从而变成新的整体的一种思考方式。这里的组合不是简单随意的拼凑，而是在具体情境下，遵循某种科学规律或社会规则的有机组合。组合结果就是创新产物，充分体现了创新思维的本质特征。各行各业进行行业组合创新的实例比比皆是。

组合思维的方法类型主要有以下几种：

#### 6.3.3.1 主体附加法

主体附加法是指把某一个特定的事物对象作为主体，借助其他技术使其增加新的附件而诞生发明或创新的方法。例如，电冰箱加温度显示器、红绿灯加白杠来方便色盲识别。

#### 6.3.3.2 二元坐标法

二元坐标法就是利用平面直角坐标系在两条数轴上标点，按照顺序轮番形成两两组合，然后将有意义的组合选出。以查找曲别针功能种类为例，横坐标标出曲别针的材质、重量等属性，纵坐标标上不同领域的专业应用，可以组合出的曲别针功能种类远多于我们常规性思考所获得的数量。

#### 6.3.3.3 形态分析法

形态分析法就是通过不断地对研判对象（如现场勘查所获物品）的相关形态要素进行分列和重新组合，全方位寻找可能破案的线索的方法，是公安情报分析中使用频率很高的方法。形态分析法的步骤如下：

- 确定创新目标：准确表述所要达到的目标，最终要解决什么问题，包括要达到的目的属于哪种原理、哪类技术系统等。
- 基本要素分析：明确具体对象的基本要素（主要组成部分），并将主要形态特征绘制成表。
- 形态分析：充分揭示每个具体形态特征的可能变量（不同的技术手段），要充分发散思维，尽可能列出在公安专业领域所有具备这种功能特点的技术手段和方法。为了方便分析和做下一步的组合，通常会使用二维列矩阵表，但如果遇到比较复杂的专题，多维空间模式的形态矩阵可能会派上用场。
- 形态组合：按照研判方案的总要求，对不同因素的各种形态一一排列组合，目标是获取所有可能的组合新想法。
- 评价选择最合理的具体方案：筛选出比较好的想法，并进行进一步具体化分析，最后选出最优方案。

#### 6.3.3.4 分合思维法

分合思维法是指在思考过程中，把思考对象的相关组成部分进行拆解或重新组合，目的是找到解决问题的新方案。公安情报分析中常有通过不断拆分原有的组合以找到破解问题新办法的情况。在少儿益智故事"曹冲称象"中，曹冲使用的就是分合思维法。古时候的称秤重很有限，无法直接称一头大象的重量。而曹冲使用木船作为媒介，先把大象在船上的吃水深度做标记，再按同样吃水深度放很多石头，然后分别称出石头的重量，最后累计算出大象的重量。这是最为生动且浅显的分合思维法的例子。

分合思维法也可以分开使用，一是分解思维法，二是组合思维法。分解思维法能够把无用的成分分离掉，把有价值的因素提取、凸显出来，加以利用；组合思维法能够通过各种方式进行组合而达到创新目的。二者都是很有用的创新方法。

### 6.3.4 逆向思维方法

要掌握逆向思维，首先要弄清楚什么是正向思维。正向思维，是一种按事物发展的进程去思考，从已知信息推导未知结论，进行预判的思维方法。世间万物都遵循着产生、发展或演变，并最终走向消亡的规律，都要经历由过去发展到现在、由现在迈向未来的历程。只要我们能够切实全面地掌握事物过去和现在所展现的本质属性特征，就可以在已有的对事物过去和现在分析的基础上预测未来。正向思维法正是依据事物的发展过程而形成的思考方法，在绝大多数情况下，它是一种不可忽视的、比较深刻的思考方法。坚持正向思维法，了解事物发展的内在逻辑、环境条件、性能，这是我们获得预见能力和保证预测正确的条件，可以使很多问题得到解决。然而，在认识实践中，很多具体情境和条件极其复杂，再加上人们认识的局限性，仅仅使用正向思维很难找到解决问题的答案。这时候，就需要逆向思维。

逆向思维方法是指采取反向思维以寻求问题解决方案的思维方法。面对问题，当运用正向思维一筹莫展的时候，思考反向翻转，有时会取得意想不到的效果。在创新思维方法体系中，逆向思维是最有力摆脱习惯性思维羁绊的思维方式。认识实践证明，逆向思维对于人的创造能力及解决问题能力的培养具有重要价值。

#### 6.3.4.1 反转型逆向思维法

反转型逆向思维法是指从已知事物的相反方向或者循着对手思路进行思考，产生创新性破解难题的新思路。例如：从犯罪现场获取的物品的功能、结构及与事件关系等三个方面作反向思考，可以快速缩小侦查范围；站在嫌疑人角度设计针对犯罪嫌疑人的方案，可以加速破案进程；有些投毒、杀人案件，案犯和被害人之间有矛盾、有利害关系，由此可从他们之间的因果关系逆向追溯到作案人。利用逆向思维，对事件、人物进行反转型思考，工作效率会大大提高。

#### 6.3.4.2 转换型逆向思维法

转换型逆向思维法是指在案情分析时，由于当前思路受到阻碍，而转换另一种思路或转换思考角度，以便问题顺利解决的思维方法。如一个小孩儿玩耍时不小心将头卡到了铁栅栏之间，无法拉回来，小孩儿急得哇哇大哭，家长一时也乱了方寸，但围观人群中有人机智地跑到栏杆另一侧，在确保孩子安全的情况下，从栏杆另一侧把孩子的身体拉了出来。逆向思考立马解决了问题。

#### 6.3.4.3 缺点逆用思维法

缺点逆用思维法是一种充分利用思考对象的缺点，把缺点变为可利用的资源，转被动为主动，化无益为有益的思维创新方法。比如，利用犯罪嫌疑人与重案犯的联系获取犯罪情报，布置下一步侦控同类违法犯罪分子，进一步化危机为转机。

### **6.3.5 灵感思维方法**

所谓灵感思维，即在思考某一问题过程中，受到来自客观外界的启发，在某一时刻突然顿悟，得到解决方案的思维过程。灵感是人脑对客观现实的反映结果，大多时候作为潜意识存在，在显意识受到外界刺激的某个时刻得到激发，显现出来。潜意识和显意识相互贯通、相互作用，构成灵感思维的整体创新过程。在人类历史上，许多重大的科学发现和杰出的艺术创作成果都源自人的灵感。灵感思维是创新思维的高级形式，它不是单向思维活动，即单纯的逻辑思维或非逻辑思维，而是感性思维和理性思维、逻辑思维与非逻辑思维相统一的系统思维过程。

灵感是创新思维的源泉，因灵机一动故而新奇独特，由此带来创新。在情报工作中，灵感源于分析人员下意识的直觉反应，但并非神秘莫测，更不是心血来潮，而是情报分析人员经过不断积累、艰苦探索，在思考过程中形成的突发性的想法，是必然性和偶然性的统一。

#### 6.3.5.1 灵感激发

(1) 情景激发

案发第一现场、案件第一手资料，都是激发灵感的最佳场景或事物。分析人员要善于从看似平常的事物上，发现破解问题的关键苗头，并且深究查明，既善于见微知著，又能独具慧眼。敏锐的洞察力，配合敏捷的思维，有利于形成一定创见。

(2) 原型启发

在情报分析过程中，串并相似案件是分析人员常用的办法。在比较类似案件时，已发的案件的原型，会刺激分析人员产生联想，从原型中推导出进一步的线索，最终认定当前所分析案件的案犯是否与之前类似案件的案犯为同一人。

(3) 思路碰撞

分析人员可以从团队其他人的不同思路中受到启发，进行类比、联想、辩证升华而获得新思路。"他山之石，可以攻玉。"触类旁通通常需要认识主体具有更强的洞察能力，能把表面上看似完全不相干的事物关联起来，进行功能、机制或结构的比对分析。

#### 6.3.5.2 灵感思维的训练

- 长期的专业知识及思考储备是灵感产生的基本条件。
- 兴趣的挖掘。兴趣广泛、好奇心强烈，是开启创新之门的钥匙，是捕获灵感的先决条件。
- 智力的储备。观察力敏锐，联想、想象力丰富，都是创新必不可少的智力储备。
- 乐观、镇静、不保守。愉快、稳定的情绪，积极求变的心态能增强大脑的感受能力。

### 6.3.6 联想思维方法

联想思维是指思维主体将当前感知到的事物、现象，与其他事物、现象联系在一起的思维活动。人们常说的由此及彼、举一反三，就是联想。在公安情报实战中，情报分析人员经常需要对案件进行串并分析，并使用信息化手段，情报分析人员通过联想，使分离、零散的信息碎片建立并联，产生意义，在此基础上最终形成情报产品。

情报分析人员通过联想可以将现有已知信息和自己大脑中某些记忆表象关联起来构成一条链，通过事物间的相符、对比、同化、相反等属性条件，把许多事物关联起来思考。它能拓展情报分析人员的思路，加速破解案情进程，提高情报分析工作效率。

情报工作需要分析人员具备联想能力，分析人员的联想能力强，其思维就会比较活跃，其就比普通人更善于把表面上毫无关联的两个事物或概念联系起来，也就更容易产生新创见、新意向。联想作为一种创新能力，可以在实践中培养和训练。联想有多种方法，包括相似联想法、对比联想法、因果联想法等。

### 6.3.6.1 相似联想法

相似联想法又称为"类似联想法"，是指认识主体依据两个不同事物之间的形式、结构、性质、作用等某一方面或几方面的相似部分进行关联，通过比较两种不同事物间某些相似的特征来突破思维的局限。比如，相似的作案手段、犯罪现场留下的相似足迹等，都会使侦查人员联想到类似已有案底的某个嫌疑人。

### 6.3.6.2 对比联想法

对比联想法是指认识主体由对某一事物的了解、触动，想到与其具有相反特点的事物，从而关联产生新想法的思维方法。可以从性质属性的对立角度进行对比联想，如黑和白、水与火、冷和热、虚与实等；从优缺点角度进行对比联想；从结构颠倒角度进行对比联想；从空间维度进行对比联想，如前与后、左与右、上与下、大小不同结构；从物态变化角度进行对比联想，即从事物两种不同状态的转变，联想到反方向的变化，例如在远郊抛尸犯罪现场，找不到血迹、作案工具等遗留物，很容易联想到车载抛尸，接下来的侦查重点就应聚焦犯罪现场过往车辆，寻找破案线索。

### 6.3.6.3 因果联想法

因果联想法是情报分析中最常用的方法，即一种从事件发生的缘由而联想到它的后果，一种由 A 事件的因果关系关联到 B 事件的因果关系的联想，而且这种联想是双向的。例如，银行抢劫案剧增（"果"），往往是因为这类案犯疯狂作案（"因"）。如果加强对类似案犯刑满释放人员的数据跟踪及监管（更准确的"因"），并及时破案抓捕，此类案件便会明显减少（更理想的"果"）。

唯物辩证法认为"事物是普遍联系的"，联想思维是该原理在具体情境下的体现和实际运用。联想并不是随意的，只有事物之间存在客观联系，联想才有可能发生；事物之间没有客观联系，联想就不复存在。因此，分析人员要想提高联想能力，在工作中用数据建立起更多的有效关联，就要广泛参加业务实践，经历各种事件，深入了解事件、人物之间千丝万缕的关联。只有积累丰富的实战经验，使经验和大脑里原有的知识结构建立起关联，在需要创新思考时，各种信息才会被大脑调动起来，建立各种各样的联系。建立了关联的数据就会产生意义，由此驱动进行创新思维活动。

### 6.3.7 想象思维方法

想象思维是认识主体对大脑内原有的记忆表象进行形象化改造或重组的思维活动。大脑内原有的记忆表象与固化的思维模式密切相关，这种习惯性思考容易使人思维僵化，阻碍创新。人脑借助想象思维的具体表象进行加工操作，可以有效打破思维僵局，就长期困扰的问题，受到相应的启发，突然顿悟得到解决方案。想象在创新情报分析中起主要作用，是创新的动力。

想象思维与联想思维有着紧密联系，两种思维都呈现为非逻辑形式，且都是形象思维，要借助于形象展开。此外，两种思维可以互为认识起点，思维主体根据联想到的事物可以展开想象，同时想象所获得的结果又可以唤起新的联想，如此循环往复，直至获得满意的结果。

想象思维与联想思维的主要区别是：想象超出原有的表象范围，而联想则只在已有的连接点之间关联。想象思维的运行过程可以是全方位、多维立体的，而联想思维的运行过程则是单向度、线性的。想象思维的展开空间是无限的、广阔的，且想象的结果可以是超现实的；而联想思维的展开空间则有限，且联想结果是现实的。

想象思维包含两种想象类型：一是无意想象，二是有意想象。

#### 6.3.7.1 无意想象

无意想象是一种消极想象，是思维主体没有支配、控制意识的想象。思维主体没有设置特定的目标，思维处于一种完全自由的状态，如在梦境中、下意识的直觉等。无意想象虽然未经控制，但有时也会有积极的效果。长时间探索未得结果时，无意想象可能会梦中惊成，使人豁然开朗，使境况迎来转机。

#### 6.3.7.2 有意想象

有意想象是指思维主体有意识控制、支配的想象。在这种状态下，思维主体需要支配想象活动。

再造性想象就是有意想象的一种。再造性想象的形象原来就有过，或者现在还存在着，只是想象者在认识实践中没能发现，想象者通过他人的语言、文字、图形描述，在大脑中形成相关的新形象。例如：在犯罪调查中，根据目击者的描述，侦查人员构想出种种犯罪场景；侦查人员在讯问时，想象嫌疑人被审讯的心理状态；侦查人员根据受害者的陈述，想象犯罪嫌疑人的长相特征；等等。

### 6.3.8 收敛思维方法

收敛思维又称"聚合思维""求同思维"，指在创新思考过程中，逐步对思维发散而得来的多种可能方案进行条理化的逻辑序列引导，最终得出一个最优、符合逻辑的方案，这是使感性回归理性的一种思维方法。创新过程中，分析人员努力通过各种方法探寻尽可能多的解决问题的办法，但是最终要找到一个最有价值的方案。收敛思维要求面对问题，具备透过现象抵达本质的能力，将目光集中在问题的关键点上，高效地解决根本问题，这也正是运用收敛思维方法的价值所在。

收敛思维在情报分析工作中的运用是指，分析人员根据已有的专业常识和经验，尽可能把海量数据和多种可能的方案整合到条理化的逻辑序列中，最终得出一个最优的结论。

在案件突破性研判分析过程中，便会用到收敛思维方法。案件研判初期运用发散思维尽可能收集全面数据，探究覆盖所有要素的多种可能性，但最终要运用收敛思维，将研判对象的范围一步步缩小，最终揭示案件的核心。所以，找到问题的关键，是运用收敛思维的核心目的。

由此可知，收敛思维和发散思维的思考方向正好相反，它可以使发散思维所得的不同方向的可能方案集中到某一点。如果说发散思维具有广阔性、开放性，是空间的无限拓展和时间的无限延伸，那么收敛思维则强调限制性及思考的深透性。但同时，收敛思维与发散思维也是有机统一的，只用收敛思维，我们容易陷入瓶颈，很难找到问题的突破口。而只有发散思维则容易迷失方向。因此，对于两种思维方法，我们在进行创新性思考时要避免偏离、滑向任何单一一方，要保证让两种思维方法发挥相辅相成的作用。

收敛思维的方法其实使用的就是传统的逻辑推理方法，如归纳与演绎、类比与对比、定性与定量等，在此无须赘述，以下主要介绍两种特殊的收敛思维方法，即目标识别法和层层剥笋法。

#### 6.3.8.1 目标识别法

目标识别法要求深入了解具体事件的特性，并根据事件的特性进行进一步的判断，直至接近问题的核心。具体来说，在分析问题时，要善于仔细观察，发现事实真相，从中识别关键要素，对其加以关注和深入思考，并提出独到看法。这个方法的要点是：先汇总思维对象的关键信息，包括其本质、对其看法等，确定思考目标，然后关注这个目标，进行观察并作出判断。通常需要通过后天的不断训练来促进思维识别能力的提高。

问题比较明确时，人们很容易找到其关键，只要运用适当的方法，问题便能迎刃而解。但有些时候，问题比较模糊且复杂，人们就容易陷入迷茫，不知所措。目标识别法要求我们首先准确识别查询的目标，在认真观察与分析的基础上作出正确判断，找出构成目标的关键要素，瞄准目标进行思维收敛。确定了目标，具体思考才有效。所以，对于各种主客观条件，认识主体要有全面、清醒、正确的评价与认识，不要认定那些各方面条件尚不具备的目标。可以把目标分为近期目标和远期目标、小目标和大目标等，先由小的、近期的目标开始，随后再逐渐扩大。这样做会使分析人员关注自己的思维过程，时刻保持觉知状态，随时进行自我校准，识别、寻找特定类型思维模式并采取相应的行动。

#### 6.3.8.2 层层剥笋法

层层剥笋法是一种尝试深入事物内部进行探究的思考方法，使用这种方法可以避免停留在事物表面，摒弃那些非本质的、繁杂的属性特征，通过层层解剖，不断逼近问题的核心，揭示问题的深层本质。丰田汽车公司在流程再造过程中用到的著名的"5Whys"分析法，就是非常典型的层层剥笋法。其要旨在于：从根本上解决某一问题，首先要弄清楚产生问题的根本原因，而不是先奔向问题本身，根本原因常常隐藏在问题的背后。美国情报主导警务模式的成功之处在于坚持问题导向，深挖社区问题产生的原因，然后与社区具体管理部门协同从根上将问题解决，而不是每次简单地处置报警，其把被动接警转变为主动预警和及时彻底处理问题。这种方法使用的前提是，要充分了解和掌握问题的相关信息。下面这个例子可以生动地展现这种方法的特点。

1940年冬季的一天，纽约爱迪生公司大楼有个窗户上发现一枚土炸弹，炸弹上附有署名为"F.P."的小纸条，纸条上写着："爱迪生公司的骗子们，这是给你们的炸弹！"后来，类似的威胁变得越来越猖狂，炸弹放得也越来越频繁。到1955年已经放置过52枚炸弹，其中一多半炸响了。对此，媒体不断报道，社会影响恶劣，面对民众破案呼声警方压力很大。

纽约市警察局在10多年间一直寻找案件突破口，但没什么进展。所幸那几封威胁信还保留着，字母大写、字迹还很清秀。其中，F. P. 威胁信还写道："我的病爱迪生公司要负责，要让公司付出代价……"纽约市警察局后来请来了犯罪心理学家布鲁塞尔（James A. Brussel）博士，一起协作分析案情。布鲁塞尔博士根据警方掌握的材料，依据心理学原理，采用层层剥笋的思维技巧，作了以下的推理分析：

（1）制造和放置炸弹的多为男性。

（2）他抱怨爱迪生公司害他生病，有"偏执狂"患者的特征。偏执狂患者35岁以后病情会加速、加重。他在1940年年龄刚过35岁，案情分析时（1956年）推测他年龄是50岁出头。

（3）他认为爱迪生公司曾对他处理不公正，他并不接受这样的处理结果。

（4）字迹清秀表明他受过中等以上教育。

（5）约85%的偏执狂有运动员体型，所以F. P. 可能胖瘦适度，身材匀称。

（6）留下的纸条字迹清秀、干净，说明他可能是认真工作、兢兢业业的好员工。

（7）纸条内容用词很认真，公司名称也用全称，不太像美国人的风格，推断他可能在外国人居住区。

（8）爱迪生公司之外也发现他放置的炸弹，说明他已有心理创伤，有反权威情绪，乱放炸弹是反抗社会权威的情绪释放。

（9）他近10年间持续不断随处放置炸弹，推断他可能一直独身，身边缺乏友谊或爱情，有创伤的心理无法得到安慰。

（10）他虽缺乏友情，却重视尊严体面，推测会是衣冠楚楚、讲究外形的人。

（11）制造炸弹需要隐藏、避开邻居，推测他可能独居而非住在公寓。

（12）地中海沿岸居住的人爱用绳索勒杀别人，北欧诸国偏爱用匕首，斯拉夫国家恐怖分子爱用炸弹。所以，他可能是斯拉夫后裔。

（13）斯拉夫人大多信仰东正教，推断他可能按时常去教堂。

（14）他的恐吓信多发自纽约和韦斯特切斯特。比较分析这两个地区，斯拉夫人更集中居住在布里奇波特，他非常有可能就住在那里。

（15）持续10多年强调自己疾病缠身，他可能有慢性病。但能活16年也不太可能是癌症，也许是肺病或心脏病。现代医疗发达，肺病治愈已经不难，所以推测他可能是心脏病患者。

布鲁塞尔博士依据层层剥笋式的方法，最终推导出他的结论：此人可能会穿着当时非常流行的双排扣西服，纽扣也会扣得非常整齐，警方找到他时也会如此。根据所掌握的有关线索，警察到爱迪生公司进行调查，提取人事档案后注意到，爱迪生公司20年前的档案中，有一个名字叫乔治·梅特斯基的电机保养工，其因公烧伤，曾写信给爱迪生公司，说自己染上肺结核，希望能从爱迪生公司领取终身残疾津贴，但是爱迪生公司拒绝了他，几个月后他就离职了。这个人是波兰裔，当时（1956年）56岁，父母早已去世，和他姐姐一起生活，住在布里奇波特的一个独院。他身材匀称，身高1.75米，体重74公斤，看上去彬彬有礼的样子。1957年1月，警察找到他家进行调查时，发现了他制造炸弹的工作间，于是将他逮捕归案。当时果然印证了布鲁塞尔博士的推论：他的确穿着双排扣西服，并且衣服扣子扣得整整齐齐。

创新思维过程中，灵感经想象和联想，通过发散思维、立体思维、逆向思维、组合思维创造、产生多种可能，最后通过收敛思维从众多的可能设想中选择一种最佳的答案。收敛思维在创新思维活动中发挥着批判性的选择作用，少了收敛思维的环节，仅靠前面的感性思维难以得出可靠的方案和结论，所以收敛思维在创新思考中有着集大成的功能。完整的创新思维需要感性思维和理性思维的有机结合，而且创新思维活动的完整过程，通常要经历从发散思维到收敛思维，再从收敛思维到发散思维的多次循环，直到获得满意的结论。

## 6.4 情报创新思维的应用

### 6.4.1 创新思维的过程

创新思维是一个非常复杂的认识活动过程，有着独特的思维运行程序和规律。英国心理学家瓦拉斯（Wallas）研究了各种不同类型的创新经验，提出了创新思维的四阶段论，准确地描述了创新思维的基本活动程序[1]，完全与情报分析创新思考过程相吻合。

#### 6.4.1.1 初始准备

这是围绕创新要解决的问题，收集相关数据资料，包括了解前人对同类问题的处理方案，梳理出问题头绪的过程。收集的数据信息越丰富、越充分，越

---

[1] G. Wallas, *The Art of Thought*, Harcourt Brace Jovanovich, 1926.

有益于开阔思路，认识主体越容易受到启发，发现和找出解决问题的关键，高效率取得创新结果。因此，在这一阶段，应尽可能地创造条件，广泛收集数据信息，有目的、有计划地为创新解决问题作充分的准备。

#### 6.4.1.2 积累酝酿

在前一阶段，认识主体围绕要解决的问题积累了大量数据信息，接下来就要在头脑中对问题和资料进行周密细致的探索和思考，力图找到解决问题的途径和方法。但是，因为需要创新，面临的一定是前人未能解决的问题，运用传统方法或已有经验常常难以奏效，故需要暂时搁置问题。在这个阶段，从表面上看没有明显的进展，创新者的想法似乎处于"休眠"状态，但实际上在其潜意识中，思维活动不连贯地进行着，因此这个阶段为潜意识加工阶段。时间可能不长，也可能延续几年。

#### 6.4.1.3 豁然开朗

认识主体经过一段时间的不断积累、充分酝酿，对困扰其的问题症结的认识由模糊而逐渐清晰，外界一个偶然因素或一个偶然事件一旦触发便可能豁然开朗，头脑中会闪现新观念、新想法、新形象，使问题的顺利解决有更多可能的预选方案。这也是经过艰苦的脑力劳动，不断关联事物，获得灵感的阶段。所以，灵感并不是表面看上去的偶然所致，大多数情况下，是前期阶段长期酝酿、充分认真准备的结果。

#### 6.4.1.4 结果验证

结果验证是对新产生的意念或想法进行验证、补充和修正，使结果更接近完善的阶段。由灵感及思维发散所得到的解决方案可能暗含风险与错误，或者不具备可行性，所以要经过理论和实践的多次反复论证、验证与修改，以检验其正确性与可行性，使创新思考获得较完善的结果。

### 6.4.2 创新思维方法在公安工作中的应用

创新是发展的动力，是世界发展的潮流。传统创新方法易于掌握、易于传播、易于普及，能产生一些创新设想，但命中率低，难以解决复杂的技术性问题。而 TRIZ 理论显现出其特有的优势，可以帮助认识主体克服心理惯性，实施系统创新，深入、全面地了解问题并获得解决问题的答案。

TRIZ 的含义是发明问题解决理论，对应的俄文是"теории решения

изобретательских задач",用英语标音可读为"Teoriya Resheniya IzobreatateIskikh Zadatch",缩写为"TRIZ"。1946 年，苏联以根里奇·阿奇舒勒（Genrich S. Altshuller）为首的专家团队研究了 250 多万份发明专利，经过半个世纪的搜集整理、归纳提炼，发现技术创新其实有规律可循，于是在此基础上建立了一整套体系化、实用的有关发明创造问题的解决方法，被称为 TRIZ 理论。TRIZ 原理为后人提供了整体系统性的创新思考的方法论。

在 TRIZ 理论中有几种克服思维惯性的方法，分别是小人法、金鱼法、九屏幕图法、IFR（最终理想解）和 STC 算法（尺寸 - 时间 - 成本算子法）。

#### 6.4.2.1 小人法

（1）什么是"小人法"

当系统内部的组成部分无法实现其必要的功能，而且与系统功能表现出相互矛盾的作用时，为了克服惯性思维可能导致的认知障碍，用一组小人来代表这些不能完成特定功能的部件。通过能移动的小人，设计预期的功能，接着依据小人模型重新设计原结构，以期提供解决问题的新思路。如何通过小人的移动、重组、裁剪和增补完善系统功能，是小人法应用的重点和难点。

（2）实施"小人法"的步骤

第一步：分析系统和超系统的构成。确定目标系统，描述问题系统的组成，慎重选择系统层级。系统层级选择太高，获取系统信息就难以充分，会给后面的问题分析造成麻烦；如果系统层级太低，可能会遗漏很多重要的信息。所以，需要根据具体的问题具体分析。

第二步：确定系统存在的问题及原因。当系统内的某些组成部分不能实现其必要功能，并且与系统总目标相互矛盾时，不仅要查明问题，还要找出问题的原因，尤其是问题的根本原因。

第三步：建立问题模型。想象系统有问题的部分为一群"小人"，描述当前出现的问题。

第四步：建立方案模型。研究上一步问题模型，设想这组"小人"怎样行动可以解决问题，并以图显示如何重组等。

第五步：将方案模型转化成实际技术解决方案。

（3）小人法在公安工作中的应用

**案例 1　交通信号灯功能的改进**

A. 分析交通信号灯：交通信号灯的功能是指挥交通运行，一般由红灯、绿灯、黄灯组成，红灯表示禁止通行，绿灯表示准许通行，黄灯表示警示。人通过眼睛观察交通信号灯，获得通行信息。但是，当前面有一辆大车，车身比较高的时候，后一辆车内人的视线就容易被遮挡住，其通行时就很难判断信号灯是否依然为绿色。

B. 存在矛盾原因：信号灯的信号无法被顺利接收。当信号灯设置得过低时，后面车辆里人的视线容易被前面车辆挡住，以致无法准确判断信号灯的颜色；设置得过高的话，不利于人们观察路面其他情况。

C. 建立问题模型：小人a为信号灯高度，小人b为信号灯颜色，小人c为信号灯由绿灯变成黄灯。当小人b和小人c结合时，信号灯颜色改变，但是由于小人a受限制，无法移动，所以产生信号接收矛盾，可能出现"闯红灯"的现象。

D. 建立方案模型：引入小人d，小人d为信号灯发出的警示声。闯红灯现象只可能发生在绿灯变黄灯变红灯的过程中，让小人b、小人c、小人d结合，能提醒驾驶员即将变灯，这样可以解决小人a无法改变而产生的信号接收问题。

E. 过渡到实际方案：在信号灯变成黄灯（出现黄闪）的几秒，配上警示声。

案例2　交通指示标志的改善

A. 分析交通标志：交通标志是以文字或符号形式来传递指示、引导、限制或警告信息的道路交通设施。它是保证道路交通安全、通畅的必要措施，是实施交通管理依据之一。交通标志设计是否合理，直接关系道路的畅行以及人车的安全，在道路设施中具有举足轻重的作用。但是，开车时经常发现同一地点指示繁杂，还没看清已经过去。

B. 存在矛盾原因：同一处同一个指示牌上符号过多，而且内容杂乱无序。

C. 建立问题模型：指示牌是小人a，指示牌上的图形内容为小人b，指示牌上的文字内容为小人c，指示牌上的数字内容为小人d。

D. 建立方案模型：将小人b、小人c、小人d分别提取出来重组，使之看起来有序，方便阅读。当符号过多时，增补小人a，引入标志间隔距离小人f，这样会增加信息获取的时间，避免同一时间指示过多看不过来的情况。

E. 过渡到实际方案：将标志按照图形、数字、文字重组排列，如果还不够表达，增加指示牌，但不是平行放置，而是前后放置（小人d）。

案例3　绿化带设置的改善

A. 分析绿化带：绿化带指的是城市公共空间提供绿化的条形地带，具有美化市容、净化空气、减少交通事故、消除视觉疲劳等作用，在城市公共空间具有不可替代性。虽然绿化带减少了对向车辆交通事故的发生，但是仍有很多事故发生在绿化带上。车辆一旦撞到绿化带上，绿化带就会对撞击车辆造成极大冲击，导致人员伤亡。

B. 存在矛盾原因：很多绿化带虽然起到了隔离作用，但是并没有分散撞击力。

C. 建立问题模型：穿透力为小人 a，硬度为小人 b。

D. 建立方案模型：将小人 b 削弱的同时不减少小人 a。

E. 过渡到实际方案：将绿化带周围的水泥边换成类似轮胎的橡胶边，既可以阻挡车辆冲击到对向车道，又可以分散撞击力，保护撞击车辆及人员。

6.4.2.2 金鱼法

(1) 什么是"金鱼法"

金鱼法是 TRIZ 理论中一种克服惯性思维的有效方法。其基本原理是：将提出的想法分为现实和非现实两部分，对于不现实部分，通过引入其他资源，将一些非现实想法转变为现实。然后，再继续对非现实部分进行分解，重复前一步骤，直到想法全部转变为现实。这种反复、不断深入分解的办法，经常会给看似不可能解决的问题带来现实的解决办法。

(2) "金鱼法"的应用步骤

A. 把问题分为现实和幻想两部分。

B. 追问幻想部分为何不现实。

C. 什么条件下能使幻想部分变为现实？

D. 列出子系统、系统、超系统的可利用资源。

E. 从可利用资源出发，提出可能的新构想方案。

F. 构想中的不现实方案再回到第一步重复。

(3) "金鱼法"在公安工作中的应用

**案例分析**

目标：在旅财案件中快速锁定铁路流窜犯罪嫌疑人。

问题：在一般的旅财案件中，铁路流窜犯罪人员往往会冒用他人身份证件购票乘车，其身份信息未进入购票乘车系统，其行动轨迹被隐藏，不易查找。

A. 把问题分解为现实部分和幻想部分。

现实部分：锁定铁路流窜犯罪嫌疑人。

幻想部分：在短时间内进行锁定。

B. 幻想部分为什么不现实？

- 因为冒用他人身份证件，犯罪嫌疑人披上了一层伪装，隐藏了自己的行踪，不易被发现，锁定难度大。
- 申请手机定位、基站信息等技术侦查手续繁杂，时间较长，成功率低。

C. 在什么情况下，幻想部分可变为现实？

- 有目击证人，看清了犯罪嫌疑人的体貌特征。
- 犯罪嫌疑人被抓现行。
- 犯罪嫌疑人冒用的信息已被登记在案。
- 销赃途中被抓获。
- 由于销赃上家被抓获，被供认出来。
- 有同伙，且同伙到案，被供述出来。

D. 确定子系统、系统和超系统的可用资源。

子系统：受害人询问笔录、证人证言。

系统：简要案情。

超系统：铁路购票系统、进站乘车信息、视频监控系统、阵地控制。

E. 利用已有的资源、基于之前的构思（第三步）考虑可能的方案。

- 调取在案发时间内购买案发区间车票的购票人员信息进行排查，粗略划定犯罪嫌疑人范围。
- 分析犯罪嫌疑人购票特点。
- 调取范围内旅客进站乘车视频，进行比对。
- 进行阵地控制，采取公开和秘密的手段，调查走访旧货业，搜集动态犯罪情报。

**真实案例**

2019年4月4日，徐州铁路公安局值乘的某次列车在南京至苏州的运行过程中连续发生5起旅财案件，被害人均反映其放于卧铺的手机被盗，案值达2万余元。

目标：快速锁定犯罪嫌疑人。

问题：本案中，犯罪嫌疑人手段娴熟，应为有犯罪记录的惯犯，但车票信息系统中并没有此类人员。因此，犯罪嫌疑人应该是冒用他人身份证件购票乘车，其本人身份信息并未进入购票乘车系统，其行踪被隐藏。

A. 把案例中的问题分解为现实部分和幻想部分。

现实部分：锁定犯罪嫌疑人。

幻想部分：在短时间内进行锁定。

B. 幻想部分为什么不现实？

犯罪嫌疑人冒用他人身份证件。

C. 在什么情况下，幻想部分可变为现实？

- 有目击者，看清了犯罪嫌疑人的体貌特征。
- 犯罪嫌疑人被抓现行。
- 犯罪嫌疑人冒用的信息已被登记在案。
- 销赃途中被抓获。
- 由于销赃上家被抓获，被供认出来。
- 有同伙，且同伙到案，被供述出来。

D. 确定子系统、系统和超系统的可用资源。

子系统：受害人询问笔录、证人证言。

系统：简要案情。

超系统：铁路购票系统、进站乘车信息、视频监控系统、阵地控制。

E. 整合已有的资源、基于之前的构思设计可能的方案。

- 分析犯罪嫌疑人的购票特点。正常来讲，嫌疑人上车作案通常购买短途车票，而案件发生在卧铺车厢，那么购买短途卧铺车厢的旅客就十分可疑。
- 调取在案发时间内购买案发区间车票的购票人员信息进行排查，粗略划定犯罪嫌疑人范围。警方调取了滁州北、南京、常州、无锡至苏州的所有卧铺乘客信息，发现仅有两名旅客，其中一名购买了南京—苏州卧铺车票的杨姓男子极为可疑，但无其他任何证据。
- 调查杨姓旅客购票习惯，侦查员们意识到嫌疑人在苏州站下车后大概率要返回南京方向。而案发后，从苏州站往南京方向的列车只有一趟。
- 调取范围内旅客进站乘车视频，进行比对。通过调取滁州北站、南京站、常州站、无锡站旅客进站乘车视频进行对比，发现有盗窃前科人员沈某。结合已掌握的上述车站所有旅客信息，发现杨姓男子与沈某为同一人，杨姓男子的身份证系沈某冒用。
- 调取其他监控辅证。调取杨姓旅客的购票监控，与沈某对照。根据视频监控、实名购票信息，沈某多次冒用他人身份证购买南京至苏州、苏州至南京短途卧铺车票，活动轨迹符合案发区间。

- 锁定犯罪嫌疑人为沈某。

#### 6.4.2.3 九屏幕法

(1) 什么是"九屏幕法"

九屏幕法是 TRIZ 理论中提出的又一种克服惯性思维的创新思维方法。这种方法将当前要解决的问题看成系统，展开系统的现在、过去和将来，然后关联与系统密切相关的子系统、超系统的现在、过去和将来。换句话说，如果我们从时间与空间的二维角度思考问题，可以"打开"当前问题的"九个屏幕"。九屏幕法也是本书第3章所论述的系统思维方法实施的有效工具。这种方法有助于培养情报分析人员的系统思维能力和立体思维能力，使其以更广的视角，多方面、多层次、多维度地看待问题，尽可能消除思维盲点，从而更好、创新性地解决问题。

(2) "九屏幕法"的问题分析模型

如图 6.1 所示，现实生活中遇到的实际问题即当前系统，当前系统之外的较高层次系统称为超系统，当前系统所包含的组成部分或构成因素为子系统，分别对所列出的当前系统、子系统和超系统的过去和未来进行深入分析，发现解决问题的办法。

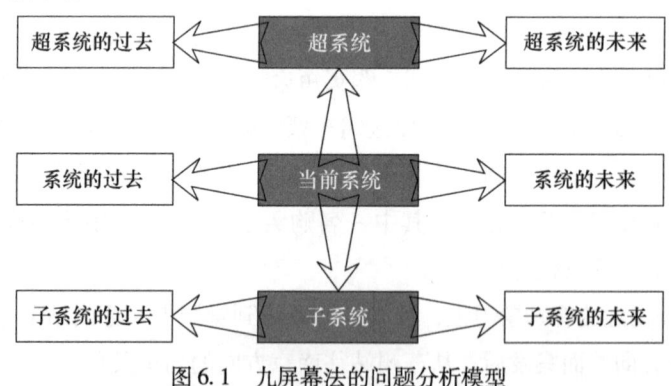

图 6.1 九屏幕法的问题分析模型

九屏幕法使用步骤（详见表6.1）：

第一步：制作表格，把要分析的系统填入格1。

第二步：设计系统的子系统和超系统，分别填入格2和格3。

第三步：设计系统的过去和未来，分别填入格4和格5。

第四步：设计超系统和子系统的过去和未来，分别填入格8和格9、格6和格7。

第五步：针对每个格子，列出可用的各种类型资源。

第六步：利用资源规律，选择解决系统问题的方法。

表6.1  九屏幕法

| 格8：超系统的过去 | 格3：超系统 | 格9：超系统的未来 |
| --- | --- | --- |
| 格4：系统的过去 | 格1：系统 | 格5：系统的未来 |
| 格6：子系统的过去 | 格2：子系统 | 格7：子系统的未来 |

## 6.5  创新思维的培养

### 6.5.1  营造易于创新的环境

从心理学角度讲，人人都有潜在的创新天性，但认识主体所处的环境会影响创新天性的发挥。宽松、和谐的环境能够激发人的创新思维，促进人的创新潜能转化为现实的创造能力；如果周围环境很差，则会扼杀个体的创新意愿。安全情报部门要营造易于激发情报分析人员个体创造力的环境，使他们心情愉悦，充分发挥主观能动性，然后在新任务、新挑战、新要求来临的时候，能够通过记忆及思维的加工、重组、选择、判断等产生创新的思考，实现创新。

### 6.5.2  培养分析人员的创新个性

创新思维的训练在某种程度上与创造性人格的培养密切相关。心理学家乔伊·保罗·吉尔福特（Joy Panl Guilford）将具备创造性的人格特征描述为以下八个方面：①有独立思考的习惯；②求知欲旺盛；③极强的好奇心，有深究事物本质属性的动机；④知识广博，善于观察；⑤工作条理性强，做事严格；⑥想象力丰富、直觉敏锐、擅长抽象思维；⑦有幽默感，有艺术天赋；⑧意志品质尚好，较少受外界干扰，能够长期专注于自己感兴趣的问题。[1]

---

[1] [美] J. P. 吉尔福特：《创造性才能——它们的性质、用途与培养》，施良方、沈建平、唐晓杰译，人民教育出版社1991年版，第131页。

### 6.5.3　加强有利于创新的思维训练

创新思维的训练内容有很多，主要包括训练发散能力、尽可能摆脱惯性思考模式的束缚等。发散思维是直接决定思维主体创新水平的一种思维形式，分析团队可以通过开放式提问刺激分析人员的思维朝多个方向扩散。在具体情报分析过程中，可以从解决问题的方案、事物要素的不同组合、事件起因和结果的转变以及词语扩散等多方面来训练分析人员的发散思维。要摆脱惯性思维的束缚，就要打破原有一成不变的思维框架，让流畅、变通、灵活、独创成为思维的新特点。要尽可能发挥思维定式的积极作用，尽可能消除思维定式的消极影响。限制思维定式消极作用的方法很多，例如：①暂时将问题搁置在一边，过一段时间再回过头看问题，可能就不会再执着于之前解决问题的方法。②培养分析人员创新解决问题的意识。③培养分析人员举一反三、多角度解决问题的能力。这不仅可以抑制惯性思维的消极影响，还有益于培养和发展分析人员的发散思维；反过来，发散思维能力强，克服思维定式的消极作用也会变得更容易。

创造是推动历史进步的动力，创新思维是创造成果产生的必要前提和条件。在知识爆炸时代，创新思维能力已经成为个人推动社会前进的必要手段。对于个人来说，单纯知识量的增加已经不那么重要，创造性思维培养的重要性更加凸显。培养情报分析人员的创新思维能力，可以帮助其克服思维定式对新观念的抗拒，完善自身知识结构体系，能够变通应对日益变化的公共安全局势，提升对信息数据的认知水平，进而不断提高情报产品的质量。

### 6.5.4　创新思维训练题

**【发散思维训练题】**

(1) 请列出你能想到的带有"口"的字，越多越好。（时间：5分钟）

(2) 请列举"表"的各种可能用途。（时间：5分钟）

(3) 尽可能想象一下哪些物品与菱形相似或相近？（时间：10分钟）

(4) 把下列物品按照性质尽可能分类：西红柿、草莓、橘子。（时间：5分钟）

(5) 请说出狗与花的相似之处，说得越多越好。（时间：5分钟）

说明：第（1）—（3）题，每一个答案为 2 分；第（4）题，每一个答案为 4 分；第（5）题，每一个答案为 3 分。请依次回答上述问题，然后统计总分。相应得分和发散思维的流畅性评价如下：

50 分以上，说明发散思维的流畅性很好；

40—50 分，说明发散思维的流畅性较好；

30—40 分，说明发散思维的流畅性中等；

20—30 分，说明发散思维的流畅性较差；

10 分以下，说明发散思维的流畅性很差。

（流畅性是发散思维的较低层面，具备发散思维的变通性表明已达发散思维中等层次，独特性和多感官性则表明已达发散思维的高级层面。）

【发散思维训练题参考答案】（1）"口"在左方，如喝、听、吐等；"口"在右方，如知、和、如等；"口"在下方，如台、合、杏等；"口"在上方，如只、足、号等；"口"在中间，如回、同、问等；全部由"口"构成的字，如吕、品等；"口"隐含在字里，如凉、亮、事、赢、喜等。在以上"发散"过程中，若能写出其中五类以上含"口"的字，则说明思维已达到一定的变通性。

（2）表的用途，如果说出了计时、计分、计秒、计数等，只能说明做题者的发散思维还处于较低水平，因为列举出来的各种功能，事实上都归于同一类型：用于计数。如果还回答出门禁、GPS 定位、拍照、打电话、炸弹遥控器等，做题者的思维就开始具有某种程度的变通性。如果做题者的答案是别人基本想不到的，其发散思维则具有一定独特性。

（3）与菱形相似或相近的东西有：校园出入口、小区出入口、停车场出入口的闸门，菱形衣架、日本三菱汽车标志，等等。

（4）按食品种类分：西红柿是蔬菜，橘子、草莓是水果。按颜色分：橘子为橙色，西红柿、草莓为红色。按生长植物种类分：橘子是木本植物，西红柿、草莓是草本植物。按软硬度分……

（5）狗与花的相似之处：都是生物、有生命；可以陪伴人，给人带来慰藉；可以作为情报传递信号……

【联想思维训练题 1】

对于两个看上去毫无关联的信息，尽可能通过联想链将它们联系起来。例如，尝试建立一个从"猫毛"到"木桶好卖"的联想链。

**【联想思维训练题2】**

在一个夏天的下午，气温超过34℃，非常炎热，一个乡村小火车站刚刚驶进一列火车。王侦探站在月台上，听到有人叫他的名字，他回头一看，此人正是与他目前侦查的案子有关的李某月，她问王侦探是否和他一样来接人，说话的同时从背包里取出一块儿巧克力递给王侦探。王侦探接过巧克力，感觉到巧克力很硬，立刻问李某月："你一定是刚从火车上下来，来接人是在说谎吧？"李某月反问他："你看见我从火车上下来了吗？"王侦探自信地说："我没看见你下火车，但我确定你在说谎。"王侦探为什么断定李某月说谎呢？

**【联想思维训练题3】**

世上又长又短，又快又慢，最受人珍惜又最容易被忽略，没有它什么事都做不成的东西是什么？

**【联想思维训练题4】**

在一个规范的考场中，参加考试的学生绝对不可能作弊，结果在一次包含作文的语文考试结束后阅卷时，发现有两个一模一样的答卷，这是为什么呢？

**【联想思维训练题1 参考答案】** 收集很多猫毛可能就要大量捕杀猫，猫少了老鼠就会多，老鼠会啃噬木桶，因此老鼠多了木桶就坏得多，木桶生意就好。

**【联想思维训练题2 参考答案】** 巧克力太硬让王侦探有了正确的判断。巧克力在28℃以上就会变软，当时室外温度是34℃，说明李某月是从有空调的地方出来的，而那个小火车站根本没有空调房，有空调的只能是刚刚到达的火车车厢。

**【联想思维训练题3 参考答案】** 时间。

**【联想思维训练题4 参考答案】** 两个人都交了白卷。

**【逆向思维训练题1】**

李刚不幸中毒死亡，三个嫌疑人分别是刘某、赵某、张某，警察一一对他们进行了询问。

刘某说："如果这是谋杀，那一定是赵某干的。"

赵某说："如果这是谋杀，那不是我干的。"

张某说："如果这不是谋杀，那就是自杀。"

警察了解情况后认为，如果三人中只有一个人说谎，那么李刚就是自杀。请问：李刚到底是自杀、谋杀，还是死于意外呢？

**【逆向思维训练题 2】**

有一个营地，一边住着坏人，一边住着好人。两边出口各有一人把守，其中一个是正直的人，一个是骗子，正直的人说实话，骗子总是说谎话。有人进入这个营地时忘了哪一边是住正直的人，如果问错了，就会住到骗子住的地方，怎样用逆向思维解决这个问题？

**【逆向思维训练题 3】**

2020年，美国一个黑人因被警察扼住脖子无法呼吸而死亡，此案引发大量街头抗议示威事件。一个年轻人想出去参加示威活动，他的母亲劝阻他别出去，说："你要是个正直的人，容易被那些混在示威人群中的歹徒伤害。如果你不是个正直的人，会遭到神灵的报复。所以尽量别出去。"年轻人想了想，巧妙地说服他母亲同意他出去。请问：他是怎样说服了他母亲的呢？

**【逆向思维训练题 4】**

某个安全部门招收情报人员，出了一道测试题，参加测试的人都被关在一个房间里，不许出去，每天有专人送饮食，还有专人把守，谁能先从房间里出去，谁就会被录取。有人说生病，要出去看医生，结果守门人叫人把医生请了过来；还有人说家里父亲病重，要回去照顾，守门人打电话给他的父亲，结果发现他的父亲还在上班。其他人也想出各种理由但都没能出去，后来有个人对守门人说了些什么，守门人就放他出去了。这人可能说了些什么呢？

**【逆向思维训练题 1 参考答案】** 如果谋杀成立，那么三人中有一个人在说谎，与已知条件自杀相矛盾；如果是自杀，那么三人说得都对，也和已知条件相矛盾，所以判断李刚是意外事故而亡。

**【逆向思维训练题 2 参考答案】** 可以这么问："如果我问对面那个人，应选择往哪边走，他会怎样告诉我？"这个问题巧妙之处在于把两个相反的回答变成一个结果：最后一定一个真话、一个假话，真话对结果可能没影响，假话会把路指错了。

**【逆向思维训练题 3 参考答案】** 那位年轻人可能对他母亲说："如果我是正直的人，神灵会保佑我，不会惩罚我。如果我是邪恶的人，歹徒也伤害不到我。无论怎样，我都不会有事儿的。"

**【逆向思维训练题 4 参考答案】** 这人可能说："我放弃考试了。"对不参加测试的人，守门人完全有可能会放他出去。

# 第 7 章 情报极致思维及情报思维方法在公安工作中的应用

[**本章要点**] 极致思维是本书所讲的思维方法体系的高级阶段，工作做到极致是国家安全和公共安全所要求的一种工作状态，也是国内外新形势所迫。在执法人员思维达到极致状态的情况下，公安情报工作和警务大数据工作就会同时迈上新台阶，进入新阶段。本章最后用两个实际案例，阐述情报思维方法在公安实战中的具体综合应用。

## 7.1 极致思维

从 21 世纪初国内东南沿海发达地区的公安机关开始从欧美国家引进新的情报工作理念起，至 2008 年公安部南京会议决定在全国各级公安机关增设综合情报部门，情报引领公安实战在各地公安机关逐渐达成共识。情报在核心警务工作中对于节约警力、提升战斗力发挥了巨大作用。然而，公安情报工作机制尽管已经运行了 10 多年，但是在与其他业务警种协作配合方面，一直存在边界不清以及综合情报部门职能定位不够精准的问题，始终困扰着从业人员。尤其自 2015 年以来，各地公安机关探索合成作战模式，以综合情报部门为牵引，不断整合、共享各警种数据资源，很多综合情报部门在各地被编入指挥中心，综合情报部门本身的情报工作功能日渐衰弱，甚至不再作为独立的业务部门存在。

公安情报产生于互联网 PC 机终端时代，大多数情报人员的工作方式和理念来自那个时代，但现在已经成为过去。如果情报人员的工作理念和工作方式不能随着智能时代新技术的发展进行调整，而是抱残守缺，那么长久下去，各地大数据中心和智慧警务将会以更全面的数据和更快的反应速度、更强大的威力碾压传统情报工作方式，综合情报部门被替代或兼并是必然的命运。由此可见，新技术环境要求情报人员必须具备与新时代相适应的思维方式，这样才能使执法工作真正实现与时俱进，焕发新的活力。

随着智能时代的到来，物联网、移动互联、云计算、人工智能技术深刻影响着现代警务工作，我国东南沿海等地公安机关开启了新一轮智慧警务工作模式。更科学地发展、更高效地管理、更精准地指挥、更便捷地服务，是新一轮警务改革和发展的必然要求，具有感知、整合、共享、创新等特点的智慧警务将成为未来警务形态演进的必然趋势。目前，广东、江苏、上海的公安机关主要处于整合数据、以数据驱动实战阶段，用数据模型展现核心业务，释放出巨大的警务效能。但是目前，大数据平台汇集的数据还远未达到大数据维度和厚度，对现有数据的深度挖掘还有待于进一步深入，使用的数据模型仅限于公安业务的多维数据展示功能，如果缺乏追求卓越的极致思维，很容易使新的数据中心工作流于形式，成为仅炒作的新概念而已，过几年就会失去强劲的持续作战能力。

2017年10月27日，习近平总书记在十九届中共中央政治局第一次集体学习时强调，我们的干部"既要敢于直面矛盾和问题，又要善于化解矛盾和问题；既要有想干事、真干事的自觉，又要有会干事、干成事的本领"[1]。极致思维即是智能技术时代公安干警干成事所需的本领之一。

所谓极致思维，先说"极致"，《辞海》对"极致"的解释是："最高的造诣，昔者孔子有云：'吾旨在《春秋》，形在《孝经》，此二学者，圣人之极致，治世之要务也。'"[2] 极致思维是大数据时代情报思维体系的最高阶段，它并不是单独存在，而是以批判思维和创新思维为具体表现形式，与之相符的精神气质是追求卓越、精准和处处密切相关的联系，以此来实现组织效率的最大化。

追求极致对于组织机构来说，就是要更科学地发展、更高效地管理、更精准地指挥、更便捷地服务，这同时也是新一轮警务改革和发展的必然要求。所以，公安机关决策层要养成追求卓越的精神，用好极致思维。在筹划大数据中心建设的过程中，要制订缜密的计划与严格的操作程序，并加以规范执行，达到标准化管理才是极致精神的精髓。建立大数据中心的同时还需要认识到一点，

---

[1]《习近平在中共中央政治局第一次集体学习时强调 切实学懂弄通做实党的十九大精神 努力在新时代开启新征程续写新篇章》，载共产党员网 2017 年 10 月 28 日，https：//www.12371.cn/2017/10/28/ARTI15091822 11476707.shtml。

[2]《辞海》（中），上海辞书出版社 1979 年版，第 1257 页。

即智能技术不过是情报工作的升级换代，再好的数据模型也离不开情报分析的综合判断，二者必须相互结合促进。以将工作做到极致的精神、全面深入的情报分析研判，使数据模型不仅仅是一种多维展示，而且具备实战用途，把极致思维作为转换力，推动公安建设和警务工作由数量规模型向质量效能型转化。在智能时代，把情报工作做深做透，又会使新的大数据中心工作不流于形式，而以更强大的力量整合和汇聚数据资源，从而发挥长久、强劲的持续作战能力。

"在激烈的国际竞争中，惟创新者进，惟创新者强，惟创新者胜。"[1]公安机关原有情报部门千万不能故步自封，一定要有紧迫感，要有只争朝夕和追求极致、拼搏、创新的精神，这样才能跟上新一代信息技术发展的步伐；工作理念和方式要适应智能时代的技术要求，必须站在大数据技术前沿，拥有对海量数据占有、控制、分析、处理的主导权，将大数据优势转化为公安决策优势，继而转化为治安优势，打赢警务模式智能转型之战。要主导数据化条件下的实战，情报人员需要具备极致思维，以极致思维推进公安情报工作创新。在技术更新层面上，必须正面主动应对新的技术挑战，要聚焦于更广泛的大数据和相关分析算法，找到公安机关所面对的影响社会稳定的症结和打击犯罪的痛点，改进原有理念、工作方式的不足，不断提升内生情报的能力，使情报产品产生高技术条件下的震撼力和附加值。

总而言之，在智能时代智慧警务的体系架构中，网络为基础，数据是核心，情报处理整体安全是保障。智慧警务的本质是，基于全面深度的连接，通过对数据的充分感知、分析、洞察、决策乃至优化控制，形成数据驱动的智能化闭环，从而变革传统警务模式。公安执法人员在拥抱新技术的同时，"要做起而行之的行动者、不做坐而论道的清谈客，当攻坚克难的奋斗者、不当怕见风雨的泥菩萨"[2]。要勇于攻关，利用数据思维、关联思维、系统思维和极致思维这些与新技术相匹配的新思维，更高层次地融汇大数据中心和情报工作，进而引导基层民警转变思维方式，提升思维水平，打造新的心智模式，牢固树立数据

---

〔1〕《习近平在欧美同学会成立100周年庆祝大会上的讲话》，载中华人民共和国中央人民政府网2013年10月21日，https：//www.gov.cn/ldhd/2013-10/21/content_2511441.htm。

〔2〕《习近平在中央党校（国家行政学院）中青年干部培训班开班式上发表重要讲话》，载中华人民共和国中央人民政府网2019年3月1日，https：//www.gov.cn/xinwen/2019-03/01/content_5369773.htm。

理念。让数据思维、关联思维、系统思维乃至极致思维，即新技术时代的新思维成为传统警务工作机制实现智能互联的驱动力，抓准智慧警务建设中的切入点、把握智慧警务应用中的重点、化解智慧警务安全保密中的风险点，真确依照大数据智能技术的发展不断调整警务工作，使警务工作不断升级，以实战为旨归，让警务工作随着大数据智能时代的发展实现迭代、重生和超越。

## 7.2 情报思维方法在侦查工作中的综合应用

**【案例】 2020年杭州女子失踪案**

2020年7月6日晚8时许，杭州市公安局江干区分局接到群众许某某报警，称其妻子来某某于7月5日凌晨在自己家的住宅小区失踪。针对该起事件，浙江省、杭州市、江干区三级公安机关刑侦骨干迅速组建专案组，以专案的力度和强度对案件开展全面调查。面对这种离奇的人员失踪案件，最让警方棘手的问题是，如何缩小并框定侦查范围，以便集中警力破案攻坚。

**调查阶段首先启动数据思维**

案件开始调查后，杭州警方尽可能全面掌握案件情况，走访被害人亲戚、邻居、同事等，调取事发小区视频资料。据警方报道，事发小区作为"智安小区"，共有内部监控近百个、外围监控近千个，小区共有6幢楼房，379户1075人，失踪人员来女士居住的楼里有69户179人。该小区6幢楼的地下车库是全部打通的状态，面积很大，查找起来工作量较大。警方必须对案发小区中的人、事、物、时间、地点、视频资料进行全面汇集。据了解，杭州警方在汇集数据、开展走访的基础上，还通过"城市大脑"警务操作系统对重点时段所有出入小区的人员、车辆数据进行优化建模，并迅速跟踪核查落地，确保形成侦查闭环，不遗漏任何信息。破案攻坚战中，杭州警方通过大数据赋能发力，立足于让数据说话、机器学习，实现了对案发核心范围的快速、精准锁定。

**分析研判中运用关联思维、系统思维**

在深入分析研判过程中，为了确保不漏掉任何一处关键信息，警方调取了2020年7月1日至发案时的监控视频，共计6000小时时长容量。同时，紧急征调全市公安100多名专业视频侦查员，按视频时段、点位、对象进行分类，24小时连轴分组反复查看，交叉关联复核，不随意放过每一帧画面、每一个可疑之处。警方梳理了所有出入小区的人员、车辆数据，逐一落地核查。此外，警方还对小区部分居民进行了走访询问，详细记录重点时段的活动情况。通过对案件要素的系统排查，再利用杭州公安警务操作系统数据研判优势，依法全面运用各类公安侦查手段，最终确定来某某于7月4日17：04和她的小女儿乘坐所住楼电梯回家后，就再也没有离开小区楼。

案件分析初始阶段，江干公安分局按照查找失踪人员规范工作机制，启动调查寻人工作。在运用关联思维、系统思维进行案件分析之后，调查方向开始调整。在进一步的分析过程中，警方不断关联案件的人员、时空、作案手段等要素，运用系统思维，以整体性思考全面覆盖案件各要素，为案件侦破奠定坚实基础，有效地缩小了侦查范围，为进一步的案件调查和侦破指明了方向。

**运用批判思维**

首先，在搜寻过程中，警方问题意识很强，高度重视多处疑点。被报失踪的来某某并没有走出住宅小区，案件侦查有了第一步突破，但随之而来的问题是：人去了哪里？

其次，用质疑手段——排除多种可能：

（1）警方对小区内1万多平方米地下车库，以及所有电梯井、水箱、窨井、储物空间、烟道、通风管道、垃圾通道等隐秘地方，先后展开了4次地毯式排查，逐一排除来女士藏匿的可能。

（2）警方通过重点走访、询问来女士的家人、亲属、邻居、同事、朋友等，详细刻画并还原了他们一家的生活原貌、人际往来、生活经历、行动轨迹、财务状况等系列情况。经过综合分析研判，排除了来女士自行出走及其他人员作案等多种可能，初步发现了其丈夫许某某的作案嫌疑，明确将其列为专案攻坚的重点对象。

**运用发散思维、收敛思维**

对可能藏匿的地点、有关系的所有人进行发散之后，运用批判思维，排除了多种可能。尽管专案组已对化粪池进行了几次检查，但结合视频侦查、走访排查和智慧警务大数据研判分析，侦查聚焦点又一次指向事发住宅楼道化粪池。专案组认为，事发楼道化粪池内可能存在涉及来某某下落的相关证据或者涉及案件的东西，决定对化粪池进行彻底筛查。于是，警方冒着接近40℃的高温，在恶劣的环境下身着全封闭的隔离服连续奋战，对抽取的38车污秽物进行冲洗、筛查，现场提取检测，结果发现有疑似人体组织。经DNA比对，确定为失踪人员来某某的人体组织，以此判断来某某可能遇害。至此，案件调查取得重大突破，其丈夫许某某具有重大犯罪嫌疑。

接下来，市区两级公安机关组织刑侦专家多次召开案情分析会，提前制定了针对许某某的周密审讯策略和方案，经过审讯，警方突破了嫌疑人口供。2020年7月23日10时，许某某初步交代，他因家庭内部矛盾对来某某产生怨恨，于2020年7月5日凌晨在家中趁其妻熟睡之际将其杀害，分尸后分散抛弃。专案组坚持证据导向，连续多日调查取证，在获得许某某相关犯罪证据后，于2020年7月23日对犯罪嫌疑人许某某采取刑事强制措施。

在此次案件的综合研判过程中，数据思维是分析的起点，尽可能汇集案件相关所有数据，为后面的分析做准备。关联思维、系统思维是基本方法，贯穿案情分析的始终，将第一步汇集的数据进行系统、全面的关联，经过关联，寻找数据意义，进而找到案件侦破的突破点。批判思维、发散思维是在有一定分析基础上深入案情，渐渐接近案件侦破的必要步骤。发散是为了使更多的可能性不被漏掉，批判思维从不同角度质疑多个可能，探寻最符合逻辑的判断，收敛思维最终回到一个最稳妥的决断上。经过对案件的分析梳理发现，思维方法及现代化的手段是综合在一起发挥作用的，多种方式叠加、交错、反复运用，直至最后解决问题、侦破案件，还民众一个平安的生活环境。

# 参考文献

## 一、中文文献
### （一）著 作
〔1〕刘黎明等：《侦查思维》，群众出版社2007年版。
〔2〕王汉生编著：《维数据思维：从数据分析到商业价值》，中国人民大学出版社2017年版。
〔3〕潘蕊等：《数据思维实践》，北京大学出版社2018年版。
〔4〕高金虎、张魁：《情报分析方法论》，金城出版社2017年版。
〔5〕[英]维克托·迈尔－舍恩伯格、肯尼思·库克耶：《大数据时代：生活、工作与思维的大变革》，盛杨燕、周涛译，浙江人民出版社2013年版。
〔6〕[美]约翰·杜威：《我们如何思维》（第2版），伍中友译，新华出版社2015年版。
〔7〕[德]卡尔·恩吉施：《法律思维导论》，郑永流译，法律出版社2013年版。
〔8〕[美]布鲁克·诺埃尔·摩尔、理查德·帕克：《批判性思维》，朱素梅译，机械工业出版社2015年版。
〔9〕[美]凯瑟琳·弗森、伦道夫·弗森：《战略情报的批判性思维》，杨恩毅译，金城出版社2016年版。
〔10〕[美]Hunter Whitney：《洞悉数据：用可视化方法发掘数据真义》，刘云涛译，人民邮电出版社2016年版。
〔11〕涂子沛：《大数据》，广西师范大学出版社2012年版。
〔12〕阎学通、孙学峰：《国际关系研究实用方法》（第2版），人民出版社2007年版。
〔13〕杜祖贻：《杜威论教育与民主主义》，陈汉生、洪光磊译，人民教育出版社2003年版。
〔14〕王克喜：《非形式逻辑与批判性思维》，线装书局2007年版。
〔15〕何向东主编：《逻辑学教程》，高等教育出版社1999年版。
〔16〕武宏志、周建武主编：《批判性思维——论证逻辑视角》，中国人民大学出版社2010年版。

〔17〕［美］小理查兹·J.霍耶尔、伦道夫·弗森：《情报分析：结构化分析方法》，张魁等译，金城出版社2018年版。

〔18〕李景龙：《情报分析：理论、方法与案例》，时事出版社2017年版。

〔19〕马传新编著：《正向思维看人生》，中央广播电视大学出版社2004年版。

〔20〕《辞海》（中），上海辞书出版社1979年版。

（二）期刊文章

〔21〕王汉生：《朴素的数据价值观》，载《新经济导刊》2018年第6期。

〔22〕郑二利、王颖吉：《人工智能时代的数据意识形态——基于大数据对价值观和行为活动影响的思考》，载《新闻与传播评论》2019年第1期。

〔23〕方斌：《大数据时代侦查思维变革》，载《中国人民公安大学学报（社会科学版）》2017年第3期。

〔24〕薛亚龙：《数据驱动情报侦查基本问题研究》，载《山东警察学院学报》2019年第5期。

〔25〕王红：《数据挖掘技术在情报学领域的应用》，载《河南科技》2014年第21期。

〔26〕周世佳：《大数据思维初探：提出、特征及意义》，载《中共山西省直机关党校学报》2014年第5期。

〔27〕茅佳清：《运用关联思维提升历史学习的实效——以〈顺乎世界之潮流〉一课为例》，载《教学月刊·中学版（教学参考）》2019年第Z2期。

〔28〕刘耘华：《一个汉学概念的跨国因缘——"关联思维"的思想来源及生成语境初探》，载《社会科学》2018年第5期。

〔29〕孙邦金：《中国古代的关联性思维与主体的责任》，载《温州师范学院学报（哲学社会科学版）》2004年第4期。

〔30〕石启飞：《公安情报关联性分析研究》，载《警察实战训练研究》2012年第5期。

〔31〕秦殿启：《论泛在信息社会情报网络的模式及建构策略》，载《图书馆学研究》2013年第21期。

〔32〕陶鹏：《网络文化视角下的虚拟社会管理》，载《理论与改革》2013年第2期。

〔33〕王玉清：《大数据背景下数据挖掘技术在公安侦查中的应用》，载《科技传播》2019年第2期。

〔34〕吴玥、李占羽、李丹宁：《关联数据在公安情报研判系统的应用》，载《贵州科学》2011年第2期。

〔35〕高金虎：《试论批判性思维在情报分析中的应用》，载《情报杂志》2013年第9期。

〔36〕张俊、姜扬、王国良：《情报分析人员的批判性思维研究》，载《情报杂志》2010年第1期。

〔37〕吴坚：《批判性思维：逻辑的革命》，载《北京理工大学学报（社会科学版）》2007年第5期。

〔38〕赵鹏：《批判性思维及其方法》，载《毕节学院学报》2009年第12期。

〔39〕白玲供：《宁夏高校图工委2014年工作会议暨CALIS宁夏文献信息服务中心工作会议在宁夏大学图书馆召开》，载《图书馆理论与实践》2014年第5期。

〔40〕白云、刘岚：《法制类新闻报道记者的基本素养》，载《采写编》2014年第1期。

〔41〕黄腾：《中学历史教学中学生批判性思维的培养》，载《江西教育》2019年第33期。

〔42〕赵德芳：《批判性思维与创造性思维的比较分析》，载《湛江师范学院学报》2011年第1期。

〔43〕孔翔兰、牛澜锦：《用批判性思维分析古巴危机》，载《社科纵横》2012年第5期。

〔44〕蒋飞、张静、杜娜：《用批判性思维改善情报分析中的认知偏见——以朝鲜战争中美军情报失误为例》，载《情报杂志》2013年第11期。

〔45〕房海蓉、方跃法：《谈机械原理实践教学改革对学生创新素质的培养》，载《北方交通大学学报（社会科学版）》2003年第3期。

〔46〕江静、杨百寅：《善于质疑辨析就会有高创造力吗：中国情境下的领导–成员交换的弱化作用》，载《南开管理评论》2014年第2期。

〔47〕于勇、高珊：《美国大学生批判性思维培养模式及启示》，载《现代大学教育》2017年第4期。

〔48〕曾庆福：《批判性思维中的辩证思维思想研究》，载《河南社会科学》2016年第8期。

〔49〕王勇：《对于保罗批判性思维理论的几点解读》，载《青海师范大学学报（哲学社会科学版）》2012年第2期。

〔50〕程红宁、程鸿源：《试论思维的三种形态及其关系——基于创造活动的视角》，载《宿州学院学报》2015年第4期。

〔51〕武宏志：《何谓"批判性思维"？》，载《青海师专学报·教育科学》2004年第4期。

〔52〕武宏志：《批判性思维：多视角定义及其共识》，载《延安大学学报（社会科学版）》2012年第1期。

〔53〕张晓芒：《批判性思维及其精神》，载《重庆工学院学报（社会科学版）》2007年第6期。

〔54〕周西平：《公安情报失误的认知心理分析》，载《图书馆学研究》2012年第21期。

〔55〕周西平：《情报分析中批判思维的运用》，载《图书馆学研究》2014年第9期。

〔56〕罗清旭，杨鑫辉：《〈加利福尼亚批判性思维倾向问卷〉中文版的初步修订》，载《心理发展与教育》2001 年第 3 期。

〔57〕陈烨、马晓娟、董庆安：《情报分析中的变量管理——基于结构化分析方法的思考》，载《情报理论与实践》2019 年第 1 期。

〔58〕奚欣华：《日本国民思维：极致还是极端》，载《学术界》2014 年第 5 期。

〔59〕余晓晖：《工业互联网驱动的数字化智能化转型》，载《中国经济周刊》2019 年第 1 期。

〔60〕王媛：《批判性思维在中学教学中的应用》，燕山大学 2008 年硕士学位论文。

〔61〕乔婵：《通识教育视角下的批判性思维教学策略研究》，大连理工大学 2016 年硕士学位论文。

〔62〕曹小青：《西澳大利亚中学历史课堂教学批判性思维能力培养——以西澳大利亚首府 Perth 市为例》，浙江师范大学 2011 年硕士学位论文。

〔63〕王练：《高中生批判性思维与数学学业成绩的相关性研究》，贵州师范大学 2017 年硕士学位论文。

〔64〕姜雪薇：《幼儿园教师批判性思维倾向研究》，西南大学 2016 年硕士学位论文。

〔65〕王晓东：《我国小学生批判性思维培养的教学方式研究》，西南大学 2009 年硕士学位论文。

〔66〕孟涟肖：《信息技术"三生课堂"的设计与实践研究》，哈尔滨师范大学 2018 年硕士学位论文。

〔67〕范天姝：《高中语文阅读教学中批判性思维培养的策略研究》，沈阳师范大学 2019 年硕士学位论文。

〔68〕王辉：《批判性思维与辩证思维的关联性问题》，燕山大学 2009 年硕士学位论文。

### （三）网　页

〔69〕《用 Python 实现一个词频统计（词云）图》，载简书网，https：//www.jianshu.com/p/28718ba04bc9。

〔70〕《缺失值处理方法综述》，载博客网，https：// blog.csdn.net/ sinat_ 22510827/ article/details/ 80972356。

〔71〕《系统思考——工具/概念/定义》，http：//www.think.org/sustain/glossary/SystemsThinking.htm#Distinction。

〔72〕《第五项修炼之"系统思维"与"动态性复杂"》，载新浪博客，http：//blog.sina.com.cn/s/blog_ 4ac50c6801000dre.html。

〔73〕《战略情报分析——基本定义与基本特征》，载"郑瀚 Andrew"博客园，https：//www.cnblogs.com/LittleHann/p/12579217.html#_ label5。

〔74〕《习近平在中共中央政治局第一次集体学习时强调 切实学懂弄通做实党的十九大

精神 努力在新时代开启新征程续写新篇章》，载共产党员网 2017 年 10 月 28 日，https：//www.12371.cn/2017/10/28/ARTI1509182211476707.shtml。

〔75〕《习近平在欧美同学会成立 100 周年庆祝大会上的讲话》，载中华人民共和国中央人民政府网 2013 年 10 月 21 日，https：//www.gov.cn/ldhd/2013-10/21/content_2511441.htm。

〔76〕《习近平在中央党校（国家行政学院）中青年干部培训班开班式上发表重要讲话》，载中华人民共和国中央人民政府网 2019 年 3 月 1 日，https：//www.gov.cn/xinwen/2019-03/01/content_5369773.htm。

## 二、外文文献
### （一）著 作

〔77〕R. Paul & L. Elder, *The Miniature Guide to Critical Thinking Concepts and Tools*, Rowman & Littlefield, 2004.

〔78〕Richards J. Heuer, *Psychology of Intelligence Analysis*, Central Intelligence Agency, 1999.

〔79〕David T. Moore, *Critical Thinking and Intelligence Analysis*, National Defense Intelligence College, 2007.

〔80〕Rob Johnson, *Analytic Culture in the U. S. Intelligence Community*, Central Intelligence Agency, 2005.

〔81〕L. V. Bertalanffy, *General System Theory: Foundations, Development, Applications*, American Sociological Association, 1968.

〔82〕D. H. Meadows, *Thinking in Systems: A Primer*, Chelsea Green Publishing, 2008.

〔83〕R. D. Arnold & P. J. Wade, *A Definition of Systems Thinking: A Systems Approach*, Procedia Computer Science, 2015.

〔84〕*A Tradecraft Primer: Structured Analytic Techniques for Improving Intelligence Analysis*, CIA Center for the Study of Intelligence, 2009.

〔85〕Sarah M. Beebe & Randolph H. Pherson, *Structured Analytic Techniques for Intelligence Analysis*, CQ Press, 2020.

〔86〕T. Ohno, *Toyota Production System: Beyond Large-Scale Production*, CRC Press, 1988.

〔87〕Randolph H. Pherson & Richards J. Heuer, *Structured Analytic Techniques: A New Approach to Analysis*, George and Bruce, 2014.

〔88〕Randolph H. Pherson & Richards J. Heuer, *Structured Analytic Techniques for Intelligence Analysis*, CQ Press, 2015.

〔89〕Sarah M. Beebe & Randolph H. Pherson, *Cases in Intelligence Analysis: Structured Ana-*

*lytic Techniques in Action*, CQ Press, 2014.

## (二)期刊文章

[90] B. C. Brookes, "The Fundamental Equation of Information Science", *Problems of Information science*, FID 530(VINITI Moscow), 1975.

[91] R . L. Aekoff, "From Data to Wisdom", *Journal of Applied Systems Analysis*, 1989.

[92] Barry J. Richmond, "Systems Thinking/System Dynamics: Let's Just Get on with it", *System Dynamics Review*, 1994.

## (三)网　页

[93] University of California-Los Angeles, Can Math and Science Help Solve Crimes?, Science Daily (Feb. 27, 2010) http://www.sciencedaily.com/releases/2010/02/100222094826.htm.

[94] Text Analysis, https://monkeylearn.com/text-analysis/.

[95] Bock & Tim, What is Hierarchical Clustering?, https://www.displayr.com/what-is-hierarchical-clustering/.

[96] Ian T. Jolliffe & Jorge Cadima, Principal Component Analysis: A Review and Recentdevelopments(April. 13, 2016), https://royalsocietypublishing.org/doi/10.1098/rsta.

[97] Sherman Kent, Estimates and Influence, Sherman Kent and the Board of National Estimates. CIA: The Center for the Study of Intelligence(1994), https://www.cia.gov/resources/csi/books-monographs/sherman-kent-and-the-board-of-national-estimates-collected-essays-2/.

[98] Richard W. Paul & Gerald M. Nosich, A Model for the National Assessment of Higher Order Thinking Dillon Beach, Foundation for Critical Thinking, https://www.criticalthinking.org/pages/a-model-for-the-national-assessment-of-higher-order-thinking/591.